Hands-On Programming with R

손에 잡히는 R 프로그래밍

표지동물 **오렌지 날개 아마존 앵무새**

표지에 실린 동물은 오렌지 날개 아마존 앵무새(학명: Amazona amazonica)다. 이 새는 남아메리카 안데스 산맥 동쪽, 즉 북으로는 콜롬비아와 베네수엘라에서부터 남으로는 브라질 중부지역에 이르는 연중 습한 열대지역에서 서식한다.

오렌지 날개 아마존 앵무새는 말수가 많고 사교적이다. 먹이를 먹을 때만 조용한 이들은, 무려 천 쌍 정도가 나무 꼭대기에서 군락을 이뤄 보금자리를 형성한다. 수컷은 암컷이 알을 품는 동안 암컷을 위해 음식을 되새김질해 주고 차례대로 새끼들에게 음식을 나눠준다. 낮 동안은 사방 팔방 둥지 주변을 지키다가, 밤이 되면 무리에게로 돌아간다. 아침저녁으로 나무 꼭대기에 있는 보금자리에서 먹이가 있는 곳 혹은 나무 구멍 속 둥지로 날아다니는 광경을 종종 볼 수 있다.

오렌지 날개 아마존 앵무새는 다른 아마존 앵무새들과 마찬가지로 주로 녹색 깃털을 갖고 있지만 다른 것들과는 확연히 다른 오렌지 색상의 날개 패치를 갖고 있다. 오렌지 날개 아마존 앵무새의 이마는 청머리 앵무새와 같이 푸른 깃털로 덮여있다. 정수리와 뺨 쪽으로 갈수록 노란색이 짙어진다. 오렌지 날개 아마존 앵무새의 부리 주변에 각질 색깔은 끝으로 갈수록 짙은 회색빛을 띤다. 수컷과 암컷은 겉보기만으론 구분하기 힘들다.

손에 잡히는 R 프로그래밍 : 주사위, 카드놀이, 슬롯머신을 만들면서 배우는 R 언어

초판1쇄발행 2015년 2월 1일
초판2쇄발행 2017년 9월 10일

지은이 가렛 그롤먼드 / **옮긴이** 이준용 / **펴낸이** 김태헌
펴낸곳 한빛미디어(주) / **주소** 서울시 서대문구 연희로2길 62 한빛미디어(주) IT출판부
전화 02-325-5544 / **팩스** 02-336-7124
등록 1999년 6월 24일 제10-1779호 / **ISBN** 978-89-6848-164-2 93000

총괄 전태호 / **책임편집** 김창수 / **기획** 최현우 / **편집** 김철수
디자인 표지 손경선, 내지 김연정
영업 김형진, 김진불, 조유미 / **마케팅** 박상용, 송경석, 변지영 / **제작** 박성우, 김정우

이 책에 대한 의견이나 오탈자 및 잘못된 내용에 대한 수정 정보는 한빛미디어(주)의 홈페이지나 아래 이메일로 알려주십시오. 잘못된 책은 구입하신 서점에서 교환해 드립니다. 책값은 뒤표지에 표시되어 있습니다.
한빛미디어 홈페이지 www.hanbit.co.kr / 이메일 ask@hanbit.co.kr

지금 하지 않으면 할 수 없는 일이 있습니다.
책으로 펴내고 싶은 아이디어나 원고를 메일(writer@hanbit.co.kr)로 보내주세요.
한빛미디어(주)는 여러분의 소중한 경험과 지식을 기다리고 있습니다.

Hands-On Programming with R

손에 잡히는 R 프로그래밍

O'REILLY® **HB** 한빛미디어
Hanbit Media, Inc.

지은이 · 옮긴이 소개

지은이 **가렛 그롤먼드**

통계학자이면서 가르치는 일도 하고 있는 RStudio의 R 개발자다. 그는 데이터과학 분야야말로 산업 분야와 학계 전반에 기여할 큰 가능성이 잠재되어 있다고 말한다. 가렛은 라이스 대학교의 해들리 위크햄 연구실에서 박사학위를 받았다. 인식론적 과정을 통해 데이터과학의 근원적인 부분에 대해 연구했고, 주의적이고 인식론적인 관심사가 어떻게 데이터분석에 영향을 주는지 알아보았다.

가렛은 데이터과학을 공부하면서 그가 맛보았던 좌절감과 불필요한 과정을 다른 사람들이 겪지 않도록 돕는 일에 매우 열심이다. 박사학위 논문을 마치기도 전에 벌써 레볼루션 애널리틱스에서 잘나가는 기업들을 대상으로 R과 데이터분석을 교육하는 일을 시작했다. 그는 구글, 이베이, 로슈를 비롯한 다른 많은 기업에서 교육을 진행해왔고, 현재 RStudio를 사용하는 유용한 노하우를 더 이해하기 쉽도록 교육 커리큘럼을 개발하는 일을 한다.

교육과 관련된 일 외에도, 가렛은 임상 실험 연구, 법률 연구, 재무 분석을 하며 시간을 보낸다. 물론 R 소프트웨어도 개발 중이다. 날짜/시간 값을 파싱하고, 쉽게 다루고, 산술 연산까지 가능하게 하는 R 패키지 lubridate를 공동 개발했다. 그리고 ggplot2의 확장 패키지인 ggsubplot을 개발했다.

옮긴이 **이준용**

KAIST에서 전자공학박사 학위를 마치고, 일본과 미국에서 박사 후 연구원으로 일하고 있다. 일본 ATR IRC 연구소에서 인간 로봇 상호작용에 관한 연구에 참여했으며, 이후 미국 아이오와 주립대학에서는 Metabolic Pathway와 관련한 데이터베이스를 구축하는 일을 했다. 현재 미국 퍼시픽 노스웨스트 국립 연구소에서 박사 후 연구원으로 일하고 있다. 평소 인공지능과 빅데이터 기술에 관심이 많고, 데이터를 다루는 일을 많이 하면서 R 이외에도 다양한 프로그램 언어를 사용하고 있다.

영어로 된 원서를 우리말로 옮길 기회는 많았지만, 기간을 두고 전문적인 번역 작업을 한 것은 이번이 처음이다. 아무튼 첫 작업으로 이 책을 만난 것은 행운이었다. 국내외적으로 데이터과학에 대한 관심이 뜨거운 요즘이다. 다양한 영역에서 기술의 발전은 이전에 비해 데이터를 생산하고 저장하는 데 상당한 진보를 가져왔다. 이렇게 기하급수적으로 대량 생산, 저장, 가공되는 데이터를 어떻게 하면 잘 활용할 수 있을지 고민해야 하는 시점에 있다. 내가 일하고 있는 분야에서도 데이터과학자에 대한 수요가 절실하다. R은 현재 데이터과학을 하는 사람이라면 한 번쯤은 접해 봤을 만큼 광범위한 사용자층을 가지고 있는 소프트웨어이자 프로그래밍 언어. 최근 네이처의 2015년 첫 번째 호에서 R 프로그래밍을 다룰 만큼 이제 R은 명실상부 데이터분석에 빼놓을 수 없는 언어라고 할 수 있다.

이 책은 R 프로그래밍에 대한 전반적인 내용을 다루면서도, 프로그래밍을 아예 처음 접하는 사람부터 프로그래밍은 많이 해왔지만 R 언어는 익숙하지 않은 사람까지 모두 부담 없이 시작할 수 있는 입문서라고 할 수 있다. 기존에 나와 있는 R 관련 서적들과는 달리 R의 프로그래밍 언어적인 측면을 보다 쉽게 설명하기 위해 노력한 흔적이 책 곳곳에 녹아 있다. R에서 제공하는 패키지나 함수를 사용한 예제들을 나열하는 대신, 이러한 함수를 자신이 직접 작성할 수 있는 능력을 키울 수 있도록 하는 데 중점을 두고 있다. 처음에는 할 수 없을 것 같아 보일 수도 있다. 하지만 중간 중간 나오는 코드들을 따라가다 보면 쉽게 감을 익힐 수 있을 것이다.

이 책 한 권으로 R 프로그래밍을 끝냈다고 말하기는 힘들 것이다. 하지만 이 책에서 다루는 기본적인 내용들이 R 프로그래밍을 하는 데 든든한 기초가 될 것이다.

이준용

추천의 글

제대로 된 데이터분석을 하려면 프로그래밍을 배워야 한다. 데이터과학을 위해서 컴퓨터 사용이 필수라는 사실에 이견을 다는 사람은 없을 것이다. 그러므로 기존 프로그램의 GUI^{graphical user} ^{interface} 사용법을 배우든 프로그래밍 언어를 배우든 둘 중 하나는 해야 한다. 가렛과 나는 프로그래밍 기술이야 말로 데이터를 다루는 모든 사람에게 필수라는 강한 신념을 가지고 있다. 간편하긴 하지만 GUI는 근본적으로 제약이 많다. 왜냐하면 양질의 데이터분석을 위해 반드시 필요한 다음 3가지 요소를 방해하기 때문이다.

- **재현성**Reproducibility
  과거 분석을 그대로 재현할 수 있는지 나타내며 좋은 연구를 위해 결정적이다.

- **자동화**Automation
  데이터가 (늘 그렇듯) 변하더라도 빠르게 다시 분석을 해낼 수 있는 능력을 말한다.

- **정보 전달**Communication
  코드는 그저 텍스트다. 이메일이나 구글, 스택 오버플로 등 많은 곳을 통해 쉽게 주고받을 수 있으며, 또한 배우면서 도움을 받기도 쉽다.

프로그래밍을 겁내지 마라! 정확한 동기와 의지만 있다면 누구나 배울 수 있다. 이 책은 여러분의 동기를 북돋아 줄 것이다. 그냥 참고서와는 다르다. 직접 해 볼 수 있는 3가지 프로젝트를 중심으로 구성되어 있다. 이 프로젝트를 통해 R 프로그래밍의 기초부터 코드 벡터화, 스코핑, S3 기법과 같은 중급 내용까지 다루게 된다. 실제로 해 보는 것이 배우는 데 가장 효과적인 방법이다. 왜냐하면 상황과는 아무 상관없이 무턱대고 기능들만 외우는 것보다는 실제로 주어진 어떤 문제를 해결하기 위해 기능들을 하나씩 익혀나갈 수 있기 때문이다. 단순히 읽는 것이 아니라 직접 하면서 체득하게 될 것이다.

프로그래밍을 배우다 보면 좌절을 맛보게 될 것이다. 새로운 언어를 배우는 것이기 때문에 유창하게 구사하기 위해서는 시간이 필요한 것이다. 그렇다고 좌절하기 위해 태어난 사람은 없지 않은가! 좌절은 차분히 궁리해 볼 긍정적인 신호다. 좌절은 뇌가 좀 쉬고 싶다는 것, 그만하고 쉽고 재미있는 것을 하고 싶다고 얘기하는 것일 뿐이다. 몸짱이 되려면 몸이 좀 불평하더라도 몸을 몰아붙여야 한다. 만약 프로그래밍을 더 잘 하고 싶다면 뇌를 다그칠 필요가 있다. 좌절이 몰려

올 때 그것을 기억하고, 기지개를 한 번 크게 켜자. 매일 조금씩 자신을 밀어붙이길 바란다. 곧 자신감 넘치는 프로그래머가 되어 있을 것이다.

이 책은 친구처럼 친절하고 서로 대화하듯 살아 있다. 나나 가렛을 직접 만나 배우는 것 다음으로 R 프로그래밍을 배우기에 가장 좋은 방법일 것이다. 내가 그랬듯, 즐겁게 읽어 나가기 바란다.

Hadley Wickham

해들리 워크햄
RStudio 수석 과학자

추신: 가렛은 너무 겸손해서 이런 말을 안 했을 수도 있는데, R에서 lubridate 패키지는 날짜나 시간을 다루는 데 얼마나 유용한지 모른다. 직접 확인해 보라.

서문

이 책은 R 프로그래밍을 알려 준다. 데이터를 로딩하는 방법부터 자신만의 함수(다른 R 사용자의 함수를 능가하는)를 작성하는 방법까지 다룬다. R에 대한 통상적인 소개서들과는 다를 것이다. 여러분이 컴퓨터과학자면서 동시에 데이터과학자가 되도록 돕기를 원한다. 이를 위해 데이터과학과 밀접한 관련이 있는 프로그래밍 기술에 초점을 맞출 것이다.

이 책의 각 장은 3가지 실용적인 프로젝트에 맞춰 구성되었다. 각 프로젝트는 꽤 커서 여러 장에 걸쳐 있다. 이러한 프로젝트를 고른 데에는 두 가지 이유가 있다. 먼저 R 언어의 넓은 범위를 커버하기 때문이었다. 데이터를 로딩하는 법, 데이터 객체들을 조합하고 해체하는 법, R의 환경시스템을 다루는 법, 함수를 작성하는 법, 그리고 if else 문, 반복문, S3 클래스, R 패키지 시스템, R 디버깅 도구와 같은 R 프로그래밍 도구들을 사용하는 방법을 모두 배우게 된다. 또한 R 코드 벡터화와 같이 R의 장점을 극대화할 수 있는 정말 빠른 코드 양식도 배우게 된다.

하지만 더 중요한 이유는 바로 데이터과학에서 어떻게 논리적인 문제들을 해결하는지 배울 수 있기 때문이다. 수많은 논리 문제가 있다. 실제 데이터를 가지고 일할 때 우리는 오류 없이 커다란 세트들을 저장, 회수, 수정해야 할 것이다. 책을 통해, R 프로그래밍을 하는 법만이 아닌, 데이터과학자로서 실제 일터에서 프로그래밍 기법을 어떻게 사용할 것인지도 배우게 될 것이다.

물론 모든 프로그래머가 데이터과학자가 되어야 한다는 것도 아니고 모든 프로그래머에게 이 책이 유용하지 않을 수도 있다. 다만 아래 부류에 속하는 분들이라면 이 책이 분명 도움이 될 것이다.

1. 이미 통계 용도로 R을 사용하고는 있지만, 자신만의 함수나 시뮬레이션을 작성하는 방법을 배우고 싶은 분
2. 프로그래밍하는 법을 혼자 공부하기 원하는 분. 이런 분은 데이터과학 관련 언어를 어떻게 배워야 하는지 알게 될 것이다.

이 책의 가장 놀라운 점 중 하나는 모델과 그래프와 같이 R의 전통적인 내용들을 다루지 않는 대신, 순수하게 프로그래밍 언어로서 R을 다룬다는 점이다. 나는 왜 이렇게까지 프로그래밍에 집중하는 걸까? R은 과학자들이 데이터를 분석하는 것을 돕기 위해 만들어졌다. 그래프를 만들고 데이터에 모델을 피팅하기 위한 많은 놀라운 기능을 가지고 있다. 결과적으로 많은 통계학자들

은 R을 그냥 기존의 다른 소프트웨어처럼 사용한다. 이미 있는 함수 사용법을 익히고 나머지는 무시하곤 한다.

어쩌면 이것이 R을 배우는 당연한 방법일지도 모르겠다. 데이터를 시각화하고 모델링하는 것은 과학자들의 온전한 집중을 요하는 어려운 기술이다. 데이터 세트로부터 신뢰할 만한 통찰력을 이끌어내기 위해서는 전문지식과 판단력 그리고 집중력을 요구한다. 기본 지식과 기술에 대한 연습이 편해질 정도가 될 때까지는 프로그래밍한다고 산만해지지 않았으면 한다. 데이터과학 기술을 배우고 싶은 분께는 앞으로 출간될 이 책의 자매편인 『R로 배우는 데이터과학^{Data Science} ^{with R}』을 추천한다.

하지만 프로그래밍은 데이터과학자라면 할 일 목록^{to-do list}에는 들어가 있어야 한다. 여러분은 프로그래밍을 통해 좀 더 다재다능한 분석이 가능해질 것이고, 모든 면에서 데이터과학을 마스터하도록 도움을 줄 것이다. 나는 2006년 5월 R 메일링 리스트에 그렉 스노우가 언급한 비유를 정말 좋아한다. R에서 함수를 사용하는 것이 마치 버스를 타는 것과 같다면, 프로그래밍하는 것은 자기가 직접 차를 운전하는 것과 같다.

버스는 정말 이용하기 쉽다. 몇 번 버스를 어디에서 타고 어디에서 내리는지만 제대로 알면 된다 (물론 요금도 내야 한다). 반면에 자동차를 운전하는 건 좀 힘들다. 지도 같은 것이 있어야 하고(지도가 이미 머릿속에 있을 수도 있겠지만), 가다가 가끔 주유도 해야 하고, 도로 법규도 알아야 한다 (운전 면허증도 물론 있어야 한다). 자동차의 장점은 버스가 다니지 않는 수많은 곳을 직접 갈 수 있다는 것과 버스를 여러 번 갈아타고 가는 것보다 훨씬 빠르게 갈 수 있다는 것이다.

이 비유로 보자면, SPSS 같은 프로그램은 버스라고 할 수 있다. 일반적인 기능을 사용하기는 수월하지만 기존에 없는 것을 하려고 하면 정말 불만스러울 것이다.

R은 뒤에는 자전거, 지붕에는 카약, 옆자리에는 좋은 워킹화와 러닝화, 그리고 뒷자리에는 등산 장비와 동굴 탐험 장비까지 탑재된 4륜구동의 (환경 친화적인) SUV 차량이라고 할 수 있다.

R은 장비 사용법만 시간을 내서 배운다면 원하는 곳은 어디든 갈 수 있다. 물론 SPSS에서 어디에 버스 정류장이 있는지 배우는 것보다 시간이 오래 걸릴 것이다...

_그렉 스노우

서문

그렉은 R과 SPSS를 비교하고 있지만, 여기서 그는 R의 모든 것을 다 활용할 수 있을 때를 가정하고 있다. 다시 말해, R에서 프로그래밍하는 법을 알고 있는 경우를 가정한 것이다. 만약 R에서도 이미 만들어져 있는 함수들만 사용하는 거라면 정해진 곳만 갈 수 있는 버스와 같은 SPSS처럼 R을 사용하고 있는 것이다.

유연함은 데이터과학자들에게 중요하다. 기법이나 시뮬레이션의 정확한 세부사항은 문제마다 달라진다. 만약 상황에 딱 맞는 기법을 스스로 만들지 못한다면, 이미 만들어져 있지만 부적당한 기법을 사용하기 위해 비현실적인 가정을 만들어 내야 할지도 모른다.

이 책은 버스에서 차로 갈아타는 것을 도와줄 것이다. 나는 프로그래밍 초보자들을 위해 이 책을 썼다. 컴퓨터과학의 이론을 설명하지는 않을 것이다. 대문자 O 표기법이나 소문자 o 표기법 이런 이야기는 없을 것이다. 물론 지연 연산 항들과 같이 어려운 이야기도 없다. 만약 이론적인 수준까지 궁금하다면 필요하겠지만 프로그래밍하는 법을 처음 배우는 경우에는 방해만 될 뿐이다.

대신에, 세 가지 구체적인 예제를 가지고 R 프로그래밍을 배우게 된다. 이 예제들은 짧으면서 이해하기 쉽고 동시에 알아야 할 모든 것을 알려 주고 있다.

나는 RStudio에서 마스터 인스트럭터로 강의하는데, 이 교재를 정말 여러 번 사용했다. 강사를 하면서 학생들이 구체적인 예제를 가지고 추상적인 개념을 설명했을 때 훨씬 빨리 습득하게 된다는 것을 알게 되었다. 예제는 이런 점 말고 또 다른 장점이 있는데 즉석에서 연습이 된다는 것이다. 프로그래밍을 배우는 것은 다른 언어를 배우는 것과 비슷하다. 연습을 할 때 실력이 빨리 늘게 되어 있다. 사실 프로그램을 배우는 것은 다른 나라 말을 배우는 것이다. 이 책의 예제들을 잘 따라가면서 아이디어가 떠오를 때마다 실제로 해 본다면 좋은 결과가 있을 것이다.

이 책은 『R로 배우는 데이터과학』의 자매편이다. 그 책은 R을 이용해서 그래프를 만들고 모델링하고 보고서를 작성하는 법을 담고 있다. 프로그래밍 연습까지는 아니더라도 전문 지식을 요하는 데이터과학 기술들을 소개하고 있다. 반면 이 책은 R 프로그래밍을 주로 다룬다. 물론 앞선 책에서 가르치는 데이터과학 기술들을 모두 마스터했다고는(심지어 하려 한다고도) 가정하지 않겠다. 하지만 이 기술들은 프로그래밍 기술을 배가시켜 준다. 모두 마스터하게 된다면 정말 강력한, 컴퓨터로 무장한 데이터과학자가 될 것이며, 고액연봉을 받을 만한 과학적 논의에 영향을 미치는 사람이 될 것이다.

감사의 글

많은 분이 이 책을 집필하는 데 큰 도움을 주셨다. 두 명의 에디터, 코트니 내쉬와 줄리 스틸, 그리고 이 책을 디자인하고 교정하고 인덱스를 다는 데 수고한 나머지 오라일리 팀 모든 분의 도움이 있었다. 그리고 서문에 흔쾌히 자신의 이야기를 인용하도록 해 준 그렉 스노우씨가 있다. 진심으로 이 모든 분께 감사의 마음을 전한다.

특별히 내가 R에 대해 고민하고 가르치는 데 많은 영향을 주신 해들리 워크햄 교수님께 감사드린다. 라이스 대학 박사과정 때 해들리 교수님의 강의를 도와드렸던 통계학 405 수업에서 많은 아이디어를 얻었다.

그리고 RStudio에서 내가 강의했던 'R로 배우는 데이터 과학 개론' 워크숍의 모든 학생과 선생님에게 아이디어를 얻었다. 모두 정말 감사하다. 특별히 내 강의 조교를 맡아 주었던 조쉬 폴슨, 윈스톤 챙, 제이미 라모스, 제이 에머슨, 비비안 장에게 감사의 인사를 전하고 싶다.

R을 이용하고 가르치고 글을 쓰는 데 정말 큰 도움을 준 RStudio IDE를 개발해 온 JJ 알래어를 비롯한 모든 RStudio 동료에게 감사한다.

마지막으로 책을 쓰는 내내 날 응원해 주고 이해해 준 아내 크리스틴에게 감사하다는 말을 전한다.

가렛 그롤먼드

CONTENTS

Part I   프로젝트 1: 조작된 주사위

CHAPTER 1 기초

CHAPTER 2 패키지와 도움말

CONTENTS

Part II 프로젝트 2: 카드놀이

CHAPTER **3 R 객체**

CONTENTS

Part III 프로젝트 3: 슬롯머신

CHAPTER 7 **프로그램**

CONTENTS

부록

프로젝트 1:
조작된 주사위

이제 컴퓨터를 활용해서 놀랄 만한 속도로 데이터 세트를 모으고, 처리하고, 시각화하는 것이 가능해졌다. 간단히 말해, 컴퓨터는 우리에게 과학적 초능력을 선사해 줬다. 하지만 이러한 이점을 잘 활용하기 위해서는 몇 가지 프로그래밍 기술을 알아 둘 필요가 있다.

프로그램을 작성하는 방법을 알고 있는 데이터과학자는 다음과 같은 일을 쉽게 할 수 있다.

- 전체 데이터 세트를 기억(저장)하는 일
- 요청에 따라 데이터값을 불러오는 일
- 엄청난 양의 데이터를 사용해서 복잡한 연산을 수행하는 일
- 부주의하거나 지루하기 쉬운 반복적인 작업을 실수 없이 수행하는 일

컴퓨터가 에러 없이 이러한 일들을 빠르게 해내면 사람들은 좀 더 중요한 의사 결정을 하고 의미를 부여하는 일에 집중할 수 있다.

흥미롭지 않나?

대학 시절 필자는 가끔 라스베이거스에 가는 몽상에 빠지곤 했다. 제 딴엔 통계학을 좀 알면 도박에서 돈을 따는 데 큰 도움이 될 줄 알았던 것이다. 만약에 **여러분도** 이런 생각으로 데이터과학을 공부하는 거라면, 내 이야기에 귀를 기울이는 것이 좋을 것이다. 몇 가지 안 좋은 소식이 있다. 아무리 통계학자라 하더라도 길게 볼 때는 카지노에서 돈을 잃게 되어 있다. 왜냐하면 어떤 게임이든 이길 확률은 항상 카지노에 유리하도록 설계되어 있기 때문이다. 하지만 여기에 이 법칙에서 벗어날 방법이 하나 있다. 여러분도 확실하게 돈을 딸 수 있다! 바로 여러분이 **카지노를 차리면 된다!**

믿거나 말거나 R은 이런 일에 도움을 줄 수 있다. 이 책을 공부하는 동안 여러분은 세 가지 가상 오브젝트를 만드는 데 R을 사용하게 된다. 난수를 만들기 위해 굴릴 주사위 한 쌍. 여러분이 섞어서 돌릴 수 있는 카드 한 벌, 비디오 복권 게임기 ^{Video Lottery Terminal}(VLT)를 모방한 슬롯머신을 만들 것이다. 그리고 나서 여러분은 비디오 그래픽스와 은행계좌를 약간 추가하고 (정부 허가를 얻어야 하겠지만) 사업을 시작할 수 있게 된다. 나는 이에 대한 자세한 이야기를 여러분을 위해 남겨 놓을 생각이다.

이 프로젝트들은 편한 마음으로 즐길 수도 있지만 깊이가 좀 있다. 프로젝트를 모두 끝내면 여러분은 데이터를 다루는 데이터과학자로서 기술적인 전문가가 될 것이다. 컴퓨터 메모리에 데이터를 어떻게 저장하고, 이미 저장된 데이터에 어떻게 접근하고, 필요할 때 메모리에서 데이터값을 어떻게 변형시키는지 배우게 된다. 또한 R에서 데이터를 분석하고 시뮬레이션을 돌리기 위해 프로그램을 작성하는 방법도 배우게 된다.

만약 슬롯머신(혹은 주사위나 카드)을 시뮬레이션하는 것이 시시해 보인다면, 슬롯머신을 하는 것을 프로세스라고 생각하라. 일단 여러분이 슬롯머신을 시뮬레이션할 수 있게 된다면 부트스트랩 샘플링, 마르코프 연쇄 몬테카를로 방법, 혹은 여러 데이터분석 기법과 같은 다른 프로세스들도 마찬가지로 시뮬레이션할 수 있게 된다. 또한 이 프로젝트들을 통해 R 프로그래밍의 모든 구성 요소, 객체, 데이터 타입, 클래스, 표기법, 함수, 환경, 조건문, 반복문, 벡터화를 배우기 위한 구체적인 예제를 만나게 될 것이다. 첫 번째 프로젝트는 R의 기초를 가르치며 이러한 것들을 배우는 데 도움이 될 것이다.

첫 번째 과제는 간단하다. 크랩스 게임에서와 같이 주사위 한 쌍을 굴리는 시뮬레이션을 하는 R 코드를 만드는 것이다. 일단 성공했다면 흥미를 이어가고자 여러분에게 유리하도록 주사위를 살짝 조작해 볼 것이다.

이번 프로젝트에서는 다음과 같은 것들을 배우게 된다.

- R과 RStudio 인터페이스를 사용하는 방법
- R 명령어를 실행하는 방법
- R 객체를 생성하는 방법
- R 함수와 스크립트를 작성하는 방법
- R 패키지를 불러오고 사용하는 방법
- 랜덤 샘플을 만드는 방법
- 손쉽게 그래프를 그리는 방법
- 필요할 때 도움말을 얻는 방법

너무 많은 것을 한꺼번에 한다고 걱정할 필요는 없다. 이 프로젝트는 여러분에게 R 언어에 대한 간략한 개요를 전달하는 것이 목표다. 여기서 만나는 수많은 개념을 프로젝트 2와 3에서 다시 만나게 될 것이다. 그곳에서는 이런 개념을 더 깊이 알아볼 것이다.

R과 RStudio를 사용하려면 각자의 컴퓨터에 R과 RStudio를 설치해야 한다. 모두 무료고 내려받기 쉽다. 자세한 설명은 부록 A를 참고한다. 준비가 되었다면 RStudio를 열고 계속 읽어 나가기 바란다.

기초

이번 장에서는 여러분이 곧바로 프로그래밍을 시작할 수 있도록 R 언어에 대한 전반적인 개요를 설명한다. 이를 통해 랜덤한 수를 만드는 데 사용할 가상의 주사위 한 쌍을 만들어 볼 것이다. 한 번도 프로그램을 해 본 적이 없다 하더라도 안심하라. 이 장에서 필요한 모든 것을 가르쳐 줄 것이다.

한 쌍의 주사위를 시뮬레이션하려면 각각의 주사위가 가지고 있는 고유한 특징을 파악해야 한다. 여러분은 나사를 풀고 컴퓨터 안에 주사위를 집어넣은 뒤 주사위를 굴리라고 할 수는 없지만, 컴퓨터 메모리에 이 물건에 대한 **정보**information는 저장할 수는 있다.

여러분이라면 어떤 정보를 저장하겠는가? 보통 주사위는 여섯 가지 중요한 정보를 가지고 있다. 주사위를 굴리면 1, 2, 3, 4, 5, 6 중 한 숫자가 나오게 된다. 이 여섯 가지 숫자를 컴퓨터 메모리에 값의 집합으로 저장함으로써 주사위의 고유한 특징을 입력할 수 있다.

먼저 이 숫자들을 저장해 보자. 그러고 나서 이 주사위를 어떻게 '굴릴지' 생각해 보자.

1.1 R 유저 인터페이스

컴퓨터에 이 숫자들을 저장하려면 컴퓨터에 그러한 요청을 전달할 수 있어야 하는데. 이때 R과 RStudio를 사용한다. RStudio는 컴퓨터와 대화하는 방법을 제공해 준다. R은 우리가 말할 때 사용히는 일종의 언어라고 할 수 있다. 먼저 평소와 같이 컴퓨터에서 RStudio를 실행하자. 그러면 화면에서 [그림 1-1]과 같은 창을 하나 보게 될 것이다.

그림 1-1 콘솔 창 맨 아랫줄 프롬프트에 R 명령어를 입력하면 컴퓨터가 그 명령을 실행하게 된다. 이때 엔터키 입력을 잊지 말자. 처음 RStudio를 열면 콘솔이 화면 왼쪽에 나온다. '파일 → 환경 설정' 메뉴에서 위치를 바꿀 수도 있다.

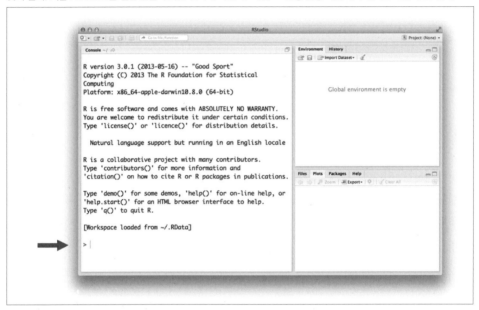

RStudio의 인터페이스는 단순하다. RStudio 콘솔 창 아랫줄에 R 코드를 입력하고 엔터키를 누르면 실행된다. 이와 같이 입력한 코드를 **명령**이라고 부른다. 컴퓨터에 뭔가를 하라고 시키는 것이기 때문이다. 코드가 입력된 줄을 **명령행**이라고 부른다.

프롬프트에 명령을 입력하고 엔터키를 누르면, 컴퓨터는 그 명령을 실행한 결과를 보여 준다. 그리고 RStudio는 다음 명령을 위해 새로운 프롬프트를 표시한다. 예를 들어 1 + 1을 입력하고 엔터키를 누르면, RStudio는 아래와 같이 출력한다.

```
> 1 + 1  Enter↵
[1] 2
>
```

결과 앞에 [1]이라는 표시가 나타나는 것을 볼 수 있다. 이는 결과 줄이 처음 시작한다는 것을 알려 주고 있다. 어떤 명령은 둘 이상의 결과 값을 출력하게 되는데, 이때 여러 줄에 걸쳐 나오기도 한다. 예를 들어 100:130이라는 명령은 31개의 값(100에서 130 사이의 정수)을 출력한다. 이때 2번째와 3번째 줄 처음에 또 다른 괄호와 숫자가 나타난다. 이 숫자들은 각각 둘째 줄은 결과의 14번째 값부터 시작하고, 셋째 줄은 결과의 25번째 값부터 시작한다는 것을 의미한다. 괄호 안의 숫자는 보통 무시해도 된다.

```
> 100:130 ❶
 [1] 100 101 102 103 104 105 106 107 108 109 110 111 112
[14] 113 114 115 116 117 118 119 120 121 122 123 124 125
[25] 126 127 128 129 130
```

❶ 콜론 연산자(:)는 두 정수 사이의 모든 정수를 돌려준다. 덕분에 수열을 쉽게 만들 수 있다.

NOTE_ R은 언어 아닌가요?

여러분은 아마 내가 R을 3인칭으로 말하는 걸 종종 들을 것이다. 예를 들면 'R에 이거 하라고 하자', 'R에 저거 하라고 하자'라는 식으로 말이다. 물론 R은 아무 것도 할 수 없다. 그냥 언어일 뿐이다. 이런 식으로 말하는 것은 'RStudio 콘솔 명령행에 R 언어로 된 명령을 입력해서 컴퓨터가 이렇게 하도록 하자'라는 말을 그냥 짧게 말한 것뿐이다. 실제 일은 R이 아니라 컴퓨터가 한다.

이렇게 줄여서 말하는 게 약간 혼란스럽고 이상한가? 하지만 다들 이런 식으로 말한다!

NOTE_ 컴파일은 언제 하는 건가요?

C, 자바, 포트란과 같은 언어에서는 작성된 코드를 실행하기 위해 먼저 기기가 이해할 수 있는 (0과 1로 된) 코드로 컴파일해야 한다. 여러분이 전에 이런 언어로 프로그램을 작성해 봤다면 'R 코드 역시 실행 전에 컴파일을 해야 하나'라는 궁금증이 생길 것이다. 하지만 R 코드는 컴파일이 필요 없다. R은 동적 프로그램 언어이기 때문에 여러분이 코드를 실행하면 자동으로 코드를 해석한다.

만약 미완성의 명령을 입력하고 엔터키를 누르면 R은 + 프롬프트를 표시하는데, 이는 여러분이 명령의 나머지 부분을 입력할 때까지 기다리겠다는 뜻이다. 명령을 완료하든가, 아니면 Esc키를 눌러 명령을 취소한 뒤 처음부터 다시 입력한다.

```
> 5 - Enter↵
+ 1 Enter↵
[1] 4
```

만약 R이 이해할 수 없는 명령을 입력하면, R은 에러 메시지를 출력한다. 에러 메시지를 보게 되더라도 당황하지 마라. 컴퓨터가 이해할 수 없다고, 그래서 요청한 것을 할 수 없다고 말하는 것일 뿐이다. 다음 프롬프트에서 올바른 명령을 입력하면 된다.

```
> 3 % 5
에러: 예기치 않은 입력입니다 in "3 % 5"
>
```

일단 명령행을 사용하는 방법을 알게 되면 계산기로 할 수 있는 모든 일을 R로 할 수 있다. 예를 들어 다음과 같은 간단한 연산을 할 수 있다.

```
> 2 * 3
[1] 6

> 4 - 1
[1] 3

> 6 / (4 - 1)
[1] 2
```

NOTE_ 명령 취소하기

어떤 명령은 실행하는 데 오랜 시간이 걸리기도 한다. 다행히 시작된 명령을 Ctrl + c로 취소할 수 있다. 때로는 명령을 취소하는 데 오랜 시간이 걸리기도 한다.

연습문제

지금까지 RStudio에서 R 코드를 실행하기 위한 기본 인터페이스에 대해 알아보았다. 잘 이해했나? 그렇다면 다음의 간단한 연습을 해 보자. 만약 모든 것을 제대로 수행한다면, 처음 입력한 숫자와 같은 값을 마지막에 보게 될 것이다.

1. 어떤 수를 정해서 거기에 2를 더한다.
2. 결과에 3을 곱한다.
3. 답에서 6을 뺀다.
4. 그 값을 3으로 나눈다.

이 책에서는 연습문제를 지금처럼 박스로 표시하며, 각 연습문제 다음에는 아래와 같이 모범 답안을 제시한다.

숫자 10으로 시작해 보자. 이 숫자 10을 마지막에 다시 보게 될 것이다.

```
> 10 + 2
[1] 12

> 12 * 3
[1] 36

> 36 - 6
[1] 30

> 30 / 3
[1] 10
```

지금까지 배운 것을 응용해서 가상의 주사위를 만들어 보자. 앞서 나왔던 콜론 연산자(:)가 1에서 6까지의 수를 만드는 데 효과적이다. 콜론 연산자는 하나의 **벡터**, 즉 숫자들의 일차원 집합을 결과로 돌려준다.

```
> 1:6
[1] 1 2 3 4 5 6
```

이것이 가상 주사위의 전부다! 하지만 아직 끝난 건 아니다. 1:6을 실행해서 이 벡터를 얻었지만 아직 컴퓨터 메모리 어디에도 저장되지 않았다. 지금 여러분은 마치 잠깐 존재했다가 다시 컴퓨터의 램 속으로 녹아버린 여섯 숫자의 발자국을 보고 있는 것이다. 만약 이 숫자들을 다시 사용하고 싶다면 이것들을 어딘가에 저장하도록 컴퓨터에 요청해야 한다. 바로 R **객체**를 생성하면 된다.

1.2 객체

R 객체 안에 데이터를 저장할 수 있다. 객체란 무엇인가? 저장된 데이터를 호출할 때 사용할 이름이라고 할 수 있다. 예를 들어 a 혹은 b와 같은 객체에 데이터를 저장할 수 있다. R에서 객체를 만나면 아래와 같이 그 안에 저장되어 있는 데이터로 치환한다.

```
> a <- 1 ❶
> a ❷
[1] 1

> a + 2 ❸
[1] 3
```

❶ R 객체를 만들 때는 먼저 이름을 쓰고, < 기호와 − 부호를 입력한다. 이 조합은 화살표 <−가 되고 화살표 앞의 이름으로 객체를 만들고 화살표 뒤의 데이터를 그 객체에 저장한다.

❷ a에 뭐가 들어 있는지 확인하면 다음 줄에 알려 준다.

❸ 새로운 명령에서도 이 객체를 사용할 수 있다. 전에 저장했던 값이 1이었기 때문에 1에 2를 더하는 것이 된다.

또 다른 예제로 1에서 6까지의 숫자를 갖는 die라는 이름의 객체를 만들어 보자. 이 객체에 무엇이 저장되어 있는지 확인하려면 객체 이름을 입력하면 된다.

```
> die <- 1:6

> die
[1] 1 2 3 4 5 6
```

객체를 생성하면 이 객체에 대한 정보는 [그림 1-2]에서처럼 RStudio의 환경 창에서 확인할 수 있다. 이 창에서는 RStudio를 연 뒤 만들어진 모든 객체 정보를 볼 수 있다.

그림 1-2 R 객체 정보를 RStudio 환경 창에서 확인할 수 있다.

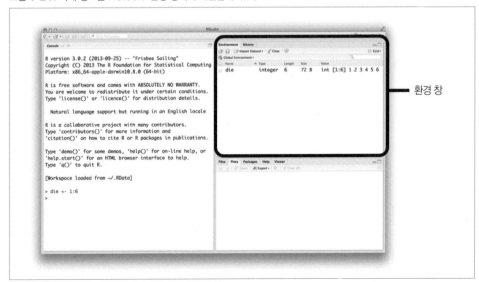

R에서는 여러분이 원하는 대로 객체 이름을 정할 수 있지만 몇 가지 룰이 있다. 첫째, 객체 이름은 숫자로 시작할 수 없다. 둘째, ^, !, $, @, +, -, /, *와 같은 특수 기호를 포함할 수 없다.

좋은 이름	에러를 유발하는 이름
a	1trial
b	$
FOO	^mean
my_var	2nd
.day	!bad

CAUTION_ R은 대소문자를 구분한다. 따라서 name과 Name은 서로 다른 객체를 의미한다.
```
> Name <- 1
> name <- 0

> Name + 1
[1] 2
```

R에서는 이미 값을 가지고 있는 객체라 하더라도 묻지 않고 덮어쓸 수 있다. 따라서 이미 사용하고 있는 객체 이름은 조심해서 사용할 필요가 있다.

```
> my_number <- 1
> my_number
[1] 1

> my_number <- 999
> my_number
[1] 999
```

ls 함수를 사용해서 현재 사용하고 있는 객체 이름을 볼 수 있다.

```
> ls()
[1] "a"        "die"    "my_number" "name"      "Name"
```

객체 이름은 RStudio 환경 창에서도 확인할 수 있다.

이제 여러분은 컴퓨터 메모리상에 저장된 가상의 주사위를 갖게 되었다. **die**라고 입력할 때마다 그것을 불러올 수 있다. 그럼 이 주사위로 무엇을 할 수 있을까? 정말 많은 것을 할 수 있다.

R은 명령행에서 객체 이름을 만날 때마다 해당 객체에 들어 있는 값으로 대체한다. 예를 들면 주사위를 가지고 사칙 연산을 할 수 있다. 물론 사칙 연산과 주사위를 굴리는 것은 그다지 상관 없지만 데이터과학자로서 숫자를 다루는 것은 당연한 일이다. 그럼 사칙 연산을 해 보자.

```
> die - 1
[1] 0 1 2 3 4 5

> die / 2
[1] 0.5 1.0 1.5 2.0 2.5 3.0

> die * die
[1]  1  4  9 16 25 36
```

여러분이 만약 선형대수를 정말 좋아한다면, R이 항상 행렬 곱의 규칙을 따르지 않는다는 것을 알 수 있다. 대신에 R은 **원소 단위 실행**element-wise execution을 수행한다. 숫자 집합에서도 각 원소에 같은 연산이 적용되는 것을 알 수 있다. 예를 들어 **die - 1**을 실행하면 die의 각 원소에서 1을 뺀다.

한 연산에서 둘 이상의 벡터를 사용할 때, 벡터들을 일렬로 세워 놓고 개별 연산을 순차적으로 진행한다. **die * die**를 실행할 때, die 벡터를 일렬로 세워 놓고 벡터 1의 첫 번째 원소와 벡터 2의 첫 번째 원소를 곱한다. 그리고 벡터 1의 두 번째 원소와 벡터 2의 두 번째 원소를 곱한다. 이런 식으로 모든 원소를 곱할 때까지 계속 연산을 한다. 결과적으로 [그림 1-3]에서처럼 이 두 벡터와 같은 길이의 새로운 벡터가 나온다.

그림 1-3 R에서는 원소 단위 실행을 수행한다. 벡터를 일치시킨 뒤 원소들을 서로 짝지어서 원소별로 계산을 수행한다.

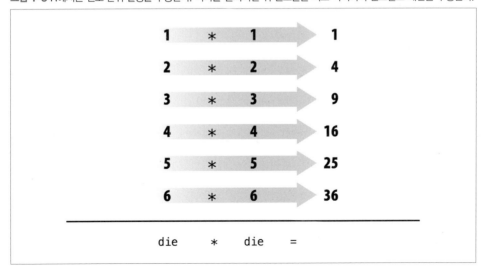

길이가 서로 다른 두 벡터가 주어졌을 때는 [그림 1-4]에서 보듯이 짧은 쪽 벡터를 긴 쪽 벡터 크기만큼 반복해서 적용한다. 영구적으로는 아니고 계산이 끝나면 짧은 쪽 벡터는 다시 원래대로 돌아온다. 만약 짧은 쪽 벡터 길이가 긴 쪽 벡터 길이를 똑같은 크기로 나누지 못할 때는 경고 메시지를 내보낸다. 이러한 성질을 **벡터 리사이클링**vector recycling이라고 하며 원소 단위 실행이 가능하도록 도와준다.

```
> 1:2
[1] 1 2

> 1:4
[1] 1 2 3 4

> die
[1] 1 2 3 4 5 6

> die + 1:2
[1] 2 4 4 6 6 8

> die + 1:4
[1] 2 4 6 8 6 8
경고 메시지
In die + 1:4 : 두 객체의 길이가 서로 배수관계에 있지 않습니다
```

그림 1-4 서로 길이가 다른 벡터로 원소 단위 실행을 수행하기 위해 R은 짧은 쪽 벡터를 반복해서 사용한다.

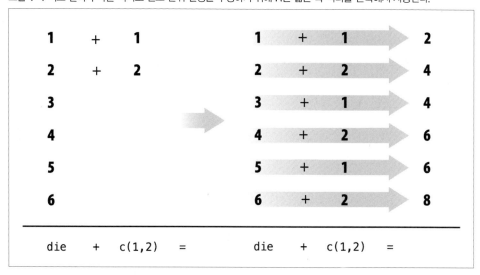

원소 단위 실행은 값을 순서대로 다루기 때문에 R에서 매우 유용한 특징이다. 데이터 세트를 다루기 시작할 때, 하나의 관측값 혹은 경우의 수는 각각 반드시 같은 관측값 혹은 경우의 수와 짝을 이루게 된다. R에서 원소 단위 실행은 프로그래밍과 함수 작성에 도움을 준다.

그렇다고 R이 일반 행렬 곱은 못한다고 생각하지는 마라. 말만하면 된다. %*% 연산자를 이용해서 내적을 구할 수 있고, %o% 연산자를 이용해서 외적을 구할 수 있다.

```
> die %*% die
     [,1]
[1,]  91

> die %o% die
     [,1] [,2] [,3] [,4] [,5] [,6]
[1,]   1    2    3    4    5    6
[2,]   2    4    6    8   10   12
[3,]   3    6    9   12   15   18
[4,]   4    8   12   16   20   24
[5,]   5   10   15   20   25   30
[6,]   6   12   18   24   30   36
```

t 연산자로 전치 행렬을 구할 수도 있고, det 함수로 행렬식을 구할 수도 있다.

이런 연산이 낯설다고 걱정하지 마라. 관련 자료를 쉽게 찾아볼 수 있고 이 책에서는 별로 필요하지 않다.

die 객체로 산술 연산도 가능해졌으니, 이제 주사위를 어떻게 '굴릴' 것인지 알아보자. 주사위를 굴리는 것은 기본 사칙 연산보다 약간 복잡하다. 주사위 숫자들 중 하나를 무작위로 골라야 한다. 이를 위해 **함수**가 필요하다.

1.3 함수

R은 이미 랜덤 샘플링과 같이 복잡한 작업을 위해 사용 가능한 다양한 함수를 제공한다. 예를 들어 round 함수로 반올림할 수도 있고, factorial 함수로 계승을 구할 수도 있다. 함수를 사용하는 방법은 꽤 간단하다. 그냥 함수 이름을 적고, 괄호 안에 연산에 필요한 데이터를 입력하면 된다.

```
> round(3.1415)
[1] 3

> factorial(3)
[1] 6
```

함수에 입력한 데이터를 함수의 **인수**argument라고 부른다. 인수에는 R 객체가 들어갈 수도 있고
다른 R 함수의 결과가 들어갈 수도 있다. 아래 예제에서 마지막 경우는 [그림 1-5]에서 보듯이
가장 안쪽 함수부터 바깥 방향으로 차례로 수행한다.

```
> mean(1:6)
[1] 3.5

> mean(die)
[1] 3.5

> round(mean(die))
[1] 4
```

그림 1-5 여러 함수가 함께 쓰인 경우. R은 가장 안쪽부터 바깥쪽 방향으로 계산을 해 나간다. 일단 die 객체를 찾고, 1부
터 6까지의 평균을 계산하고, 그 평균값을 반올림한다.

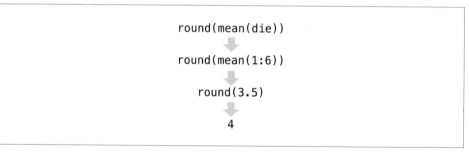

NOTE_ mean

mean 함수는 평균값을 돌려준다.

운 좋게도 주사위를 굴리는 데 도움이 될 만한 R 함수가 있다. R에서 제공하는 sample 함수를
이용하면 주사위를 굴리는 시뮬레이션을 할 수 있다. sample은 **두 가지** 인수를 요구한다. 하나

는 x라는 이름의 벡터, 하나는 size라는 이름의 숫자다. sample 함수는 size 개의 원소를 갖는 벡터를 돌려준다.

```
> sample(x = 1:4, size = 2)
[1] 3 2
```

주사위를 굴려서 숫자를 얻기 위해 x를 die로 놓고, 하나의 원소를 샘플링하자. 굴릴 때마다 새로운(아마 다른) 숫자를 얻게 될 것이다.

```
> sample(x = die, size = 1)
[1] 2

> sample(x = die, size = 1)
[1] 1

> sample(x = die, size = 1)
[1] 6
```

많은 R 함수가 작업을 위해 여러 인수를 필요로 한다. 콤마를 이용해서 각각의 인수를 구분할 수 있고 원하는 만큼 함수에 전달할 수 있다.

나는 sample 함수에 die와 1을 인수로 넘겨줄 때 = 기호를 이용하여 넘겨줄 값과 인수 이름을 함께 표시해 주었다. R 함수에서 모든 인수는 이름을 갖고 있다. 어떤 데이터가 어떤 인수에 할당될지 인수 이름과 해당 데이터가 같다는 표시를 통해 나타낼 수 있다. 이것은 한 함수에 여러 인수를 넘겨줄 때 데이터가 다른 인수로 잘못 전달되는 것을 방지해 준다. 하지만 이름을 사용하는 것은 필수사항이 아니라 선택사항이다. 일반적으로 R 사용자들은 함수의 첫 번째 인수에는 이름을 잘 사용하지 않는다. 앞선 예제를 아래와 같이 쓸 수 있다.

```
> sample(die, size = 1)
[1] 2
```

보통 첫 번째 인수의 이름은 그렇게 설명이 필요하지 않고 오히려 처음에 무엇이 들어가야 할지 명백한 경우가 많다.

만약 함수에 정의되지 않은 인수를 사용하면 다음과 같이 에러가 발생한다. 하지만 어떤 인수를 사용해야 할지 어떻게 알 수 있을까?

```
> round(3.1415, corners = 2)
[1] 다음에 오류가 있습니다 round(3.1415, corners = 2) : 사용되지 않은 인수 (corners = 2)
```

함수에 사용할 인수를 잘 모를 경우에는 args 함수를 이용해서 확인할 수 있다. args를 입력한 뒤 괄호 안에 함수 이름을 입력하면 된다. 예를 들어 round 함수가 x와 digits라는 이름의 두 가지 인수를 갖고 있다는 것을 다음과 같이 확인할 수 있다.

```
> args(round)
function (x, digits = 0)
NULL
```

args를 통해 round 함수의 digits 인숫값이 0으로 미리 정해져 있는 것을 확인했는가? 이렇듯 R 함수에는 digits와 같은 선택적 인수들이 있다. 이 인수들은 이미 초깃값을 갖고 있기 때문에 말 그대로 선택사항이다. 여러분이 원하는 값을 입력할 수도 있고 그렇지 않으면 원래 정해진 기본값이 인숫값으로 사용된다. round 함수의 경우 0의 자리에서 반올림하도록 기본값이 설정되어 있다. digits에 기본값 대신 다른 값을 입력해 보자.

```
> round(3.1415, digits = 2)
[1] 3.14
```

다수의 인수를 갖는 함수를 사용할 경우, 첫 번째나 두 번째 인수 다음부터는 인수 이름을 적어 주는 것이 좋다. 첫째, 본인에게 좋을 뿐 아니라 다른 사람이 봐도 코드를 쉽게 이해할 수 있다. 보통 첫 번째 입력이(때론 두 번째까지도) 어떤 인수를 의미하는지는 명백한 경우가 많다. 하지만 모든 R 함수의 세 번째, 네 번째 인수까지 기억하기란 쉽지 않다. 둘째, 더욱 중요한 이유는 인수 이름을 적어 주는 편이 실수로 인한 에러를 방지할 수 있다.

인수 이름을 적지 않으면, 함수에 정의된 순서에 맞추어 인숫값들이 대입된다. 예를 들어 아래 코드의 경우, 첫 번째 입력된 값 die는 sample 함수의 인수 중 첫 번째인 x에 대입되고, 다음 값인 1은 그 다음 인수인 size에 대입된다.

```
> sample(die, 1)
[1] 2
```

인수가 많아질수록 이 순서를 맞추기가 만만치 않다. 결과적으로 값이 엉뚱한 인수에 대입될 수 있다. 인수 이름을 사용한다면 이를 방지할 수 있다. R은 순서에 상관없이 인수 이름에 해당하는 인수와 입력값을 서로 대응시키기 때문이다.

```
> sample(size = 1, x = die)
[1] 2
```

1.4 복원 표본 추출

만약 size = 2라고 설정하면 주사위 한 쌍을 시뮬레이션하는 막바지에 거의 다다른 것이다. 코드를 실행하기 전에 왜 그렇게 되는지 잠깐만 생각해 보기 바란다. sample 함수는 각 주사위에서 하나씩 총 두 개의 숫자를 돌려준다.

```
> sample(die, size = 2)
[1] 3 4
```

'거의'라는 표현을 사용한 이유는 재미있는 사실이 아직 남아 있기 때문이다. 만약 이것을 여러 번 실행해 보면 두 번째 주사위가 절대로 첫 번째 주사위와 같은 값이 나오지 않는다는 것을 눈치 챌 것이다. 다시 말해 3, 3 혹은 1, 1과 같은 조합은 절대 나올 수 없다는 이야기이다. 왜 그럴까?

기본적으로 sample 함수는 **비복원 표본 추출**을 수행한다. 이해를 돕기 위해 항아리나 단지에 die에 적힌 값들이 들어 있다고 상상하자. 그리고 sample 함수는 샘플을 구하기 위해 항아리 안에서 숫자를 하나씩 꺼낸다고 생각하자. 항아리 안에서 일단 값을 뽑으면 sample은 그것을 바깥에 꺼내 놓는다. 이 값을 다시 항아리 안에 넣지 않기 때문에 다시 뽑힐 일이 없다. 따라서 만약 처음에 6이란 값을 뽑았다면 두 번째에 다시 6을 뽑을 수 없는 것이다. 6은 이미 뽑혀서 단지 안에 없기 때문이다. 비록 sample이 컴퓨터에서 가상으로 샘플을 뽑지만, 실제 현실에서 일어나는 일을 따른다.

이러한 방법이 갖는 부작용 가운데 하나는 매번 뽑을 때마다 이전에 뽑힌 것에 영향을 받는다는 것이다. 하지만 실제로는 주사위를 던질 때 주사위들은 서로 독립적이다. 첫 번째 주사위가 6이 나왔다고 해서 두 번째 주사위도 6이 나오지 말라는 법은 없다. 두 번째 주사위에 전혀 영향을 주지 않는다. sample에 replace = TRUE 인수를 추가하여 이를 수정할 수 있다.

```
> sample(die, size = 2, replace = TRUE)
[1] 5 5
```

replace = TRUE는 sample 함수가 **복원 표본 추출**을 하도록 한다. 항아리 비우는 복원과 비복원 표본 추출의 차이를 이해하는 데 좋은 예가 된다. sample이 복원 추출을 할 때는, 항아리에서 값을 하나 뽑고 그것을 다른 곳에 적어 놓는다. 그리고 그 값을 항아리 안에 다시 집어넣는다. 즉, 추출한 값을 다시 **복원**한다. 결과적으로 두 번째 추출에서도 같은 값을 뽑을 수 있다. 각 값은 매번 같은 확률로 뽑히게 된다. 마치 매번 처음 뽑는 것처럼 말이다.

복원 표본 추출은 **독립 랜덤 샘플**을 만들기 좋은 방법이다. 각 표본값은 서로 독립적인 size가 1인 sample이라고 할 수 있다. 따라서 다음은 한 쌍의 주사위를 시뮬레이션하는 정확한 방법이다.

```
> sample(die, size = 2, replace = TRUE)
[1] 2 4
```

축하한다. R에서 첫 시뮬레이션을 방금 수행했다! 주사위 한 쌍을 굴리는 방법을 마스터한 것이다. 주사위 값들의 합을 구하고 싶다면, sum 함수에 결과를 넣어 주면 된다.

```
> dice <- sample(die, size = 2, replace = TRUE)
> dice
[1] 2 4

> sum(dice)
[1] 6
```

dice를 여러 번 호출하면 어떻게 될까? 매번 새로운 주사위를 던지는 것이 될까? 한 번 해 보자.

```
> dice
[1] 2 4

> dice
[1] 2 4

> dice
[1] 2 4
```

그렇지 않다. dice를 호출할 때마다 'sample 함수를 한 번 돌려서 나온 결과를 dice에 저장해 두었던 값'만 계속해서 보여 준다. 주사위를 새로 굴린 결과를 얻기 위해 sample(die, 2, replace = TRUE)를 다시 실행하지는 않는다. 어떤 면에서는 당연하다. 한번 R 객체에 결과를 저장하면 객체 값이 변하지 않는다. 만약 객체를 부를 때마다 값이 달라진다면 프로그래밍하기 정말 힘들어질 것이다.

하지만 호출할 때마다 주사위를 새로 던지는 객체를 만들 수 있다면 정말 편할 것이다. R 함수를 작성하면 이마저 해낼 수 있다.

1.5 자신만의 함수 작성하기

정리해 보면, 우린 주사위 한 쌍을 굴리기 위한 R 코드를 이미 갖고 있다.

```
> die <- 1:6
> dice <- sample(die, size = 2, replace = TRUE)
> sum(dice)
```

주사위를 새로 굴리고 싶다면 이 코드를 다시 입력하면 된다. 하지만 이런 식으로 매번 코드를 다시 입력하는 것은 불편하다. 이 코드를 함수로 만든다면 사용하기가 더 수월해질 것이다. 이제부터 함수를 살펴보자. 가상의 주사위 한 쌍을 굴리는 데 사용할 roll이라는 함수를 만들 것이다. 일단 이 함수를 만들면 roll( )이라고 호출할 때마다 R은 두 개의 주사위를 굴려서 나온 값의 합을 돌려줄 것이다.

```
> roll()
[1] 8

> roll()
[1] 3

> roll()
[1] 7
```

함수가 이해하기 어렵고 복잡한 것처럼 보일 수도 있지만 그저 R 객체의 다른 형태일 뿐이다. 데이터를 저장하는 대신 코드를 저장하는 것이다. 이 코드는 새로운 상황에서 재사용하기 쉽도록 특별한 포맷으로 저장된다. 이러한 포맷에 맞춰 자신만의 함수를 작성할 수 있다.

1.5.1 함수 생성자

R에서 모든 함수는 이름, 코드, 인수라는 3가지 기본 요소를 갖는다. 자신만의 함수를 만들 때는 이 요소들을 고려해서 R 객체에 이것들을 저장하는데, 이때 function이라는 함수를 사용한다. 먼저 function( )을 호출하고 바로 뒤에 중괄호 {}가 나온다.

```
> my_function <- function() {}
```

function 함수는 중괄호 사이에 입력된 R 코드로 함수를 만든다. 예를 들면 주사위 코드를 다음과 같은 함수로 바꿀 수 있다.

```
> roll <- function() {
+   die <- 1:6 ❶
+   dice <- sample(die, size = 2, replace = TRUE)
+   sum(dice)
+ }
```

❶ 중괄호 사이에 있는 코드 줄들을 안쪽으로 들여 쓴 것을 눈여겨보라. 코드를 실행하는 데는 아무 상관 없지만 여러분과 내가 코드를 읽기 쉽도록 이렇게 한 것이다. R은 공백이나 줄바꿈을 무시하고 한 번에 하나의 완전한 문장을 수행한다.

첫 중괄호 {부터 각 줄마다 엔터키를 누른다. R은 마지막 중괄호가 닫힐 때까지 실행하지 않고 기다릴 것이다.

function 함수의 결과를 R 객체에 입력하는 것을 잊지 말자. 이 객체가 바로 여러분의 새 함수가 될 것이다. 그것을 사용하기 위해 객체 이름 다음에 괄호를 열고 닫으면 된다.

```
> roll()
[1] 9
```

괄호는 R 함수를 실행하기 위한 '방아쇠'라고 보면 된다. 괄호 없이 함수 이름만 입력하면 그 함수 안에 저장되어 있는 코드를 보여 준다. 괄호까지 입력해야 그 안의 코드를 수행한다.

```
> roll
function() {
  die <- 1:6
  dice <- sample(die, size = 2, replace = TRUE)
  sum(dice)
}

> roll()
[1] 6
```

함수 안에 있는 코드를 함수의 **본체**라고 한다. R에서 함수를 실행할 때는 바로 이 본체에 있는 모든 코드를 수행하고 마지막 줄에서 결과를 돌려준다. 마지막 줄에서 결과를 돌려주지 않으면 우리가 원하는 함수가 아니다. 이를 확인하는 방법은 함수 본체에 있는 코드를 한 줄 한 줄 명령행에서 실행시켜 어떤 일이 일어나는지 살펴보는 것이다. 그리고 마지막 줄에서 결과를 보여 주는지 살펴본다.

다음은 결과를 보여 주는 코드다.

```
> dice
> 1 + 1
> sqrt(2)
```

다음은 그렇지 않는 코드다.

```
> dice <- sample(die, size = 2, replace = TRUE)
> two <- 1 + 1
> a <- sqrt(2)
```

패턴을 파악했나? 위 코드들은 값을 출력하지 않고 값을 객체에 저장하고 있다.

1.6 인수

앞서 만든 함수를 다음과 같이 첫 줄을 지우고 die를 bones로 고치면 어떻게 될까?

```
> roll2 <- function() {
+    dice <- sample(bones, size = 2, replace = TRUE)
+    sum(dice)
+ }
```

이 함수를 실행하면 에러가 발생한다. 함수를 수행하기 위해서는 bones라는 객체가 필요한데 bones라는 이름의 객체를 찾을 수 없기 때문이다.

```
> roll2()
다음에 오류가 있습니다 sample(bones, size = 2, replace = TRUE) :
  객체 'bones'를 찾을 수 없습니다
```

만약 bones를 roll2 함수의 인수로 만든다면 이 함수를 호출할 때 bones를 사용할 수 있다. 이를 위해 roll2를 정의할 때 function 뒤 괄호 안에 bones라는 이름을 적는다.

```
> roll2 <- function(bones) {
+    dice <- sample(bones, size = 2, replace = TRUE)
+    sum(dice)
+ }
```

이제 호출할 때 bones만 잘 넣어 주면 roll2가 작동할 것이다. 이렇게 하면 roll2를 호출할 때 마다 다른 형태의 주사위를 던질 수 있다는 장점이 있다.

기억하라. 우리는 한 쌍의 주사위를 던지고 있다.

```
> roll2(bones = 1:4)
[1] 3

> roll2(bones = 1:6)
[1] 10

> roll2(1:20)
[1] 31
```

roll2 함수를 호출할 때 bones 값을 지정하지 않으면 에러가 발생한다는 사실에 주의하자.

```
> roll2()
다음에 오류가 있습니다 sample(bones, size = 2, replace = TRUE) :
    기본값이 없는 인수 "bones"가 누락되어 있습니다
```

bones 인수에 기본값을 넣어 주면 이 에러를 예방할 수 있다. 이를 위해 roll2 함수를 정의할 때 bones를 여러분이 원하는 임의의 값으로 기본값을 설정한다.

```
> roll2 <- function(bones = 1:6) {
+   dice <- sample(bones, size = 2, replace = TRUE)
+   sum(dice)
+ }
```

이제 bones에 새로운 값을 넣지 않으면 기본값을 사용하게 된다.

```
> roll2()
[1] 9
```

여러분이 만든 함수에 원하는 만큼 인수를 추가할 수 있다. function 뒤에 나오는 괄호 안에 인수 이름을 나열해서 적고 콤마로 구분하기만 하면 된다. 함수를 수행할 때 R은 함수 본체에 있는 인수 이름을 사용자가 입력한 인숫값으로 치환한다. 사용자가 값을 입력하지 않으면 인수의 기본값을 사용한다.

요약하면 function으로 자신만의 R 함수를 만들 수 있다. function 다음에 나오는 중괄호 {} 사이에는 함수의 본체가 되는 코드를 작성한다. function 다음에 나오는 괄호 ( ) 사이에는 함수 내에서 사용할 인수 이름을 나열한다. 마지막으로 [그림 1-6]에서 보듯이 함수의 결과를 R 객체에 넣어 줌으로써 함수 이름을 결정한다.

그림 1-6 R에서 모든 함수는 같은 구조를 갖는다. 함수를 생성하기 위해 function을 사용한다.

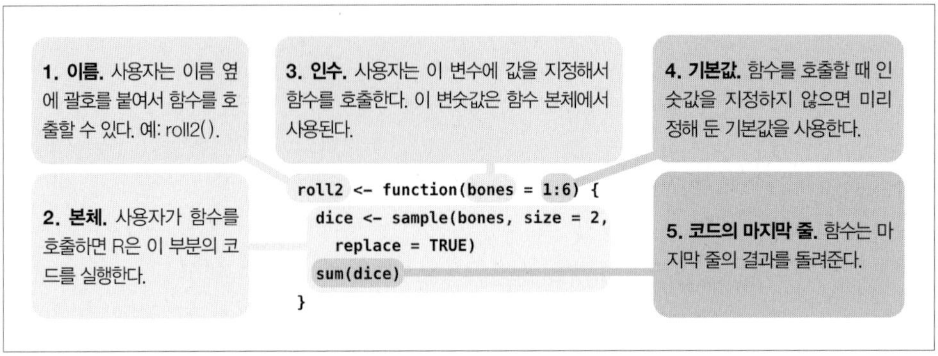

1. **이름.** 사용자는 이름 옆에 괄호를 붙여서 함수를 호출할 수 있다. 예: roll2().

2. **본체.** 사용자가 함수를 호출하면 R은 이 부분의 코드를 실행한다.

3. **인수.** 사용자는 이 변수에 값을 지정해서 함수를 호출한다. 이 변숫값은 함수 본체에서 사용된다.

4. **기본값.** 함수를 호출할 때 인숫값을 지정하지 않으면 미리 정해 둔 기본값을 사용한다.

5. **코드의 마지막 줄.** 함수는 마지막 줄의 결과를 돌려준다.

```
roll2 <- function(bones = 1:6) {
  dice <- sample(bones, size = 2,
    replace = TRUE)
  sum(dice)
}
```

R은 새롭게 만들어진 함수도 R에서 기본으로 제공되는 다른 함수들과 마찬가지로 취급한다. 이게 얼마나 유용한지 생각해 보라. 새로운 엑셀 기능을 만들어서 마이크로소프트 메뉴바에 추가해 본 경험이 있나? 아니면 새로운 슬라이드 애니메이션을 파워포인트 옵션으로 등록한 적이 있나? 프로그래밍을 하다 보면 이런 일들을 할 수 있다. R에서 프로그래밍을 배우면, 언제나 원할 때 새로운 자기 입맛에 맞는 유용한 도구를 만들어 사용할 수 있다. 3부에서는 함수 작성에 대해 좀 더 자세히 다룰 것이다.

1.7 스크립트

roll2의 내용을 수정하고 싶을 땐 어떻게 해야 할까? 물론 roll2에 해당하는 코드를 다시 입력하면 된다. 이때 해당 코드가 입력되어 있는 파일이 있다면 얼마나 편할까? R **스크립트**를 이용하면 코드를 파일로 저장할 수 있다. R 스크립트는 R 코드를 저장한 텍스트 파일이다. RStudio에서 '파일 → 새 파일 → R 스크립트' 메뉴를 선택해서 R 스크립트를 열 수 있다. [그림 1-7]과 같이 RStudio 콘솔 창에 새 스크립트가 열린다.

콘솔에서 코드를 실행하기 전에 스크립트로 미리 작성해 놓을 것을 추천한다. 이러한 습관을 통해 코드를 재활용할 수 있다. 그날 작업이 끝나게 되면 작성한 스크립트를 저장해서 다음날 전체 분석을 위해 그것을 그대로 다시 사용할 수 있다. 스크립트는 손쉽게 코드를 수정하거나 점검할 때 매우 편리할 뿐 아니라 다른 사람과 작업한 것을 쉽게 공유할 수 있다. 스크립트를 저장하려면 스크립트 창을 클릭한 뒤 '파일 → 다른 이름으로 저장' 메뉴를 선택한다.

그림 1-7 R 스크립트를 열면 RStudio 콘솔 창에 코드를 입력하고 편집할 수 있는 네 번째 창을 만나게 된다.

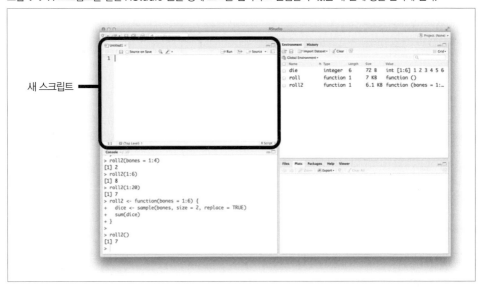

RStudio에서는 스크립트 작업을 돕는 내장 기능을 제공한다. 먼저 [그림 1-8]에서처럼 실행^{Run} 버튼을 누르면 자동으로 코드를 한 줄씩 실행할 수 있다.

R은 커서가 위치한 행의 코드를 실행한다. 만약 구간을 선택하면 선택한 구간의 코드를 실행한다. 또한 소스^{Source} 버튼을 누르면 스크립트 전체 코드를 실행한다. 실행 버튼을 누르는 대신 Ctrl + Enter를 눌러도 된다(맥에서는 Command + Enter).

그림 1-8 실행^{Run} 버튼을 누르면 스크립트에서 선택한 부분 혹은 커서가 놓인 줄의 코드를 실행한다. 소스^{Source} 버튼을 누르면 스크립트 전체를 실행한다.

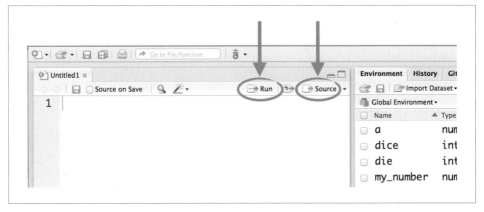

지금은 스크립트가 별로인 것 같겠지만 이것이 얼마나 편리한지 곧 확신하게 될 것이다. 콘솔에서 한 줄씩 코드를 작성하는 방법으로는 긴 프로그램을 작성하기가 매우 힘들다. 나중에 '어휴!' 소리를 내며 끙끙 앓지 말고, 다음 장으로 넘어가기 전에 스크립트를 열어 두자!

NOTE_ 함수 추출하기

RStudio는 함수를 만드는 데 도움이 되는 툴을 제공한다. R 스크립트에서 함수로 만들고자 하는 코드를 블록으로 설정한 뒤 '코드 → 함수 추출하기' 메뉴를 선택한다. 그러면 사용할 함수 이름을 물어본 후 function 포맷으로 코드를 감쌀 것이다. 그리고 정의되지 않은 변수들을 함수의 인수로 지정한다.

RStudio는 여러분 코드가 정확하다고 가정하고 함수를 추출한다. 그러므로 코드 실행 시 이상한 일이 벌어진다면 코드 안에 뭔가 문제가 있는 것이다.

1.8 마치며

우린 이미 광범위한 내용을 다뤘다. 컴퓨터 메모리에 가상의 주사위를 만들었을 뿐 아니라 주사위 한 쌍을 굴리는 R 함수도 만들었다. 그렇지만 이제 막 R 언어로 말을 하기 시작한 것이다.

앞서 봤듯이, R은 컴퓨터와 대화하기 위한 하나의 언어다. R에 명령어를 입력하면 컴퓨터는 그것을 읽고 명령을 수행한다. 가끔은 컴퓨터도 말을 한다(예를 들어 에러가 발생했을 경우). 하지만 보통은 우리의 요청을 들어주고 그 결과를 보여 준다.

R 언어에서 가장 중요한 두 가지 구성 요소인 데이터를 저장하는 객체와 데이터를 다루는 함수에 대해 공부했다. R에는 기본적인 작업을 하는 +, -, *, /, <-와 같은 수많은 연산자가 있다. 데이터과학자라면 R 객체를 통해 컴퓨터 메모리에 데이터를 저장하고 R 함수로 작업을 자동화하고 복잡한 연산을 수행해야 한다. 2부에서는 객체에 대해, 3부에서는 함수에 대해 좀 더 자세히 알아볼 것이다. 여기서 다룬 용어들은 앞으로 다룰 프로젝트를 더 쉽게 이해하는 데 밑바탕이 될 것이다. 주사위 놀이가 여기서 끝난 게 아니다.

2장에서는 주사위로 몇 가지 시뮬레이션을 더 해 보고 그래프도 그려 볼 것이다. 또한 R 언어에서 가장 유용한 요소라고 할 수 있는 R 패키지와 R 문서에 대해 알아볼 것이다. R **패키지**는 유능한 개발자 커뮤니티에서 작성한 함수들의 모음이라고 할 수 있다. R 문서는 R에서 사용되는 모든 함수와 데이터 세트에 관한 도움말을 모아놓은 것이다.

## CHAPTER 2

패키지와 도움말

이제 주사위 한 쌍을 시뮬레이션하는 함수를 갖게 되었다. 약간 더 재미있는 것을 해 보자. 입맛 대로 주사위를 살짝 바꿔 보자. 이길 가능성을 높이는 건 어떤가? 주사위를 굴렸을 때 낮은 숫자보다 높은 숫자가 더 자주 나오도록 말이다.

주사위를 조작하기에 앞서, 주사위가 제대로 만들어졌는지 확인할 필요가 있다. **반복**repetition과 **시각화**visualization가 도움을 줄 것이다. 우연인지 몰라도, 이 두 가지는 데이터과학 분야에서 엄청나게 유용한 기법이다.

replicate 함수를 이용해서 반복적으로 주사위를 굴리고, qplot 함수로 결과를 그래프로 그려 볼 것이다. qplot은 R을 내려받더라도 R에 기본적으로 설치되지 않는다. qplot은 독립적인 R 패키지에 들어 있다. 대부분 유용한 툴들은 R 패키지에 들어 있는 경우가 많다. 먼저 R 패키지가 무엇이고 어떻게 사용하는지 알아보자.

2.1 패키지

여러분 외에도 다른 많은 사람이 R에서 자신만의 함수를 만든다. 예를 들어 교수, 프로그래머, 통계학자가 데이터분석에 도움이 되는 툴을 만들기 위해 R을 사용한다. 게다가 누구나 무료로 사용할 수 있도록 만든다. 그냥 내려받으면 이런 툴들을 사용할 수 있다. 이렇게 미리 작성되어 있는 함수와 객체를 모아놓은 것을 패키지라고 한다. 부록 B에 R 패키지를 내려받고 업데이트하는 방법이 자세히 나와 있다. 여기서는 기본적인 몇 가지만 다루도록 한다.

그래프를 손쉽게 그리기 위해 qplot 함수를 사용할 것이다. qplot은 그래프를 그리는 데 널리 사용되는 ggplot2 패키지 안에 들어 있는 함수다. qplot뿐 아니라 ggplot2에 있는 다른 함수도 사용하려면 먼저 그것을 내려받아 설치해야 한다.

2.1.1 install.packages

R 패키지는 R을 제공하는 웹사이트인 http://cran.r-project.org에서 함께 제공한다. 하지만 R 패키지를 내려받기 위해 웹사이트를 방문할 필요는 없다. R 명령행에서 바로 내려받을 수 있다. 방법은 다음과 같다.

1. RStudio를 연다.

2. 인터넷이 연결되어 있는지 확인한다.

3. 명령행에 **install.packages("ggplot2")**라고 입력하고 실행한다.

이게 끝이다. R이 알아서 웹사이트에 접속해서 ggplot2를 내려받은 후 하드디스크에 설치해 줄 것이다. 이제 ggplot2를 사용할 수 있게 된 것이다. 다른 패키지를 설치하고 싶다면 위 코드에서 ggplot2 대신 원하는 패키지 이름을 입력하기만 하면 된다.

2.1.2 라이브러리

패키지를 설치했다고 해서 바로 사용할 수 있는 것은 아니다. 단지 하드디스크에 설치되어 있을 뿐이다. R 패키지를 사용하려면 **library("ggplot2")**를 실행해서 그것을 R 세션으로 불러와야 한다. 만약 다른 패키지들도 불러와서 사용하고 싶다면 ggplot2 대신 원하는 패키지 이름을 입력하면 된다.

이해를 돕기 위해 실습을 해 보자. 먼저 다음과 같이 R에 qplot 함수를 보여 달라고 하자. 그런데 qplot이 아직 불러오지 않은 ggplot2 패키지 안에 들어 있기 때문에 R은 qplot을 찾을 수 없다.

```
> qplot
에러: 객체 'qplot'을 찾을 수 없습니다
```

이제 ggplot2 패키지를 불러오자.

```
> library("ggplot2")
```

만약 앞에서 설명한 대로 install.packages를 이용해서 패키지를 잘 설치했다면, 아무 문제가 없어야 한다. 별다른 결과나 메시지가 나오지 않는다고 걱정하지 마라. 패키지를 불러올 때 메시지가 나오지 않는 것이 좋은 것이다. 물론 메시지가 나오더라도 긴장하지 마라. ggplot2는 가끔 시작할 때 유용한 정보를 보여 주기도 한다. '에러' 메시지만 아니면 된다.

이제 qplot을 입력하면 일련의 코드를 보게 될 것이다(참고로 qplot은 긴 함수다).

```
> qplot
(일련의 코드)
```

부록 B에는 패키지를 구하고 사용하는 방법에 대한 자세한 내용이 담겨 있다. R 패키지 시스템이 아직 어렵다면 꼭 읽어보길 권한다. 참고로 패키지 설치는 한 번만 하면 되지만 새로운 R 세션에서 사용할 때마다 library 함수로 설치한 패키지를 불러와야 한다. RStudio를 닫으면 이 패키지들은 모두 해제된다.

일단 qplot을 불러왔으니 사용해 보자. qplot은 손쉽게 그래프를 그린다quick plots는 의미에서 이름을 따왔다. 만약 크기가 같은 두 벡터를 qplot에 입력하면 산점도scatterplot를 그려 줄 것이다. qplot은 첫 번째 벡터는 x축 값으로, 두 번째 벡터는 y축 값으로 사용한다. RStudio에서는 오른쪽 아래 창의 그래프Plot 탭에서 그림을 찾을 수 있다.

다음 코드는 [그림 2-1]의 그래프를 만든다. 지금까지는 : 연산자로 수열을 만들었지만 c 함수로 벡터를 만들 수도 있다. c 함수 안에 벡터에 들어갈 숫자들을 콤마로 구분해서 입력하자. c가 '집합collect'이나 '결합combine'에서 이름을 따왔다고 생각할 수도 있지만 실은 '사슬로 연결하다concatenate'라는 단어에서 따온 것이다.

```
> x <- c(-1, -0.8, -0.6, -0.4, -0.2, 0, 0.2, 0.4, 0.6, 0.8, 1)
> x
 [1] -1.0 -0.8 -0.6 -0.4 -0.2  0.0  0.2  0.4  0.6  0.8  1.0

> y <- x^3
> y
 [1] -1.000 -0.512 -0.216 -0.064 -0.008 0.000 0.008
 [8]  0.064  0.216  0.512  1.000

> qplot(x, y)
```

그림 2-1 qplot은 주어진 두 벡터로 산점도를 그린다.

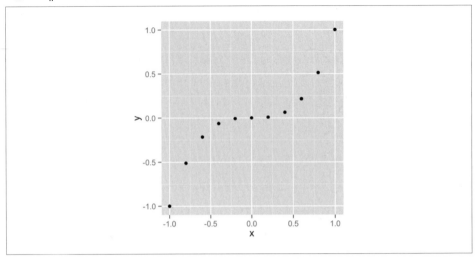

벡터를 꼭 x와 y라고 이름 붙일 필요는 없다. 예제를 설명하다 보니 그렇게 된 것뿐이다. [그림 2-1]에서 보듯이 산점도란 x와 y의 값에 대응하는 점들을 표시한 그래프다. x와 y 벡터는 모두 10개의 점을 나타낸다. 어떻게 R은 x와 y에서 값을 찾아서 이 점들을 만들어 내는 걸까? 바로 [그림 1-3]에서 봤던 원소 단위 실행을 활용한 것이다.

산점도는 두 변수 간의 관계를 보여 줄 때 유용하다. 물론 **막대그래프**histogram와 같은 다른 형태의 그래프를 사용할 수도 있다. 막대그래프는 한 변수의 분포가 어떤지 보여 준다. 즉, x의 각 구간마다 얼마나 많은 데이터 점이 존재하는지 나타낸다.

막대그래프에 대해 좀 더 알아보자. qplot은 벡터 **하나**로 막대그래프를 그릴 수 있다. [그림 2-2]에서 왼쪽에 있는 그래프를 만드는 코드는 아래와 같다(오른쪽 그림은 잠시 후에 알아볼 것이다). 막대그래프가 그림처럼 보이게 하려면 인수 **binwidth = 1**을 사용한다.

```
> x <- c(1, 2, 2, 2, 3, 3)
> qplot(x, binwidth = 1)
```

[그림 2-2]는 [1, 2) 구간에 있는 높이가 1인 막대를 통해 입력한 벡터 중에 이 구간에 해당하는 값이 하나 있다는 것을 보여 준다. 이와 마찬가지로 [2, 3) 구간의 막대 높이가 3인 것은 이 구간에 해당하는 값이 세 개 있다는 것을 의미한다. [3, 4) 구간은 막대 높이가 2이므로 벡터값 가운데 두 개가 이 구간 안에 있다는 것을 보여 준다. 구간을 정의할 때 대괄호 '[' 표시는 첫 숫

자가 이 구간에 포함된다는 것을 나타낸다. 괄호 ')'는 마지막 숫자는 여기에 포함되지 **않는다**는 것을 의미한다.

그림 2-2 qplot은 하나의 벡터를 이용해서 막대그래프를 그린다.

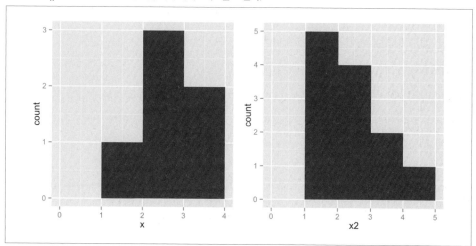

또 다른 막대그래프를 보자. 다음 코드는 [그림 2-2]에서 오른쪽에 보이는 그래프를 만든다. x2에는 1이 5개 있다는 것을 주목하자. 따라서 [1, 2) 구간의 막대 높이가 5로 표시된다.

```
> x2 <- c(1, 1, 1, 1, 1, 2, 2, 2, 2, 3, 3, 4)
> qplot(x2, binwidth = 1)
```

연습문제

아래와 같은 벡터 x3가 있다고 하자.

```
> x3 <- c(0, 1, 1, 2, 2, 2, 3, 3, 4)
```

x3의 막대그래프는 어떤 모양일지 생각해 보라. 막대그래프의 각 구간은 크기가 1이라고 하자. 얼마나 많은 막대가 그려질까? 어디에 나타날까? 각각은 얼마의 높이를 갖게 될까?

다 됐으면 binwidth = 1로 x3의 막대그래프를 그려 보고 자신의 생각이 맞았는지 확인하라.

---

qplot(x3, binwidth = 1)로 x3의 막대그래프를 그릴 수 있다. 막대그래프는 좌우 대칭인 피라미드 모양이 된다. 가운데 막대의 높이는 3이고 [2, 3) 구간에 그려질 것이다. 직접 해 보고 확인하기 바란다.

막대그래프는 x에 서로 다른 값이 얼마나 존재하는지 보여 주는 데 사용할 수 있다. 긴 막대에 해당하는 숫자는 짧은 막대에 해당하는 숫자보다 더 자주 나온다고 할 수 있다.

주사위의 정확도를 확인하는 데 막대그래프를 어떻게 이용할 수 있을까?

주사위를 여러 번 굴려 그 결과를 보면 어떤 숫자가 다른 숫자보다 더 자주 나오는지 확인할 수 있다. [그림 2-3]에서처럼 주사위에서 나온 두 숫자를 합해서 나올 수 있는 경우의 수는 숫자마다 다르다.

주사위를 여러 번 굴린 결과를 qplot으로 막대그래프로 그려보면 각 주사위의 합이 얼마나 자주 나오는지 볼 수 있다. 가장 자주 나오는 값이 가장 긴 막대로 나타날 것이다. 만약 주사위가 조작되지 않고 정말 공정하다면 [그림 2-3]과 같은 패턴의 그래프가 그려질 것이다.

그림 2-3 주사위의 각 조합은 같은 빈도로 나와야 한다. 결과적으로 어떤 합은 다른 합보다 자주 나올 수 있다. 정상적인 주사위라면 각 주사위의 합은 조합의 가짓수에 비례해서 나와야 한다.

주사위 합에 대한 주사위 1과 주사위 2의 조합						(6,1)					
				(5,1)	(5,2)	(6,2)					
			(4,1)	(4,2)	(4,3)	(5,3)	(6,3)				
		(3,1)	(3,2)	(3,3)	(3,4)	(4,4)	(5,4)	(6,4)			
	(2,1)	(2,2)	(2,3)	(2,4)	(2,5)	(3,5)	(4,5)	(5,5)	(6,5)		
(1,1)	(1,2)	(1,3)	(1,4)	(1,5)	(1,6)	(2,6)	(3,6)	(4,6)	(5,6)	(6,6)	
2	**3**	**4**	**5**	**6**	**7**	**8**	**9**	**10**	**11**	**12**	
					합						

이제 replicate를 소개할 차례다. 이것은 R 명령을 원하는 횟수만큼 반복해서 실행할 때 매우 유용하다. replicate를 사용하기 위해서는 먼저 명령을 반복할 횟수를 입력하고, 반복할 명령을 입력하면 된다. replicate는 여러 번 실행한 결과를 벡터 형태로 저장한다.

```
> replicate(3, 1 + 1)
[1] 2 2 2

> replicate(10, roll())
[1] 3 7 5 3 6 2 3 8 11 7
```

10번 굴려서 나온 값들로 막대그래프를 그리면 [그림 2-3]과 같은 형태로 나오지 않을 것이다. 왜 그럴까? 너무 많은 무작위성이 관여되기 때문이다. 주사위 던지기가 효과적인 난수 발생 방법이기 때문에 실생활에서도 주사위를 사용한다는 점을 잊지 말자. 위 패턴은 장기적인 관점에서 나온 것이기 때문에 이런 패턴을 얻으려면 **수많은 시행**을 거듭해야 한다. 주사위를 10,000번 던지는 시뮬레이션을 시행한 후 그 결과를 그려 보자. 걱정하지 마라. qplot과 replicate는 이것을 할 수 있게 도와줄 것이다. 결과는 [그림 2-4]와 같다.

```
> rolls <- replicate(10000, roll())
> qplot(rolls, binwidth = 1)
```

결과적으로 현재 주사위가 조작되지 않았다는 것을 확인할 수 있다. 많이 시행하면 할수록 각 경우의 수는 앞서 봤던 조합의 개수에 비례해서 나타난다.

그림 2-4 주사위는 정상적으로 동작하고 있다. 합이 7인 경우가 다른 합이 나올 경우보다 많고, 빈도는 각 합을 만드는 주사위 조합의 숫자에 비례해서 감소하게 된다.

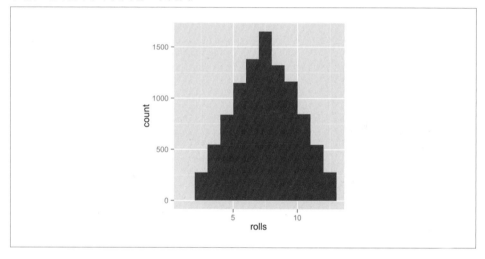

이제 어떻게 하면 이 결과가 한쪽으로 치우치도록 할 수 있을까? 즉, 어떻게 바이어스bias를 줄 수 있을까? 이전의 패턴은 각 주사위 조합(예를 들면 (3,4))이 같은 횟수로 일어났기 때문이었다. 만약 두 주사위 가운데 하나라도 6이 나올 확률을 높일 수 있다면, 6이 들어간 조합이 6이 없는 조합보다 더 자주 나오게 될 것이다. 즉, (6,6) 조합이 가장 자주 나오게 될 것이다. 물론 합이 7인 경우보다 합이 12인 경우를 더 자주 나오게 한다는 것은 아니다. 하지만 전체적으로 높은 숫자가 더 자주 나오도록 결과를 왜곡시키게 된다.

다시 말해, 정상적인 주사위를 사용해서 어떤 숫자가 나올 확률은 1/6이다. 이제 6 이하의 숫자에 대해서는 1/8의 확률을, 숫자 6에 대해서는 3/8의 확률을 갖도록 바꾸자.

숫자	공정한 확률	조작된 확률
1	1/6	1/8
2	1/6	1/8
3	1/6	1/8
4	1/6	1/8
5	1/6	1/8
6	1/6	3/8

sample 함수에 새로운 인수를 추가하면 확률을 원하는 대로 바꿀 수 있다. 이 인수가 무엇인지는 말하지 않겠다. 대신에 sample 함수에 대한 도움말 사용법을 알려 줄 것이다. 이제부터 R 함수의 도움말을 어떻게 보는지 알아보자.

2.2 도움말 사용하기

R에는 1,000개가 넘는 함수가 있고, 또 항상 새로운 함수가 개발된다. 이것들을 모두 기억하고 배우기에는 너무 많다. 운 좋게도 R 함수는 함수 이름 앞에 물음표를 붙이면 도움말을 쉽게 찾아볼 수 있다. 예를 들어 아래 명령들은 도움말을 보여 줄 것이다. RStudio에서 오른쪽 아래에 있는 창에서 도움말Help 탭을 확인하자.

```
> ?sqrt
> ?log10
> ?sample
```

도움말은 각 함수가 어떻게 동작하는지에 대한 소중한 정보를 담고 있다. 도움말 페이지는 코드 문서처럼 되어 있어서 읽기에 좋기도 하고 나쁘기도 하다. 가끔은 도움말이 함수에 대해 이미 잘 알고 있어서 도움말이 필요 없는 사람들을 위해 쓰인 것은 아닌가 싶을 때도 있다.

너무 이런 것에 시간 낭비를 하지 말자. 그냥 이해되는 정보만 쭉 훑어보고 나머지는 얼버무리고 넘어가도 꽤 많은 정보를 얻을 수 있다. 이런 방법은 각 도움말 페이지에서 가장 많은 도움이 되는 맨 아래쪽으로 우릴 안내해 줄 것이다. 그곳에는 이 함수가 실제로 어떻게 사용되는지 보여 주는 몇 가지 예제가 담겨 있다. 이 코드를 직접 돌려보는 것이 함수를 익히는 데 정말 도움이 된다.

> **CAUTION_** 만약 어떤 함수가 R 패키지에 들어 있다면 패키지를 먼저 불러와야 해당 함수의 도움말을 볼 수 있다.

2.2.1 도움말의 각 부분

도움말은 몇 가지 섹션으로 구성되어 있다. 각 도움말마다 조금씩 다르긴 하지만 일반적으로 다음과 같은 제목들을 찾을 수 있을 것이다.

- **설명**Description

  함수가 어떤 일을 하는지에 대한 간단한 요약.

- **사용법**Usage

  함수를 호출하는 예. 함수의 인수들은 기본적으로 정해진 순서(인수 이름을 쓰지 않았을 때 기본적으로 따르는 순서)에 따라 나오게 된다.

- **인수**Arguments

  함수의 인수들에 대한 설명. 인수가 의미하는 것이 무엇인지 그리고 함수에서 어떤 역할을 하는지 설명한다.

- **세부사항**Details

  함수가 어떻게 동작하는지에 대한 구체적인 설명. 함수 제작자가 이 함수를 사용할 때 주의해야 할 사항을 적어 놓기도 한다.

- **값**Value

  함수 실행 시 어떤 결과를 돌려주는지 서술한다.

- **참조**See Also

  관련된 R 함수를 나열한다.

- **예제**Examples

  이 함수를 사용하는, 그리고 실제로 작동하는 예제 코드다. 도움말의 예제 섹션은 함수를 사용하는 몇 가지 다양한 방법을 보여 준다. 이것을 보면 함수로 무엇을 할 수 있는지 알 수 있다.

만약 어떤 함수에 대한 도움말을 찾아보고 싶은데 함수의 정확한 이름이 기억나지 않는 경우, 키워드를 이용해서 찾을 수도 있다. R 명령행에 물음표 2개와 키워드를 입력하면 된다. 해당 키워드와 관련된 도움말들의 링크를 얻게 된다. 도움말을 위한 도움말이라고 생각하면 된다.

```
> ??log
```

sample 함수의 도움말을 훑어보자(우리는 표본 추출 과정에서 확률을 바꾸는 방법과 관련된 내용을 찾고 있음을 잊지 말자! 여기에 도움말 전체를 옮기고 싶지는 않다. 정말 관심 있는 부분만 컴퓨터 화면을 보면서 따라오길 바란다).

먼저, 도움말을 열어 보자. RStudio에서 그래프를 확인했던 그 창에 나올 것이다(그래프 탭이 아닌 도움말 탭에서).

```
> ?sample
```

무엇이 보이는가? 맨 위에서부터 시작해 보자.

랜덤 샘플과 순열

설명
x의 원소들로부터 정해진 개수만큼의 표본을 복원 혹은 비복원 추출한다.

지금까지는 무난하다. 이미 다 아는 내용이다. 다음 섹션에서 단서를 찾을 수 있다. prob라는 인수가 언급되고 있다.

사용법
```
sample(x, size, replace = FALSE, prob = NULL)
```

인수 섹션으로 내려가 보면 prob에 대한 설명이 아주 가능성이 있어 보인다.

확률 벡터는 표본 추출할 벡터의 원소들에 대한 가중치를 준다.

세부사항에서 우리의 추측이 맞았다는 것을 확인할 수 있다. 이런 경우 어떻게 하면 되는지 알려준다.

선택 인수인 prob를 이용해서 각 원소를 추출할 때 적용할 가중치 벡터를 줄 수 있다. 합이 1일 필요는 없지만 음수는 안 되고 모두 0이어도 안 된다.

도움말에는 나오지 않았지만 각 가중치는 각 원소와 짝을 이루게 된다. 첫 번째 가중치는 첫 번째 원소에 대한 값이고, 두 번째 가중치는 두 번째 원소... 이런 식으로 짝을 이룬다. R에서는 일반적인 원리다.

계속 읽다 보면,

만약 replace가 참이면 워커의 알리어스[Walker's alias] 방법(리플리[Ripley], 1987)을 사용한다.

이제 우리가 원하는 정보를 모두 얻었다. 이미 주사위를 어떻게 조작할 수 있는지 충분히 알게 되었다.

연습문제

조작된 주사위 한 쌍을 던지도록 roll 함수를 다시 작성해 보자.

```
> roll <- function() {
+   die <- 1:6
+   dice <- sample(die, size = 2, replace = TRUE)
+   sum(dice)
+ }
```

roll 안에 사용된 sample 함수에 prob 인수를 추가할 필요가 있다. 이 인수로 sample 함수에 숫자 1부터 5까지는 1/8의 확률로, 숫자 6은 3/8의 확률로 추출하도록 해야 한다.

끝냈다면 모범 답안을 확인하자.

주사위를 변형하기 위해서는 다음과 같이 sample 함수에 가중치 벡터를 prob라는 인수로 전달해야 한다.

```
> roll <- function() {
+   die <- 1:6
+   dice <- sample(die, size = 2, replace = TRUE,
+     prob = c(1/8, 1/8, 1/8, 1/8, 1/8, 3/8))
+   sum(dice)
+ }
```

이로써 주사위를 굴렸을 때 숫자 1부터 5까지는 1/8의 확률로, 숫자 6은 3/8의 확률로 나올 것이다.

51페이지에서 실행했던 코드를 가지고, 새로운 roll 함수로 실험을 다시 하고 그래프를 그려 보자. [그림 2-5]에 원래 결과 옆에 새로운 결과를 그려 넣었다.

```
> rolls <- replicate(10000, roll())
> qplot(rolls, binwidth = 1)
```

그림을 보면 주사위가 효과적으로 조작되었다는 것을 확인할 수 있다. 높은 수가 낮은 수보다 자주 나온 것을 볼 수 있다. 기억해야 할 점은, 이러한 성질은 무수히 많이 던졌을 때 드러난다는 것이다. 단순히 한 번 던져서는 알 수 없다. '카탄의 개척자$^{Settlers\ of\ Catan}$' 같은 보드게임을 할 때 (친구한테는 그냥 주사위를 잃어버렸다고 말하고) 사용하면 좋을 것이다. 하지만 이러한 조작은 몇 번 던지는 것으로는 알아낼 수 없기 때문에 데이터분석을 할 때 조심해야 한다.

그림 2-5 높은 합이 낮은 합보다 더 자주 나오는 것을 통해 주사위가 분명히 높은 숫자 쪽으로 치우쳐 있다는 것을 알 수 있다.

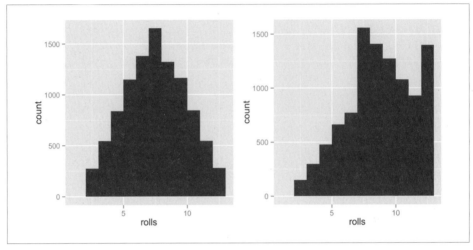

2.2.2 더 많은 도움을 얻으려면

R-help 메일링리스트(http://bit.ly/r-help)에 가입하면 R을 활발히 사용하는 사용자들로부터 도움을 받을 수 있다. 질문이 있으면 이 리스트에 이메일을 보낼 수도 있고 아니면 이미 해결된 답을 찾아 볼 수도 있다. 우리가 일반적으로 하는 정도의 질문은 이미 해결된 답이 있을 것이다. 이메일을 보내기 전에 아카이브를 검색해서 답을 찾아보자(http://bit.ly/R_archives).

R-help 리스트보다 스택 오버플로$^{Stack\ Overflow}$(http://stackoverflow.com)가 더 좋다. 이곳은 프로그래머들이 서로 질문에 답하고 어떤 대답이 가장 도움이 되었는지 순위를 매기는 사이트다. 개인적으로 스택 오버플로가 R-help보다 사용하기 편하다(응답자들도 왠지 더 인간적이다). 누구나 질문을 올릴 수 있고 이전에 이미 누군가 올린 R 관련 질문의 답변을 찾아볼 수도 있다. 30,000개가 넘는 질문과 답변이 있다.

R-help든 스택 오버플로든, 정확한 답을 얻기 위해서는 질문을 할 때 재현 가능한 예제도 함

께 제공하는 것이 좋다. 다시 말해, 직접 돌려보고 버그가 있는 것을 확인하고 무엇을 물어보고 있는지 알 수 있도록 해당 부분의 짧은 코드를 함께 붙여 넣으라는 것이다.

얼마 전까지만 해도 국내에는 제대로 된 R 사용자 모임이나 한글로 된 R 도움말을 찾기가 쉽지 않았다. 2011년 KRUG^{Korea R Users Group}(http://r-project.kr/)를 중심으로 R 유저 컨퍼런스^{R User Conference}가 열리고 있으며 R 사용자 가이드 한글화나 고급 기술 문서 번역 등의 일을 하고 있다. 또한 통계 마당(http://www.statground.org/)은 통계 분야 전반에 걸친 지식을 공유하고자 만들어진 비영리 커뮤니티다. 이곳 커뮤니티에서도 R에 대한 질문과 답변을 얻을 수 있다.

2.3 마치며

R 패키지와 도움말을 활용하면 좀 더 생산적으로 프로그래밍을 할 수 있다. 1장에서는 특별한 것을 하기 위해 자신만의 함수를 작성하는 방법을 배웠다. 하지만 종종 만들려는 함수가 이미 R 패키지에 존재하기도 한다.

교수, 프로그래머, 과학자들이 여러분의 프로그래밍 시간을 절약할 수 있도록 바로 사용할 수 있는 5,000개가 넘는 패키지를 개발해 놓았다. 패키지를 사용하기 위해서는 install.packages를 이용해서 컴퓨터에 일단 한 번은 설치해야 한다. 그리고 새로운 R 세션마다 library 함수로 이것을 불러와야 한다.

R의 도움말은 R과 패키지에서 제공하는 함수를 익힐 수 있도록 도와준다. R에서 각 함수와 데이터 세트는 각각 자신의 도움말 페이지를 가지고 있다. 도움말이 때론 어려운 내용을 담고 있지만, 함수를 어떻게 사용해야 하는지 구체적인 단서와 예를 제공한다.

지금까지 직접 해 보면서 배웠는데, 이는 R을 배우기 가장 좋은 방법이다. R 명령어도 만들어 보고 직접 돌려보고 여기서 설명하지 않은 내용을 알기 위해 도움말을 찾아볼 수도 있다. 나머지 두 프로젝트를 꼼꼼히 읽으면서 R 언어로 자신의 아이디어를 실험해 보기 바란다.

2.4 프로젝트 1을 마무리하며

이 프로젝트에서는 사기치고 도박하는 것 이외에도 여러 가지를 배웠다. R 언어로 어떻게 컴퓨터에 말할 수 있는지 배웠다. R 언어는 사람이 아닌 컴퓨터와 대화할 수 있다는 점만 빼면 영어, 스페인어, 혹은 독일어와 같은 언어다.

객체라는 R 언어의 명사를 만나봤다. 그리고 함수는 동사라고 할 수 있다(인수는 부사라고 할 수 있다). 함수와 객체를 조합할 때 하나의 생각을 표현하게 된다. 논리적인 순서에 따라 생각을 함께 엮어서 유창하고 예술적인 표현을 만들 수도 있다. 이러한 면에서 R은 다른 언어와 그리 다르지 않다.

R은 사람의 언어와 또 하나의 특징을 공유한다. R 명령어의 단어들을 사용할 수 있기 전까지는 R 언어를 구사하는 것이 그리 편하지 않다는 것이다. 편하지 않다고 해서 부끄러워 할 필요는 없다. 운 좋게도 컴퓨터가 R을 '알아듣는' 유일한 대상이기 때문이다. 컴퓨터는 엄청 너그럽지도 않지만 그렇게 나무라지도 않는다. 지금부터 이 책의 끝까지 여러분은 R 단어 실력을 엄청나게 늘릴 수 있으므로 그리 걱정할 필요는 없다.

이제 R을 사용할 수 있게 되었으니, 데이터과학에서 R을 사용하는 전문가가 될 차례다. 데이터과학의 기초는 많은 양의 데이터를 저장하고 요구에 따라 값을 불러오는 것이다. 이를 토대로 다른 모든 것, 예를 들면 데이터를 가공하고 시각화하고 모델링하는 것 등이 따라오게 된다. 하지만 데이터를 뇌에 쉽게 저장할 수는 없다. 많은 데이터를 저장하는 가장 효과적인 방법은 컴퓨터를 활용하는 것이다. 사실 컴퓨터는 지난 30년 동안 개발되면서 축적할 수 있는 데이터의 형태도 달라졌고 그것을 분석할 때 사용하는 방법도 효과적으로 달라졌다. 간단히 말해, 컴퓨터 데이터 저장장치는 우리가 데이터과학이라고 부르는 과학에 혁명을 가져왔다.

2부에서는 R을 이용해서 어떻게 컴퓨터 메모리에 데이터 세트를 저장하고, 저장된 데이터를 어떻게 가져오고 가공하는지 배울 것이다.

Part **II**

프로젝트 2: 카드놀이

2부(3장에서 6장까지)에서 다루는 프로젝트에서는 컴퓨터 메모리에 데이터값을 저장하고, 가져오고, 수정하는 방법을 배우게 된다. 이러한 기술을 통해 오류 없이 데이터를 저장하고 다룰 수 있을 것이다. 이 프로젝트에서는 실제로 섞어서 플레이할 수 있는 덱^{deck}(카드 한 벌)을 만든다. 무엇보다 이 덱은 실제 덱과 같이 이미 나눠 준 카드는 다시 나눠 주지 않는다. 카드게임을 하는 데 사용할 수 있고, 점을 보거나 카드 카운팅 전략을 시험해 볼 수도 있다.

아래 방법들도 배우게 된다.

- 문자열과 논리형 변수 같은 새로운 형태의 데이터를 저장하는 방법
- 벡터, 행렬, 수열, 리스트, 혹은 데이터 프레임의 형태로 데이터 세트를 저장하는 방법
- R을 이용해서 자신만의 데이터 세트를 불러오고 저장하는 방법
- 데이터 세트로부터 개별 값을 추출하는 방법
- 데이터 세트 안에서 개별 값을 수정하는 방법
- 논리 테스트를 작성하는 방법
- R에서 결측값$^{missing-value}$을 의미하는 NA를 사용하는 방법

프로젝트를 간단히 만들기 위해 4가지 과제로 나눴다. 각 과제는 R로 데이터를 다루는 새로운 기술을 가르쳐 준다.

과제 1: 덱 만들기

3장에서는 카드게임을 위한 가상의 카드 한 벌을 디자인하고 만들 것이다. 이는 데이터과학자라면 다루게 될 데이터 세트 못지않게 완벽한 데이터 세트가 될 것이다. 이를 위해 R의 자료형과 데이터 구조 사용법을 알아야 한다.

과제 2: 나눠 주고 섞는 함수 만들기

4장에서는 카드를 사용하는 두 가지 함수를 만들 것이다. 하나는 카드를 나눠 주기 위한 것이고, 다른 하나는 카드를 섞기 위한 것이다. 이 함수들을 작성하려면 데이터 세트에서 값을 추출하는 방법을 알아야 한다.

과제 3: 게임을 위한 점수 산정하기

5장에서는 워[war] 게임, 하트[hearts] 게임, 블랙잭과 같은 카드게임 종류에 따라 점수 산정 방식을 적절히 변경하기 위해 R의 표기법을 사용할 것이다. 이미 존재하는 데이터 세트 안의 같은 위치에서 값만 수정하는 것을 도와줄 것이다.

과제 4: 덱 상태 관리하기

6장에서는 어떤 카드를 나눠 줬는지 덱이 기억하도록 만들 것이다. 이것은 난이도가 있는 과제로, R의 환경시스템과 스코핑 규칙에 대해 소개할 것이다. 이를 잘 소화하려면 컴퓨터에 저장되어 있는 데이터를 어떻게 찾아보고 사용하는지 상세하게 배울 필요가 있다.

CHAPTER 3

R 객체

이 장에서는 R을 사용해서 52장의 카드로 구성된 덱, 즉 카드 한 벌을 만들 것이다.

먼저 카드게임을 나타내는 간단한 R 객체를 만든 후, 완전한 테이블 형태의 데이터를 만드는 것까지 해 본다. 엑셀의 스프레드시트에 카드 한 벌을 나열한다는 생각으로 다음과 같이 카드의 구성을 나열해 보자.

```
 face    suit value
 king spades    13
queen spades    12
 jack spades    11
  ten spades    10
 nine spades     9
eight spades     8
 ...
```

군이 위와 같은 방법으로 데이터 세트를 일일이 만들 필요는 없다. R에는 웬만한 데이터 세트를 정말 간단히 불러올 수 있는 방법이 있다(3.9절 '데이터 불러오기' 참조). 하지만 군이 이런 방식으로 가르쳐 주는 이유는 R에서 데이터를 저장하고, 데이터 세트를 조합하고 분리하는 방법을 알려 주기 위해서다. 또한 R에서 사용 가능한 다양한 형태의 객체에 대해 배울 수 있을 것이다(R 객체라고 다 같은 것은 아니다). 이런 연습이 통과의례라고 생각하자. 이를 통해 R로 데이터를 저장하는 전문가가 될 것이다.

아주 기초적인 것부터 시작할 것이다. R에서 객체의 가장 간단한 형태는 **원자 벡터**atomic vector다. 여기서 원자 벡터는 원자력 발전을 말하는 것이 아니고, 가장 간단하고 어디에서나 나타난다는 의미다. 자세히 들여다보면, R에서 대부분의 구조체는 원자 벡터로 구성되어 있다는 것을 알 수 있다.

3.1 원자 벡터

원자 벡터는 단순한 벡터[1] 형태의 데이터를 말한다. 이미 1부에서 die 객체를 통해 원자 벡터를 만들었다. c라는 함수로 데이터들을 함께 모아 원자 벡터를 만들 수 있다.

```
> die <- c(1, 2, 3, 4, 5, 6)
> die
[1] 1 2 3 4 5 6

> is.vector(die) ❶
[1] TRUE
```

❶ is.vector는 객체가 원자 벡터인지 확인하는 방법이다. 만약 해당 객체가 원자 벡터일 경우에는 TRUE를, 그렇지 않으면 FALSE를 돌려준다.

단지 하나의 값을 가지고도 원자 벡터를 만들 수 있다. 길이가 1인 원자 벡터로서 하나의 값을 저장할 수 있다.

```
> five <- 5
> five
[1] 5

> is.vector(five)
[1] TRUE

> length(five)
[1] 1

> length(die)
[1] 6
```

NOTE_ length

length 함수는 원자 벡터의 길이를 돌려준다.

....
1 역자주_ 여기서 벡터란 1차원 배열 혹은 값들의 시퀀스(sequence)를 의미하는 컴퓨터 프로그래밍 용어다.

각 원자 벡터는 값을 일차원 벡터로 저장하는데, 동일한 자료형의 데이터만 저장할 수 있다. R에서는 다양한 종류의 원자 벡터를 이용해서 자료형을 저장할 수 있다. **실수형**double, **정수형**integer, **문자형**character, **논리형**logical, **복소수형**complex, **원시형**raw 등 6가지 기본적인 자료형의 원자 벡터가 있다.

카드 덱을 만들려면 다양한 종류의 정보(텍스트와 숫자)를 저장할 여러 자료형의 원자 벡터가 필요하다. 데이터를 입력할 때 몇 가지 간단한 규칙을 활용할 수 있다. 예를 들어 입력할 때 대문자 L을 포함하면 정수형 벡터를 만들 수 있다. 따옴표로 입력값을 둘러싸면 문자형 벡터를 만들 수 있다.

```
> int <- 1L
> text <- "ace"
```

각 원자 벡터의 자료형은 그들 나름의 규칙을 갖고 있다. R은 이 규칙을 적합한 종류의 원자 벡터를 생성하는 데 사용한다. 만약 둘 이상의 원소를 갖는 원자 벡터를 만들기 원한다면 2장에서 소개한 c 함수로 원소를 결합하면 된다. 각 원소에 같은 규칙을 사용해 보자.

```
> int <- c(1L, 5L)
> text <- c("ace", "hearts")
```

아마 여러분은 왜 여러 종류의 벡터가 필요한지 궁금할 것이다. 벡터 종류를 지정해서 R이 예상대로 동작하도록 할 수 있기 때문이다. 예를 들어 숫자가 담긴 원자 벡터로는 사칙 연산을 할 수 있지만, 문자열이 담긴 원자 벡터로는 할 수 없다.

```
> sum(int)
[1] 6
```

```
> sum(text)
다음에 오류가 있습니다 sum(text) : 인수의 'type' (character)이 올바르지 않습니다
```

더 자세한 내용을 다루기 전에 R의 6가지 원자 벡터와 만나 보자.

3.1.1 실수형

실수형double 벡터는 보통 숫자를 저장한다. 숫자는 양수 혹은 음수, 크고 작은 수가 될 수 있고, 소수점 이하 숫자가 있어도 되고 없어도 된다. 일반적으로 R은 어떤 숫자든 실수형으로 저장한다(이러한 이유로 1부에서 만들었던 die 객체 역시 실수형 객체였다).

```
> die <- c(1, 2, 3, 4, 5, 6)
> die
[1] 1 2 3 4 5 6
```

대부분의 경우 지금 어떤 자료형의 객체로 작업하는지 알 것이다. 하지만 typeof 함수를 이용하면 객체의 정확한 자료형이 무엇인지 알아볼 수 있다.

```
> typeof(die)
[1] "double"
```

어떤 R 함수에서는 실수형을 숫자형numeric이라고도 한다. 이 책에서도 이 둘을 종종 같은 의미로 사용할 것이다. 실수형을 '더블'이라고 부르기도 하는데, 이는 컴퓨터과학 용어다. 숫자 하나를 저장하기 위해 컴퓨터에서 사용하는 특정 바이트의 개수를 말하는 것이다. 하지만 '숫자형'은 데이터과학을 말할 때 더 직관적이다.

3.1.2 정수형

정수형integer 벡터는 정수, 즉 소수점 이하에 값이 없는 숫자들을 저장한다. 정수는 실수형 객체로 저장할 수 있기 때문에 데이터과학자는 정수형을 자주 사용할 일은 없을 것이다.

특별히 R에서는 숫자 뒤에 대문자 L을 붙여 정수형을 만든다.

```
> int <- c(-1L, 2L, 4L)
> int
[1] -1 2 4

> typeof(int)
[1] "integer"
```

R은 L이 포함되지 않으면 숫자를 정수형으로 저장하지 않는다는 것을 명심하자. L이 없는 정수형 숫자는 실수형으로 저장된다. 4와 4L의 유일한 차이는 R이 컴퓨터 메모리에 숫자를 어떻게 저장하는지에 있다. 정수형은 (그 정수가 **매우** 크지 않으면) 실수형보다 컴퓨터 메모리에서 더 정밀하게 정의된다.

숫자를 모두 실수형으로 저장하면 편할 텐데, 왜 굳이 정수형을 따로 사용하는 걸까? 가끔 정밀도에서의 차이가 엄청난 결과를 초래하기도 한다. 컴퓨터는 R 프로그램에서 각 실수형을 저장하기 위해 64비트의 메모리를 사용한다. 이것은 엄청난 정밀도를 가져다주지만 어떤 숫자는 64개의 1과 0의 조합인 64비트로 정확히 표현이 안 될 수도 있다. 예를 들어 π는 소수점 이하에 무한한 값을 가지고 있다. 그래서 컴퓨터는 π를 최대한 가깝게 반올림해야 한다. 그러므로 메모리에 저장된 π는 정확히 π가 아니다. 많은 십진수들이 비슷한 운명을 지니고 있다.

결과적으로 각 실수형은 약 16개의 유효숫자를 갖게 된다. 이는 약간의 오차를 가져온다. 대부분의 경우 이런 반올림 오차는 잘 눈에 띄지 않는다. 하지만 어떤 경우에는 이 반올림 오차가 놀라운 결과를 만들기도 한다. 예를 들어 0이 되어야 하는 아래 수식의 경우가 그렇다.

```
> sqrt(2)^2 - 2
[1] 4.440892e-16
```

2의 제곱근은 16개의 유효숫자로 정확히 표현할 수 없다. 결국 R은 반올림을 해야 하고 이것이 결국 위 식의 결과가 0에 가깝지만 딱 0은 아니게 된다.

이러한 오차를 **부동소수점**^{floating-point} 오차라 하고, 이런 조건에서 연산하는 것을 **부동소수점 연산**이라고 한다. 부동소수점 연산은 R의 특징이 아니라 모든 컴퓨터 프로그래밍의 일반적인 특징이다. 보통 부동소수점 오차만을 가지고 하루를 날릴 수도 있다. 우린 그저 이런 놀라운 결과가 왜 일어나는지 정도만 기억하자.

부동소수점 오차는 소수 없이 정수형만 사용하면 피할 수 있다. 하지만 대부분의 데이터과학에서는 그렇게 할 수 없다. 그런데 문제는 결과를 표현하는 데 정수형이 아닌 다른 자료형이 필요한 상황에서는 정수형으로 연산할 수 없다는 데 있다. 운 좋게도 부동소수점 연산으로 인한 오차는 보통 그렇게 대수롭지 않다(그리고 대수롭다 해도 알아채기 쉽다). 결론적으로 데이터를 다루다보면 정수형 대신에 실수형을 일반적으로 사용하게 될 것이다.

3.1.3 문자형

문자형^{character} 벡터는 텍스트를 저장한다. 문자나 문자열을 따옴표로 감싸서 문자형 벡터를 만들 수 있다.

```
> text <- c("Hello", "World")
> text
[1] "Hello" "World"

> typeof(text)
[1] "character"
```

```
> typeof("Hello")
[1] "character"
```

문자형 벡터에서 각 원소는 **문자열**^{string}로 알려져 있다. 여기서 말하는 문자열은 그저 글자만이 아닌 더 많은 것을 포함할 수 있다. 숫자와 기호도 문자열로 조합할 수 있다.

연습문제

문자열과 숫자의 차이를 구분할 수 있겠는가? 다음 중 어느 것이 문자열이고 어느 것이 숫자인가? 1, "1", "one".

"1"과 "one"은 문자열이다. 문자열은 숫자도 포함할 수 있지만 그것을 숫자형으로 만들지는 않는다. 그냥 숫자를 포함한 문자열일 뿐이다. 문자열은 따옴표로 감싸기 때문에 비록 숫자지만 문자열이라고 할 수 있다. 사실 R에서는 무엇이든 따옴표로 감싸면 그 사이에 무엇이 오든 문자형으로 인식한다.

R 객체와 문자열은 혼동하기 쉽다. 왜냐하면 둘 다 R 코드 상에서 텍스트로 나타나기 때문이다. 예를 들어 x는 'x'라는 R 객체의 이름을 말하고, "x"는 문자 'x'를 포함한 문자열이다. 하나는 원시^{raw} 데이터를 포함한 객체를, 다른 하나는 원시 데이터 자체를 의미한다.

따옴표 붙이는 것을 잊을 때마다 에러를 만나게 될 것이다. R은 아마도 존재하지 않는 객체를 찾으려 들기 때문이다.

3.1.4 논리형

논리형^{logical} 벡터는 불린^{Boolean} 데이터, 즉 TRUE 혹은 FALSE를 저장한다. 논리형은 비교를 위해서는 필수다.

```
> 3 > 4
[1] FALSE
```

대문자로 (따옴표 없이) TRUE와 FALSE라고 입력하면 논리형 데이터가 된다. TRUE와 FALSE를 줄여서 T와 F로 사용할 수도 있다.

```
> logic <- c(TRUE, FALSE, TRUE)
> logic
[1] TRUE FALSE  TRUE

> typeof(logic)
[1] "logical"

> typeof(F)
[1] "logical"
```

3.1.5 복소수형과 원시형

실수형, 정수형, 문자형, 논리형은 R에서 가장 많이 사용되는 원자 벡터지만, 복소수형complex과 원시형raw 같은 자료형도 지원한다. 데이터분석을 할 때 이런 것까지 사용할지는 모르겠지만, 만약을 위해 소개한다.

복소수형 벡터는 말 그대로 복소수를 저장한다. 복소수형 벡터를 생성하려면 i를 사용해서 허수 부분을 추가하면 된다.

```
> comp <- c(1 + 1i, 1 + 2i, 1 + 3i)
> comp
[1] 1+1i 1+2i 1+3i

> typeof(comp)
[1] "complex"
```

원시형 벡터는 데이터의 원래 바이트 정보를 그대로 저장한다. raw(n)을 이용해서 길이가 n인 빈 원시형 벡터를 만들 수 있다. 이 자료형이 어떻게 쓰이는지 좀 더 알고 싶다면 raw의 도움말을 참고한다.

```
> raw(3)
[1] 00 00 00

> typeof(raw(3))
[1] "raw"
```

> **연습문제**
>
> 스페이드 로열 플러시[2]를 이루는 카드들의 이름을 저장하는 원자 벡터를 만들어 보자. 스페이드 에이스 카드의 이름은 'ace'가 되어야 할 것이고 'spade'라는 카드 종류와 한 세트를 이뤄야 한다.
>
> 이 이름들을 저장하는 데 어떤 자료형의 벡터를 사용할까?

문자열 벡터는 카드 이름을 저장하기에 가장 적합한 원자 벡터다. c 함수로 따옴표로 둘러싸인 이름들을 가진 문자열 벡터를 만들 수 있다.

```
> hand <- c("ace", "king", "queen", "jack", "ten")
> hand
[1] "ace"   "king" "queen"  "jack"    "ten"

> typeof(hand)
[1] "character"
```

이렇게 하면 카드 이름이 담긴 일차원 그룹을 생성한다. 이제 카드 이름과 카드 종류를 담은 이차원 테이블 형태의 더 복잡한 데이터 구조를 만들어 보자. 원자 벡터에 몇 가지 속성을 입력하고 클래스를 할당하여 더욱 복잡한 객체를 만들 수 있다.

3.2 속성

속성이란 원자 벡터(혹은 모든 R 객체)에 붙일 수 있는 일종의 정보라고 할 수 있다. 속성은 객체 값에는 아무런 영향을 주지 않는다. 또한 객체를 표시할 때도 나타나지 않는다. 속성을 '메타데이터metadata'라고 생각할 수도 있다. 객체와 관련된 정보를 담아 두는 편리한 장소다. 종종 이 메타데이터를 무시하기도 하지만, 어떤 R 함수는 특정 속성을 확인하기도 한다. 이러한 함수들은 데이터의 속성에 따라 특별한 작업에 사용된다.

객체의 속성을 확인하기 위해 attributes 함수를 사용한다. 만약 객체에 속성이 없다면 NULL을 리턴한다. die와 같은 원자 벡터는 어떤 정보를 입력하지 않는 이상 어떠한 속성도 갖지 않는다.

---

2 역자주_ 로열 플러시는 같은 모양의 킹, 퀸, 잭, 10, 에이스 카드를 모두 들고 있는 것을 말한다. 이때 예를 들어 스페이드로 이 카드 조합을 이루면 스페이드 로열 플러시라고 한다.

```
> attributes(die)
NULL
```

> **NOTE_** R에서 NULL은 빈 객체, 즉 null 집합을 의미한다. NULL은 정의되지 않은^{undefined} 값을 갖는 함수에 의해 리턴된다. 대문자로 NULL이라고 입력하면 NULL 객체를 만들 수 있다.

3.2.1 이름

원자 벡터에 줄 수 있는 가장 일반적인 속성은 이름(names), 차원^{dimension}(dim), 클래스(class) 다. 이들은 각각 객체에 해당 속성을 입력하기 위해 사용할 유용한 함수들을 갖고 있다. 객체에 이미 들어 있는 속성값을 찾아볼 때 역시 이 함수들을 사용할 수 있다. 예를 들어 names 함수로 die가 갖고 있는 이름 속성값을 볼 수 있다.

```
> names(die)
NULL
```

앞서 언급했듯이, NULL이라는 결과는 die에 이름 속성이 없다는 것을 의미한다. names 함수의 출력에 문자열 벡터를 지정해서 die에 이름 속성을 줄 수 있다. 이 벡터는 die의 각 원소를 지칭하는 이름을 포함하고 있어야 한다.

```
> names(die) <- c("one", "two", "three", "four", "five", "six")
```

이제 die는 아래와 같은 이름 속성을 갖는다.

```
> names(die)
[1] "one"   "two" "three" "four"  "five"   "six"

> attributes(die)
$names
[1] "one"   "two" "three" "four"  "five"   "six"
```

R은 die를 확인할 때마다 원소 위에 해당 이름을 표시해 준다.

```
> die
  one   two three  four  five   six
    1     2     3     4     5     6
```

하지만 이들 이름은 실제 벡터값에 영향을 주지 않을 뿐 아니라 벡터값을 수정하더라도 영향을
받지 않는다.

```
> die + 1
  one   two three  four  five   six
   2     3     4     5     6     7
```

물론 이름 속성을 변경하거나 모두 없앨 때도 names 함수를 사용하면 된다. 이름을 변경하려면
names 함수에 새로운 이름을 할당한다.

```
> names(die) <- c("uno", "dos", "tres", "cuatro", "cinco", "seis")
> die
  uno   dos  tres cuatro  cinco   seis
   1     2     3     4     5      6
```

이름을 지우고 싶다면 NULL을 설정한다.

```
> names(die) <- NULL
> die
[1] 1 2 3 4 5 6
```

3.2.2 차원

dim 함수로 차원 속성을 설정하여 원자 벡터를 n차원 배열로 변경할 수 있다. 이를 위해 길이가
n인 숫자형 벡터로 dim 속성을 설정한다. R은 벡터의 원소를 n차로 인식하게 된다. 각 차원은
dim 벡터의 n번째 값의 개수만큼 행(혹은 열)을 갖는다. 예를 들어 die를 2 × 3 행렬(2개의 행
과 3개의 열)로 재배치할 수 있다.

```
> dim(die) <- c(2, 3)
> die
     [,1] [,2] [,3]
[1,]   1    3    5
[2,]   2    4    6
```

혹은 3 × 2 행렬(3개의 행과 2개의 열)로 재배치할 수 있다.

```
> dim(die) <- c(3, 2)
> die
     [,1]  [,2]
[1,]   1    4
```

```
[2,]   2    5
[3,]   3    6
```

혹은 $1 \times 2 \times 3$ 하이퍼큐브hypercube (1개의 행, 2개의 열, 그리고 3개의 슬라이스slice)로도 가능하다. 이는 3차원 구조지만 이차원 컴퓨터 화면에서는 슬라이스별로 출력된다.

```
> dim(die) <- c(1, 2, 3)
> die
, , 1
    [,1] [,2]
[1,]   1    2

, , 2
    [,1] [,2]
[1,]   3    4

, , 3
    [,1] [,2]
[1,]   5    6
```

dim에서 첫 번째 값은 행의 개수를, 두 번째 값은 열의 개수를 의미한다. 일반적으로 R 연산에서는 행과 열이 있으면 행이 먼저 오게 된다.

그리고 행과 열에 값을 어떻게 배치할지 별로 신경 쓰지 않아도 된다는 것을 알았을 것이다. 예를 들어 R은 항상 행 방향이 아닌 열 방향으로 행렬을 채운다. 만약 이것을 좀 바꾸고 싶다면 R의 도우미 함수인 matrix나 array 함수를 사용한다. dim 속성을 변경할 수 있다는 점에서 비슷하지만, 이 함수들은 세부 과정을 조절할 수 있는 추가적인 인수를 제공한다.

3.3 행렬

여기서 말하는 행렬은 선형대수에서 말하는 행렬처럼 이차원 배열에 값을 갖고 있다. 이를 만들려면 먼저 matrix 함수에 행렬 안에 배치할 원자 벡터를 넣어 준다. 그리고 나서 nrow 인수에 숫자를 입력해서 행의 개수를 설정한다. matrix 함수는 입력한 벡터를 정해진 개수만큼의 행을 갖는 행렬로 구성할 것이다. 대신에 ncol 인수를 사용한다면 원하는 개수만큼의 열을 갖는 행렬을 생성할 수 있다.

```
> m <- matrix(die, nrow = 2)
> m
     [,1] [,2] [,3]
[1,]   1    3    5
[2,]   2    4    6
```

기본적으로 matrix 함수는 열 방향에 따라 값들을 배치하지만, byrow 인수를 TRUE로 설정하면 행 방향으로 행렬을 채울 수 있다.

```
> m <- matrix(die, nrow = 2, byrow = TRUE)
> m
     [,1] [,2] [,3]
[1,]   1    2    3
[2,]   4    5    6
```

matrix 함수는 또 다른 기본 인수를 가지고 있다. matrix의 도움말 페이지에서 (?matrix라고 입력하고) 해당 내용을 찾아 읽어보자.

3.4 배열

array 함수는 n차 배열을 만드는 데 사용된다. 예를 들어 4차, 5차, 혹은 n차에서 3차원 큐브, 즉 하이퍼큐브로 값을 정렬하는 데 사용할 수 있다. array는 matrix처럼 사용자가 원하는 대로 바꿀 수는 없지만 dim 속성을 설정하는 것과 같은 기본적인 기능을 가지고 있다. array 함수를 사용할 때는 첫 번째 인수로 원자 벡터를 넣고, 두 번째 인수로 크기를 나타내는 벡터를 dim으로 넣어준다.

```
> ar <- array(c(11:14, 21:24, 31:34), dim = c(2, 2, 3))
> ar
, , 1
     [,1] [,2]
[1,]   11   13
[2,]   12   14

, , 2
     [,1] [,2]
[1,]   21   23
[2,]   22   24
```

```
, , 3
     [,1] [,2]
[1,]   31   33
[2,]   32   34
```

연습문제

로열 플러시에서 모든 카드의 이름과 그룹을 저장하는 아래와 같은 행렬을 만들어 보라.

```
         [,1]     [,2]
[1,] "ace"    "spades"
[2,] "king"   "spades"
[3,] "queen"  "spades"
[4,] "jack"   "spades"
[5,] "ten"    "spades"
```

이 행렬을 만드는 여러 가지 방법이 있지만, 일단은 10개 문자열을 갖는 벡터를 먼저 만들어야 한다. 만약 아래와 같은 문자열 벡터를 만들었다면, 다음에 나오는 세 가지 명령 가운데 하나를 이용해서 행렬로 바꿀 수 있다.

```
> hand1 <- c("ace", "king", "queen", "jack", "ten", "spades", "spades",
+   "spades", "spades", "spades")

> matrix(hand1, nrow = 5)
> matrix(hand1, ncol = 2)
> dim(hand1) <- c(5, 2)
```

물론 다음과 같이 순서가 살짝 다른 문자열 벡터를 이용할 수도 있다. 이때는 열 방향이 아닌 행 방향으로 행렬을 채운다.

```
> hand2 <- c("ace", "spades", "king", "spades", "queen", "spades", "jack",
+   "spades", "ten", "spades")

> matrix(hand2, nrow = 5, byrow = TRUE)
> matrix(hand2, ncol = 2, byrow = TRUE)
```

3.5 클래스

객체의 차원을 바꾼다고 해서 객체의 자료형, 즉 종류가 변경되지는 않지만 클래스 속성은 변경된다.

```
> dim(die) <- c(2, 3)
> typeof(die)
[1] "double"

> class(die)
[1] "matrix"
```

클래스는 원자 벡터의 특별한 특성을 말한다. 예를 들어 die 행렬은 실수형 벡터의 특별한 형태다. 행렬의 모든 원소는 여전히 실수형이지만, 원소들은 새로운 구조로 배치된다. 바로 차원을 변경하면서 die에 클래스 속성이 추가된 것이다. 이 클래스는 die의 새로운 포맷을 의미한다. 많은 R 함수는 객체의 클래스 속성을 찾고, 이 속성에 따라 예정된 방식으로 객체를 다루기도 한다.

객체의 클래스 속성은 attributes 함수로는 항상 표시되지 않는다. 앞에서와 같이 class 함수를 사용해야 분명하게 찾을 수 있다.

```
> attributes(die)
$dim
[1] 2 3
```

클래스 속성이 특별히 없는 객체라도 class 함수를 적용할 수 있다. class 함수는 객체의 원자 자료형에 따라 값을 반환한다. 실수형의 '클래스'는 '숫자형'이라는 것이 이상하게 보일 수도 있지만 나는 고맙게 생각한다. 실수형 벡터의 가장 중요한 특징은 숫자를 담고 있다는 것이기 때문에 '숫자형'이라는 말이 더 명확한 표현이기 때문이다.

```
> class("Hello")
[1] "character"

> class(5)
[1] "numeric"
```

class 함수를 사용해서 객체의 클래스 속성을 입력할 수도 있지만 별로 좋은 생각은 아니다. 어떤 클래스를 갖는 객체들이라면 공통적으로 갖고 있어야 하는 속성들이 있는데 이것을 놓칠 수 있기 때문이다. 3부에서 개인이 직접 클래스를 만들고 사용하는 방법에 대해 배우게 된다.

3.5.1 날짜와 시간

앞에서 배운 실수형, 정수형, 문자형, 논리형, 복소수형, 그리고 원시형 외의 자료형을 지원하는 다양한 속성 시스템이 있다. 예를 들어 R은 날짜와 시간을 다루는 특별한 클래스를 사용한다. **Sys.time( )**을 실행해 보자. Sys.time 함수는 컴퓨터의 현재 시간을 돌려준다. 시간은 마치 하나의 문자열처럼 보이지만, 데이터 종류는 실수형이고 클래스는 'POSIXct'와 'POSIXt'다.

```
> now <- Sys.time()
> now
[1] "2014-03-17 12:00:00 UTC"

> typeof(now)
[1] "double"

> class(now)
[1] "POSIXct" "POSIXt"
```

POSIXct는 날짜와 시간을 표시하는 데 널리 사용하는 프레임워크다. POSIXct 프레임워크에서 시간은 국제 표준시^{Universal Time Coordinated}(UTC)인 1970년 1월 1일 오전 12시 정각부터 현재까지 흐른 시간을 초단위로 나타낸다. 예를 들어 위에서 출력한 시간은 그때부터 1,395,057,600초가 지난 후의 시간을 말한다. 따라서 POSIXct 시스템에서 이 시간은 1395057600으로 저장된다.

시간 객체를 만들 때는 1395057600을 한 원소로 갖는 실수형 벡터를 사용한다. unclass 함수를 이용해서 now 객체의 클래스 속성을 지우면 이 벡터를 볼 수 있다.

```
> unclass(now)
[1] 1395057600
```

다시 말해, 실수형 벡터에 'POSIXct'와 'POSIXt', 이 두 클래스를 포함하는 클래스 속성을 부여할 수도 있다. 이 클래스 속성은 POSIXct 시간을 다루고 있는 중이라고 R 함수에 알려 주게 되고, 이 함수들은 이것을 특별한 방법으로 다루게 된다. 예를 들어 R 함수는 시간을 표시하기 위해 사용자가 알아보기 쉬운 문자열로 바꿔 주는 POSIXct 표준을 따르게 된다.

임의의 R 객체에 POSIXct 클래스를 부여함으로써 이 시스템을 적용할 수 있다. 예를 들어 1970년 1월 1일 오전 12시로부터 백만 초가 흐른 시점이 언제인지 궁금했던 적이 있는가?

```
> mil <- 1000000
> mil
[1] 1e+06

> class(mil) <- c("POSIXct", "POSIXt")
> mil
[1] "1970-01-12 13:46:40 UTC"
```

겨우 1970년 1월 12일이다. 백만 초는 생각보다 짧은 시간이다. POSIXct 클래스는 어떤 추가적인 속성을 필요로 하지 않기 때문에, 이 규약은 잘 작동한다. 하지만 일반적으로 객체의 클래스를 억지로 정하는 것은 좋지 않다.

R과 R 패키지에는 이미 다양한 데이터 클래스가 존재하고 매일 클래스가 새로 만들어진다. 모든 클래스를 익힌다는 것은 불가능하고 그럴 필요도 없다. 대부분의 클래스는 어떤 특정한 상황을 위해 사용된다. 각 클래스는 도움말 페이지를 가지고 있기 때문에 필요한 상황이 되었을 때 해당 클래스를 천천히 익히면 된다. 하지만 R에서 자주 사용되고, 원자적 자료형과 함께 배워야 하는 클래스가 하나 있다. 바로 **요인**^{factor}이다.

3.5.2 요인

요인은 R에서 민족성이나 눈 색깔과 같은 범주형^{categorical} 정보를 저장하는 데 사용하는 방법이다. 성별을 나타내는 요인을 생각해 보자. 정해진 값만(남성 혹은 여성) 갖고, 이 값들은 특이한 순서(여성 우선)를 갖기도 한다. 이러한 방식 때문에 요인은 연구에서 처리 수준이나 다른 범주형 변수를 기록할 때 매우 유용하다.

요인을 만들려면 factor 함수 안에 원자 벡터를 집어넣으면 된다. R은 벡터 속의 데이터를 정수로 기록하고 이 정수형 벡터에 결과를 저장한다. 또한 정수형에 요인값을 표시하기 위한 라벨이 들어 있는 라벨 속성을 추가하게 된다. 그리고 factor 클래스 속성을 갖는다.

```
> gender <- factor(c("male", "female", "female", "male"))

> typeof(gender)
[1] "integer"

> attributes(gender)
$levels
[1] "female" "male"
```

```
$class
[1] "factor"
```

unclass를 적용하면, R에서 이 요인을 어떤 식으로 저장하고 있는지 정확히 볼 수 있다.

```
> unclass(gender)
[1] 2 1 1 2
attr(,"levels")
[1] "female" "male"
```

보는 바와 같이 R은 요인을 표시할 때 라벨 속성을 사용한다. R은 1을 라벨 벡터의 첫 번째 라벨인 female로 표시하고, 2는 두 번째 라벨인 male로 표시한다. 만약 요인이 3을 갖고 있다면 세 번째 라벨로 표시될 것이다.

```
> gender
[1] male    female female male
Levels: female male
```

요인은 범주형 변수를 통계 모델에 적용하기 쉽도록 만들어 준다. 변수가 이미 숫자로 부호화되어 있기 때문이다. 요인은 문자열처럼 보이지만 정수형처럼 동작해서 혼란스러울 수도 있다.

R은 데이터를 불러오고 생성할 때 문자열을 요인으로 변형시키곤 한다. 일반적으로 그렇게 하도록 요청하지 않는 이상 요인으로 변형시키지 못하도록 하는 것이 더 자연스러운 일일지도 모르겠다. 데이터를 읽을 때 어떻게 하면 되는지 알려 주겠다.

as.character 함수를 이용하면 요인을 문자열로 변형할 수 있다. 메모리상에 저장된 정수가 아니라 보이는 모습 그대로를 얻기 위한 것이다.

```
> as.character(gender)
[1] "male"   "female" "female" "male"
```

이제 R의 원자 벡터로 어떤 것들을 할 수 있는지 알기 위해 좀 더 복잡한 타입의 카드게임을 만들어 보자.

연습문제

카드게임에서는 각 카드에 해당하는 숫자값이 있다. 예를 들어 블랙잭에서는 각 얼굴이 있는 그림 카드는 10점, 각 숫자 카드는 2에서 10점, 그리고 각 에이스 카드는 마지막 점수에 따라서 1점 혹은 11점의 가치를 갖는다.

한 벡터 안에 ace^{에이스}, hearts^{하트}, 1을 넣어서 가상의 카드를 만들어 보라. 결과적으로 어떤 자료형의 원자 벡터가 만들어질까? 생각한 것이 맞는지 알아보자.

아마 이 연습문제가 잘못되었다고 생각했을 수도 있다. 각 원자 벡터는 하나의 자료형만 가질 수 있다. 따라서 R은 모든 값을 문자열로 강제 변환하게 된다.

```
> card <- c("ace", "hearts", 1)
> card
[1] "ace" "hearts" "1"
```

예를 들어 블랙잭 게임에서 누가 이겼는지 알아보기 위해 이 점수값으로 계산을 하려고 하면 문제가 발생할 것이다.

> **CAUTION_ 벡터에서의 자료형**
>
> 만약 한 벡터 안에 서로 다른 자료형의 데이터를 입력하려고 하면, R은 모든 원소를 하나의 자료형으로 강제 변환한다.

행렬과 배열은 원자 벡터의 특별한 경우이기 때문에 비슷한 어려움을 겪는다. 둘 다 하나의 자료형만 저장할 수 있다.

이로써 두 가지 문제가 발생한다. 첫째, 대부분의 데이터 세트는 다양한 종류의 자료형을 포함한다. 엑셀이나 넘버스^{Numbers} 같은 간단한 프로그램에서도 같은 데이터 세트에 여러 가지 다양한 자료형을 저장할 수 있는데, 다행히 R에서도 가능하다. 둘째, R에서는 강제 변환이 자주 일어난다. 그러므로 강제 변환이 어떤 식으로 작동하는지 알아보자.

3.6 강제 변환

R의 강제 변환은 참 불편해 보이긴 해도 제멋대로는 아니다. 자료형을 변환할 때 일정한 규칙이 있다. 이 규칙에 익숙해지면 강제 변환을 정말 유용하게 사용할 수 있다.

그럼 어떻게 자료형을 변환하는 걸까? 만약 원자 벡터에 문자형이 존재한다면 그 벡터에 있는 나머지 것들도 문자형으로 변환한다. 만약 벡터에 논리형과 숫자형만 있다면 논리형을 숫자형으로 변환한다. [그림 3-1]에서 보듯이 모든 TRUE는 1로, FALSE는 0으로 변환한다.

그림 3-1 R은 데이터를 한 가지 자료형으로 강제 변환하기 위해 항상 일정한 규칙을 사용한다. 만약 벡터에 문자형이 존재하면 나머지 것들도 문자형으로 변환한다. 또한 논리형과 숫자형만 있다면 논리형을 숫자형으로 변환한다.

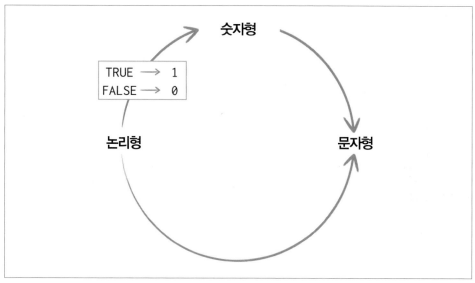

이런 변환에도 정보는 유지된다. 문자열을 보고, 그것의 원래 자료형이 무엇인지 쉽게 말할 수 있다. 예를 들어 "TRUE"와 "5"의 원래 자료형이 무엇인지 쉽게 알 수 있다. 또한 1과 0의 벡터는 쉽게 TRUE와 FALSE로 다시 변경할 수 있다.

논리형 값으로 연산을 시도할 때도 같은 강제 변환 규칙을 사용한다. 그러므로 아래 코드는

```
> sum(c(TRUE, TRUE, FALSE, FALSE))
```

다음과 같이 강제 변환된다.

```
> sum(c(1, 1, 0, 0))
[1] 2
```

이것은 sum 함수가 논리형 벡터의 TRUE 개수를 세는 것을 의미한다(그리고 mean 함수는 TRUE의 비율을 계산할 것이다). 간단하지 않나?

as 함수를 이용해서 데이터를 원하는 자료형으로 바꿀 수도 있다. 변환이 가능한 경우 R은 다음과 같이 데이터의 자료형을 변환할 것이다.

```
> as.character(1)
[1] "1"

> as.logical(1)
[1] TRUE

> as.numeric(FALSE)
[1] 0
```

자료형을 강제 변환하는 방법에 대해 알아봤다. 하지만 게임 카드를 저장하는 데는 도움이 되지 않는다. 이를 위해서는 이런 강제 변환을 피해야 한다. **리스트**^{list} 객체를 사용하면 가능하다.

리스트를 알아보기 전에 명심해야 할 사항 하나를 이야기해 보자.

많은 경우, 데이터 세트에는 다양한 자료형의 정보가 담겨 있다. 그런데 벡터, 행렬, 배열에는 여러 가지 자료형의 데이터를 저장할 수 없다는 것이 커다란 제약으로 느껴진다. 왜 이것을 허용하지 않는 걸까?

어떤 경우에는 한 가지 자료형만 사용해야 한다는 제약이 엄청난 장점일 수 있다. 커다란 벡터, 행렬, 배열을 쉽게 연산할 수 있기 때문이다. 왜냐하면 이미 모든 값이 같은 자료형이고, 같은 방식으로 다룰 수 있다는 것을 알고 있기 때문이다. 벡터, 행렬, 배열과 같은 객체는 메모리상에 매우 단순하게 저장되기 때문에 이들을 이용한 연산은 일반적으로 빠를 수밖에 없다.

또한 한 가지 자료형만 허용하는 것이 결코 단점은 아니다. 벡터는 변수들을 매우 훌륭하게 저장하기 때문에 R에서 가장 흔히 사용되는 데이터 구조다. 결국 각 변숫값은 주로 같은 특징(예를 들어 온도나 길이)에 대한 측정치를 의미하기 때문에 굳이 서로 다른 자료형을 사용할 필요가 없다.

3.7 리스트

리스트^{list}는 데이터를 일차원 집합으로 그룹화한다는 점에서는 원자 벡터와 매우 흡사하다. 하지만 리스트는 개별적인 값들을 그룹으로 만드는 것이 아니라, 원자 벡터나 또 다른 리스트와 같은 R 객체들을 그룹화한다. 예를 들어 길이가 31인 숫자형 벡터를 첫 번째 원소로, 길이가 1인

문자형 벡터를 두 번째 원소로, 길이가 2인 새 리스트를 세 번째 원소로 갖는 하나의 리스트를 만들 수 있다. 이를 위해 list 함수를 사용한다.

list 함수는 c 함수에서 벡터를 만드는 것과 동일한 방법으로 리스트를 생성한다. 콤마로 각 원소를 구분한다.

```
> list1 <- list(100:130, "R", list(TRUE, FALSE))
> list1
[[1]]
 [1] 100 101 102 103 104 105 106 107 108 109 110 111 112
[14] 113 114 115 116 117 118 119 120 121 122 123 124 125
[27] 126 127 128 129 130

[[2]]
[1] "R"

[[3]]
[[3]][[1]]
[1] TRUE

[[3]][[2]]
[1] FALSE
```

이중 괄호 안에 들어 있는 인덱스는 리스트의 각 원소를 가리킨다. 그냥 하나짜리 괄호의 인덱스는 몇 번째 하위 원소인지 나타낸다. 예를 들어 100은 이 리스트의 첫 번째 원소의 첫 번째 하위 원소다. "R"은 두 번째 원소의 첫 번째 하위 원소다. 이런 이중 시스템 표기법two-system notation은 리스트의 원소가 새로운 벡터(혹은 리스트)와 같이 자신만의 하위원소를 갖는 R 객체라는 점 때문에 나오게 되었다.

리스트는 원자 벡터와 같은 객체의 기본 자료형 중 하나다. 원자 벡터와 마찬가지로, 더 복잡한 자료형의 객체를 만들기 위해 빌딩 블록building blocks[3]으로 사용된다.

여러분이 상상하는 것처럼, 리스트의 구조는 정말 복잡해질 수 있다. 하지만 이러한 유연성은 리스트를 유용한 다목적 저장 도구로 만들어 준다. 어떤 것이든 리스트로 그룹화할 수 있기 때문이다.

하지만 리스트라고 해서 모두 복잡할 필요는 없다. 아주 간단한 리스트를 이용해서 게임용 카드를 만들 수 있다.

----
3 역자주_ 어떤 집합을 이루는 기본 구성 요소. 여기서는 리스트의 각 원소를 의미한다.

카드를 다음과 같이 만들 수 있다. 아래 예제에서 리스트의 첫 번째 원소는 (길이가 1인) 문자형
벡터다. 두 번째 원소 역시 문자형 벡터고, 세 번째 원소는 숫자형 벡터.

```
> card <- list("ace", "hearts", 1)
> card
[[1]]
[1] "ace"

[[2]]
[1] "hearts"

[[3]]
[1] 1
```

또한 전체 카드 한 벌을 저장하는 데 리스트를 사용할 수 있다. 낱장을 리스트에 저장했기 때문에
전체 카드 한 벌은 52개의 하부 리스트(카드 낱장)를 갖는 리스트 하나에 저장될 것이다. 입력할
일을 너무 걱정 마라. 리스트의 특별한 클래스인 **데이터 프레임**을 이용하면 훨씬 쉽게 입력할 수
있다.

3.8 데이터 프레임

데이터 프레임data frame은 리스트의 이차원 버전이라고 볼 수 있다. 데이터분석을 위해 훨씬 유용
한 저장 구조고 전체 카드 한 벌을 저장하는 데 가장 이상적인 방법이다. 데이터 프레임은 저장하
는 방식이 마치 엑셀에서 스프레드시트를 만드는 것과 같다.

데이터 프레임은 2차원 테이블에 벡터들을 하나로 그룹화한다. 각 벡터는 테이블에서 열이 된다.
결과적으로 [그림 3-2]에서처럼 데이터 프레임의 각 열은 다른 자료형의 데이터를 담을 수 있다.
하지만 같은 열 안에서는 자료형이 모두 같아야 한다.

그림 3-2 데이터 프레임은 데이터를 일련의 열들로 저장한다. 각 열은 서로 다른 자료형을 가질 수 있으며 모든 열의 길이는 같아야 한다.

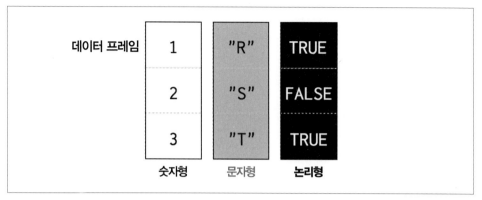

손으로 일일이 데이터 프레임을 만든다면 엄청난 입력이 필요하겠지만, data.frame 함수를 이용하면 쉽게 입력할 수 있다. data.frame 함수에 몇 개든 상관없이 콤마를 구분자로 벡터들을 집어넣자. 각 벡터는 해당 벡터를 설명하는 이름(face)을 앞에 적고 =로 연결하여 입력한다. 예를 들어 벡터 c("ace", "two", "six")의 경우, face라는 이름을 사용하여 face = c("ace", "two", "six")로 입력한다.

data.frame 함수는 각 벡터를 새로운 데이터 프레임의 열로 저장한다.

```
> df <- data.frame(face = c("ace", "two", "six"),
+   suit = c("clubs", "clubs", "clubs"), value = c(1, 2, 3))
> df
  face  suit value
1 ace clubs    1
2 two clubs    2
3 six clubs    3
```

데이터 프레임은 길이가 다른 열을 결합할 수 없기 때문에 각 벡터의 길이는 같아야 한다(그렇지 않으면 앞에서 이야기한 R의 반복 규칙이 적용될 수 있다. [그림 1-4]를 참고하라).

위 코드는 data.frame 함수에 face, suit, value 인수를 설정했지만, 누구나 원하는 대로 이름을 지을 수 있다. 데이터 프레임의 열을 지칭하기 위해 여러분이 만든 이름을 사용할 수 있다.

> **NOTE_ 이름**
>
> 리스트나 벡터를 생성할 때 이름을 입력할 수 있다. 데이터 프레임에서와 같은 문법을 사용하면 된다.

데이터 프레임의 자료형을 확인해 보면 리스트라는 것을 알 수 있다. 사실 각 데이터 프레임은 data.frame이라는 클래스를 갖는 리스트다. str 함수로 리스트(혹은 데이터 프레임)에 어떤 객체의 자료형들이 그룹화되어 있는지 볼 수 있다.

```
> typeof(df)
[1] "list"

> class(df)
[1] "data.frame"

> str(df)
'data.frame':          3 obs. of   3 variables:
 $ face : Factor w/ 3 levels "ace","six","two": 1 3 2
 $ suit : Factor w/ 1 level "clubs": 1 1 1
 $ value: num  1 2 3
```

R에서는 문자열이 요소로 저장된다는 것을 명심하자. R은 요소를 참 좋아한다고 하지 않았던가! 이것이 문제가 되는 것은 아니지만, data.frame 함수에 stringsAsFactors = FALSE를 추가하면 이런 동작을 방지할 수 있다.

```
> df <- data.frame(face = c("ace", "two", "six"),
+   suit = c("clubs", "clubs", "clubs"), value = c(1, 2, 3),
+   stringsAsFactors = FALSE)
```

데이터 프레임은 전체 카드 한 벌을 만드는 데 아주 훌륭한 방법이다. 데이터 프레임에서 각 행이 게임용 카드 한 장이 되고, 각 열이 적절한 자료형을 갖는 카드의 속성이 되도록 할 수 있다. 데이터 프레임은 다음과 같은 모양일 것이다.

```
    face    suit value
1   king  spades    13
2  queen  spades    12
3   jack  spades    11
4    ten  spades    10
5   nine  spades     9
6  eight  spades     8
```

```
7   seven    spades    7
8     six    spades    6
9    five    spades    5
10   four    spades    4
11  three    spades    3
12    two    spades    2
13    ace    spades    1
14   king     clubs   13
15  queen     clubs   12
16   jack     clubs   11
17    ten     clubs   10
       … 등등
```

이 데이터 프레임을 data.frame 함수로 만들 수 있지만 이 많은 양을 입력해야 한다고 생각해
보라! 52개의 원소를 갖는 벡터 3개를 작성해야 한다.

```
> deck <- data.frame(
+    face = c("king", "queen", "jack", "ten", "nine", "eight", "seven", "six",
+      "five", "four", "three", "two", "ace", "king", "queen", "jack", "ten",
+      "nine", "eight", "seven", "six", "five", "four", "three", "two", "ace",
+      "king", "queen", "jack", "ten", "nine", "eight", "seven", "six", "five",
+      "four", "three", "two", "ace", "king", "queen", "jack", "ten", "nine",
+      "eight", "seven", "six", "five", "four", "three", "two", "ace"),
+    suit = c("spades", "spades", "spades", "spades", "spades", "spades",
+      "spades", "spades", "spades", "spades", "spades", "spades", "spades",
+      "clubs", "clubs", "clubs", "clubs", "clubs", "clubs", "clubs", "clubs",
+      "clubs", "clubs", "clubs", "clubs", "clubs", "diamonds", "diamonds",
+      "diamonds", "diamonds", "diamonds", "diamonds", "diamonds", "diamonds",
+      "diamonds", "diamonds", "diamonds", "diamonds", "diamonds", "hearts",
+      "hearts", "hearts", "hearts", "hearts", "hearts", "hearts", "hearts",
+      "hearts", "hearts", "hearts", "hearts", "hearts"),
+    value = c(13, 12, 11, 10, 9, 8, 7, 6, 5, 4, 3, 2, 1, 13, 12, 11, 10, 9, 8,
+      7, 6, 5, 4, 3, 2, 1, 13, 12, 11, 10, 9, 8, 7, 6, 5, 4, 3, 2, 1, 13, 12, 11,
+      10, 9, 8, 7, 6, 5, 4, 3, 2, 1)
+ )
```

데이터 세트가 클 경우, 웬만하면 일일이 손으로 입력하는 상황은 피하고 싶을 것이다. 입력하다
보면 근육통은 물론이고 실수도 하고 오타도 나오게 된다. 큰 데이터 세트를 위해서는 컴퓨터 파
일을 이용하는 것이 더 바람직하다. 파일을 읽어서 그 내용을 객체에 저장할 수 있다.

카드 정보를 데이터 프레임으로 불러오기 위해 필요한 파일은 이미 만들어 놓았다. 입력 때문에
고민하지 마라. 대신 R에서 데이터를 불러오는 방법에 더 관심을 기울이자.

3.9 데이터 불러오기

여러분은 deck 데이터 프레임을 *deck.csv*(http://bit.ly/deck_CSV) 파일로부터 불러올 수 있다. 계속 읽는 것을 잠시 멈추고 파일을 먼저 내려받자. 웹사이트를 방문해서 'Download Gist' 버튼을 클릭하여 파일을 내려받은 후 폴더로 이동해 보면 *deck.csv*라는 파일이 들어 있을 것이다.

*deck.csv*는 콤마로 구분된 값들이 저장되어 있는 파일로, CSV^{comma-separated values} 파일이라고 한다. CSV는 텍스트 파일이기 때문에 (다른 많은 프로그램뿐 아니라) 텍스트 편집기에서 열어 볼 수 있다. *deck.csv* 파일을 열어 보면 다음과 같은 테이블 형태의 데이터가 포함되어 있는 것을 볼 수 있다. 테이블의 각 행은 라인별로 저장되어 있고, 각 행 안의 셀은 콤마로 구분되어 있다. 모든 CSV 파일은 이런 기본 포맷을 공유한다.

```
"face","suit","value"
"king","spades",13
"queen","spades",12
"jack","spades",11
"ten","spades",10
"nine","spades",9
... 등등
```

대부분의 데이터과학 응용 프로그램은 텍스트 파일을 불러올 수 있고, 데이터를 텍스트 파일로 내보낼 수 있다. 텍스트 파일은 데이터과학에 있어서 일종의 만국공통어 같은 것이다.

텍스트 파일을 불러오기 위해 [그림 3-3]에서처럼 RStudio에서 '데이터 세트 가져오기^{Import Dataset}' 아이콘을 클릭하자. 그리고 '텍스트 파일로부터^{From Text File}'를 선택하자.

RStudio에서 데이터를 불러올 파일을 선택하면 [그림 3-4]에서 보듯이 데이터 가져오는 것을 도와줄 마법사[4]를 열어 준다. 이 마법사를 이용해서 데이터 세트의 이름을 정한다. 또한 어떤 문자를 구분자로 사용할 것인지, 어떤 문자를 소수점 표시용으로 사용할 것인지(일반적으로 미국에서는 마침표를, 유럽에서는 콤마를 사용한다), 그리고 데이터 세트에 사용할 열 이름을 나타내는 (헤더^{header}라고 알려진) 행이 있는지 설정할 수 있다. 이를 돕기 위해 마법사에서는 입력한 결과에 따라 어떤 데이터가 나오게 될지, 그리고 원시형 파일이 어떻게 생겼는지 보여 준다.

또한 마법사에서 '문자열을 요소로^{Strings as factors}' 체크박스를 해제할 수 있다. 이렇게 하는 것을 추천한다. 그러면 모든 문자열을 문자열 그대로 가져올 수 있게 된다. 그렇지 않으면 문자열을 요소로 가져온다.

---

4 역자주_ 응용 프로그램의 사용이나 설치를 초보자도 쉽게 따라할 수 있도록 도와주는 일종의 유저 인터페이스 혹은 프로그램을 말한다.

그림 3-3 RStudio의 데이터 세트 가져오기 메뉴를 선택하면 텍스트 파일로부터 데이터를 가져올 수 있다.

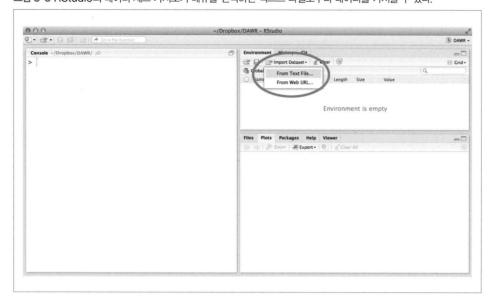

그림 3-4 RStudio의 데이터 가져오기 마법사

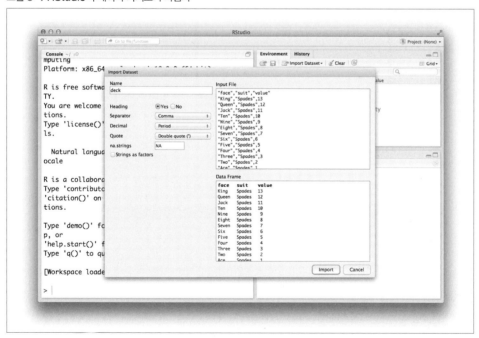

일단 모두 괜찮아 보이면 가져오기^{Import} 버튼을 누르자. RStudio는 이 데이터를 읽어서 데이터 프레임으로 저장한다. RStudio에서는 데이터 뷰어를 열어서 스프레드시트와 같은 형태로 새 데이터를 확인할 수 있다. 모든 것이 원하는 대로 잘 불렸는지 확인하는 좋은 방법이다. 만약 모두 잘 작동했다면 [그림 3-5]에서처럼 RStudio의 보기^{View} 탭에 가져온 파일이 나타나야 한다. 콘솔 창에서 **head(deck)**을 입력하면 이 데이터 프레임을 간단히 확인할 수 있다.

NOTE_ 온라인 데이터

데이터 세트 가져오기 메뉴에서 '웹 URL로부터^{From Web URL}'를 클릭하면 인터넷에서 바로 텍스트 파일을 불러올 수 있다. 이렇게 하려면 파일은 고유한 URL이 있어야 하고 인터넷 연결이 필요하다.

그림 3-5 데이터 세트를 가져올 때 RStudio에서는 데이터를 데이터 프레임으로 저장하고 보기 탭에서 이 데이터 프레임을 보여 준다. View 함수를 이용하면 어떤 데이터 프레임이든 보기 탭에서 열어 볼 수 있다.

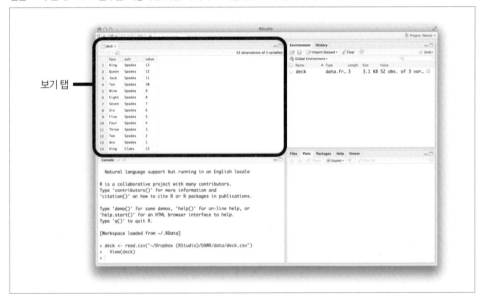

이제 여러분 차례다. *deck.csv*를 내려받은 후 RStudio에서 가져오기를 해 보자. deck이라는 객체에 데이터를 저장하자. 다음에 이어지는 장들에서 이것을 계속 사용할 것이다. 만약 제대로 했다면 처음 몇 줄은 다음과 같아야 한다.

```
> head(deck) ❶
    face   suit value
1   king spades   13
2  queen spades   12
3   jack spades   11
4    ten spades   10
5   nine spades    9
6  eight spades    8
```

❶ head와 tail은 큰 데이터 세트를 살짝 엿보기 좋은 함수다. head 함수는 데이터 세트의 처음 여섯 행을 보여 주고, tail 함수는 마지막 여섯 행을 보여 준다. 기본 개수를 바꾸고 싶다면 예를 들면 head(deck, 10)과 같이 head나 tail 함수의 두 번째 인수에 원하는 개수를 입력하면 된다.

R은 CSV 파일 외에도 여러 다른 종류의 파일을 열 수 있다. R에서 다른 종류의 파일을 여는 방법을 익히기 원한다면 부록 D를 참고한다.

3.10 데이터 저장하기

진도를 더 나가기 전에, deck의 복사본을 새로운 .csv 파일로 저장해 보자. 이 파일은 동료에게 이메일로 보낼 수도 있고, USB 드라이브에 저장하거나, 아니면 다른 프로그램에서 열어 볼 수도 있다. write.csv 명령으로 어떤 데이터 프레임에서든지 .csv 파일로 저장할 수 있다. deck을 저장하기 위해 다음을 실행하자.

```
> write.csv(deck, file = "cards.csv", row.names = FALSE)
```

R은 데이터 프레임을 콤마를 구분자로 하는 텍스트 파일로 바꾸고 현재 작업 폴더에 파일을 저장할 것이다. 현재 작업 폴더가 어디인지 보려면 **getwd( )**를 실행한다. 작업 폴더의 위치를 바꾸려면 RStudio에서 '세션 → 작업 폴더 설정 → 폴더 선택Session → Set Working Directory → Choose Directory' 메뉴를 선택한다.

write.csv 함수의 다양한 선택 인수를 이용하면 저장 과정을 원하는 대로 바꿀 수 있다(자세한 사항은 ?write.csv를 입력하여 도움말을 참고하자). 하지만 write.csv를 사용할 때 **항상** 사용해야 하는 세 가지 인수가 있다.

첫 번째는 저장하고자 하는 데이터 프레임의 이름을 입력해야 한다. 그 다음에는 저장할 파일 이름을 지정해야 한다. 입력한 문자를 그대로 사용하기 때문에 확장자도 함께 입력해야 한다.

마지막으로 row.names = FALSE를 추가해야 한다. 그러면 데이터 프레임 앞에 숫자로 된 열 하나가 추가되는 것을 막아준다. 1부터 52까지의 숫자는 물론 각 행을 의미하긴 하지만, *cards.csv*를 다른 곳에서 열었을 때 그게 무슨 의미인지 파악하기 쉽지 않다. 대부분의 경우 프로그램은 데이터의 첫 열에 행의 이름이 있다고 가정한다. 사실 이것은 정확하게 *cards.csv*를 다시 열 때 R이 가정하는 내용이다. 만약 R에서 *cards.csv*를 저장하고 다시 읽어 오는 것을 여러 번 반복하면 데이터 프레임 앞쪽에 행 번호가 표시된 열들이 중복되어 나타나는 것을 볼 수 있다. R이 왜 이렇게 하는지 설명할 수는 없지만 이것을 방지하는 방법은 설명할 수 있다. write.csv 함수를 사용할 때마다 row.names = FALSE를 사용하자.

저장된 파일을 압축하거나 다른 형식의 파일로 저장하는 방법을 포함하여, 파일 저장에 대한 더욱 자세한 설명은 부록 D를 참고한다.

수고했다! 이제 가상의 카드 한 벌을 갖게 되었다. 잠깐 숨 좀 돌리고, 이 카드를 사용하는 몇 가지 함수를 만들어 보자.

3.11 마치며

이제 R에서 5가지 서로 다른 객체에 데이터를 저장할 수 있게 되었다. [그림 3-6]에서처럼 서로 다른 자료형의 값들을 다양한 형태로 저장할 수 있다. 이 객체들 가운데 데이터 프레임은 데이터과학에 가장 유용하다. 데이터 프레임은 데이터과학에서 가장 흔히 사용되는 표와 같은 형태의 데이터를 저장할 수 있다.

데이터가 일반 텍스트 파일로 저장되어 있으면 RStudio의 데이터 세트 가져오기 버튼을 눌러 표 데이터를 데이터 프레임으로 불러올 수 있다. 일반 텍스트 파일이라는 요구사항은 생각보다 큰 제약이 아니다. 대부분의 소프트웨어 프로그램은 데이터를 텍스트 파일로 내보낼 수 있다. 따라서 예를 들어 엑셀 파일을 가지고 있다면, 그 데이터를 엑셀에서 열어 R에서 사용되는 CSV 파일로 저장할 수 있다. 사실 원래 프로그램에서 파일을 열어서 일반 텍스트 파일로 저장하는 것이 좋다. 엑셀 파일은 시트와 수식 같은 작업에 도움을 주는 메타 데이터^{metadata}를 사용한다. R은 이 파일에서 원시 데이터를 추출할 수는 있지만 마이크로소프트 엑셀에서 하는 것처럼 잘 되지는 않을 것이다. 엑셀 파일을 변환하는 데 엑셀보다 더 좋은 프로그램은 없다. 마찬가지로 SAS Xport 파일을 변환하는 데 SAS보다 더 좋은 프로그램은 없다.

그림 3-6 R에서 가장 일반적으로 사용되는 데이터 구조는 벡터, 행렬, 배열, 리스트, 데이터 프레임이다.

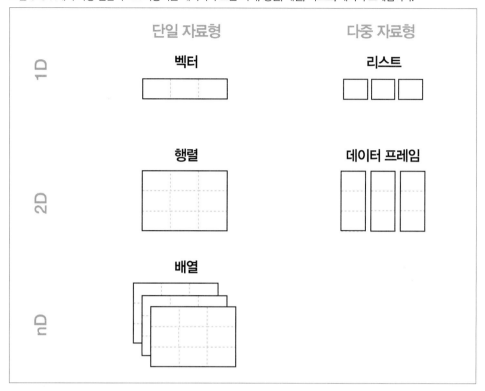

하지만 특정 프로그램용 파일을 찾았지만 그것을 만든 프로그램이 없는 경우가 있을 수 있다. SAS 파일 하나를 열어 보기 위해 몇 천 불이나 되는 SAS 라이선스를 사고 싶지는 않을 것이다. 감사하게도 R은 다른 프로그램과 데이터베이스에서 지원하는 다양한 타입의 파일을 열 수 있다. 물론 R에서만 작업하는 경우를 위해 메모리와 시간을 절약할 수 있는 R 전용 포맷도 있다. R에서 데이터를 불러오고 저장하는 것에 대해 더 자세히 알고 싶다면 부록 D를 참고한다.

4장에서는 이번 장에서 배운 내용을 담금질할 것이다. 여기서 데이터를 저장하는 방법을 배웠다면 4장에서는 저장된 값에 접근하는 방법을 배울 것이다. 또한 카드를 섞고 나눠 주기 위한 두 함수를 작성한다.

## CHAPTER 4

R 표기법

이제 카드가 있으니, 카드게임을 하는 방법이 필요하다. 먼저 게임을 할 때마다 카드를 다시 섞어 줘야 한다. 그리고 다음으로 카드 뭉치에서 카드를 한 장씩(타짜가 아닌 이상 한 번에 한 장씩 맨 위의 카드를) 뽑아서 나눠 줘야 한다.

이를 위해 데이터과학에서 필수라고 할 수 있는 데이터 프레임 안의 개별 값을 다룰 수 있어야 한다. 예를 들어 카드 뭉치의 맨 위 카드를 나눠 주려면 데이터 프레임의 첫 번째 행을 선택하는 함수를 작성해야 한다.

```
> deal(deck)
   face   suit value
   king spades    13
```

R 객체 안의 값을 선택하기 위해서는 R 고유의 표기법을 사용해야 한다.

4.1 값 선택하기

R은 R 객체로부터 값을 추출하는 표기법이 있다. 데이터 프레임에서 한 값 혹은 여러 값을 가져오기 위해 데이터 프레임 이름 다음에 대괄호를 입력한다.

```
> deck[ , ]
```

괄호 사이에는 콤마로 구분된 두 인덱스가 들어간다. 이 인덱스들은 어떤 값을 리턴할지 결정한다. 첫 번째 인덱스는 데이터 프레임의 행을 가리키고, 두 번째 인덱스는 열을 가리킨다.

인덱스를 입력할 때 선택해야 할 것이 있다. R에 인덱스를 적는 6가지 방법이 있고 각각은 조금씩 다르다. 모두 간단하고 사용하기 편하다. 잠깐 알아보자. 다음과 같은 값을 이용해서 인덱스를 만들 수 있다.

- 양의 정수
- 음의 정수
- 숫자 0
- 빈칸
- 논리형 변수
- 이름

이 중에서 가장 간단한 것은 양의 정수를 사용하는 것이다.

4.1.1 양의 정수

R은 양의 정수를 선형대수의 ij 표기법과 같은 방식으로 다룬다. deck[i, j]는 i번째 행과 j번째 열에 위치한 deck의 값을 리턴한다. i와 j는 수학적인 의미에서 그냥 정수면 된다. R에서 숫자형으로 저장될 수 있다.

```
> head(deck)
    face   suit value
1   king spades    13
2  queen spades    12
3   jack spades    11
4    ten spades    10
5   nine spades     9
6  eight spades     8

> deck[1, 1]
[1] "king"
```

하나 이상의 값을 얻으려면 양의 정수 벡터를 사용한다. 예를 들어 deck[1, c(1, 2, 3)] 혹은 deck[1, 1:3]은 첫 번째 행을 모두 가져온다.

```
> deck[1, c(1, 2, 3)]
   face   suit value
1 king spades    13
```

R은 deck의 첫 행에서 첫째, 둘째, 셋째 열의 값을 리턴한다. deck에서 가져왔다고 해서 deck에 있는 값들이 지워지는 것은 아니다. 원래 값들의 복사본을 만들어서 돌려주는 것이다. 이것을 할당 연산자assignment operator를 이용해서 객체에 저장할 수 있다.

```
> new <- deck[1, c(1, 2, 3)]
> new
   face   suit value
1 king spades    13
```

NOTE_ 반복

만약 인덱스에 하나의 숫자를 반복해서 입력하면 해당 값을 여러 번 돌려준다. 아래 코드는 deck의 첫 행을 두 번 돌려준다.

```
> deck[c(1, 1), c(1, 2, 3)]
      face   suit value
1     king spades    13
1.1 king spades    13
```

그림 4-1 R은 선형대수의 ij 표기법을 따른다. 그림에 나오는 명령들은 음영으로 표시된 값들을 돌려준다.

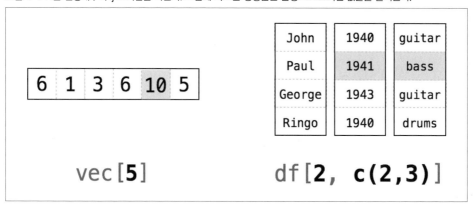

R의 표기법은 데이터 프레임에만 해당되는 것은 아니다. 객체의 각 차원에 대해 하나의 인덱스를 제공한다면 어떤 객체에 있는 값이든 선택할 수 있다. 그러므로 예를 들어 하나의 인덱스로 (일차원) 벡터에서의 부분집합을 얻을 수 있다.

```
> vec <- c(6, 1, 3, 6, 10, 5)
> vec[1:3]
[1] 6 1 3
```

NOTE_ 인덱싱은 1부터 시작한다.

몇몇 프로그래밍 언어에서 인덱싱은 0부터 시작한다. 이것은 0이 벡터의 첫 번째 원소를, 1이 벡터의 두 번째 원소를 돌려준다는 것을 의미한다.

그런데 R은 그렇지 않다. R에서 인덱싱은 선형대수에서 사용되는 인덱싱과 같다. 첫 번째 원소는 1로 인덱싱 된다. 왜 R은 다를까? 아마 수학자들을 위해 처음 사용되었기 때문일 것이다. 선형대수 과목에서 인덱싱을 배운 사람들은 오히려 왜 컴퓨터 프로그래머들이 인덱스를 0부터 시작하는지 궁금해 한다.

NOTE_ drop = FALSE

만약 데이터 프레임에서 두 개 이상의 열을 선택하면 R은 새로운 데이터 프레임을 돌려준다.

```
> deck[1:2, 1:2]
    face   suit
1   king spades
2  queen spades
```

하지만 만약 하나의 열을 선택하면 R은 벡터를 리턴한다.

```
> deck[1:2, 1]
[1]  "king" "queen"
```

만약 이것을 데이터 프레임으로 받고 싶다면 drop = FALSE라는 인수를 추가한다.

```
> deck[1:2, 1, drop = FALSE]
    face
1   king
2  queen
```

이 방법은 행렬이나 배열로부터 한 열을 선택할 때도 적용된다.

4.1.2 음의 정수

인덱싱에서 음의 정수는 양의 정수와 정확히 반대로 동작한다. 해당 인덱스의 원소를 **제외하**고 나머지를 돌려준다. 예를 들어 deck[-1, 1:3]은 deck의 첫 행을 제외한 나머지를 돌려준다. deck[-(2:52), 1:3]은 (나머지는 제외하고) 첫 행만을 불러온다.

```
> deck[-(2:52), 1:3]
   face   suit value
1 king spades    13
```

만약 데이터 프레임의 행 혹은 열 대부분을 선택하고 싶다면 양수보다는 음수를 사용하는 것이 더 효과적이다.

물론 **같은** 인덱스에 양수와 음수를 동시에 사용하면 에러가 발생한다.

```
> deck[c(-1, 1), 1]
다음에 오류가 있습니다 [.default`(xj, i) :
   only 0's may be mixed with negative subscripts
```

하지만 예를 들면 deck[-1, 1]처럼 **서로 다른** 인덱스에는 음수와 양수를 함께 사용할 수 있다.

4.1.3 숫자 0

만약 인덱스로 0을 사용하면 어떻게 될까? 0은 음수도 양수도 아니지만 여전히 사용할 수 있다. 인덱스로 0을 사용하면 아무것도 리턴하지 않는다. 빈 객체를 생성한다.

```
> deck[0, 0]
행의 개수가 0이고 열의 개수가 0인 데이터 프레임입니다
```

솔직히 0을 사용하는 것은 별로 도움이 되지 않는다.

4.1.4 빈칸

어떤 차원에서 **모든** 값을 가져와야 할 때 빈칸을 사용할 수 있다. 한 차원으로 부분집합을 만들 때, 즉 데이터 프레임으로부터 행이나 열 전체를 가져올 때 유용하다.

```
> deck[1, ]
   face   suit value
1 king spades    13
```


4.1.5 논리형 변수

만약 인덱스로 TRUE와 FALSE의 벡터를 사용하면 각 TRUE와 FALSE를 데이터 프레임의 행(혹은

인덱스를 어디에 입력했느냐에 따라 열)과 연결시킨다. [그림 4-2]와 같이 TRUE에 해당하는 각 행을 돌려준다.

데이터 프레임을 보고 R이 사용자에게 '데이터의 *i*번째 행을 원해?'라고 물어본다면 해당 인덱스의 *i*번째 값이 그 대답을 나타낸다. 이 시스템이 작동하기 위해서는 벡터의 길이가 추출하기 원하는 인덱스의 길이와 같아야 한다.

```
> deck[1, c(TRUE, TRUE, FALSE)]
  face   suit
1 king spades

> rows <- c(TRUE, F, F, F, F, F, F, F, F, F, F, F, F, F, F, F, F,
+   F, F, F, F, F, F, F, F, F, F, F, F, F, F, F, F, F, F, F, F, F,
+   F, F, F, F, F, F, F, F, F, F, F, F, F)
> deck[rows, ]
  face   suit value
1 king spades    13
```

그림 4-2 정확히 어떤 값을 추출할지 안 할지 지정하기 위해 TRUE와 FALSE 벡터를 이용할 수 있다. 이 명령은 숫자 1, 6, 5를 리턴할 것이다.

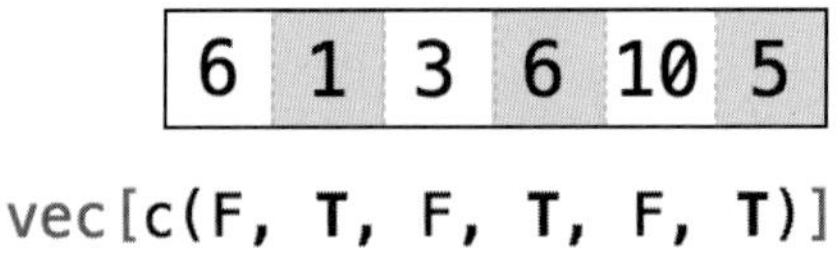

이 시스템은 이상하게 보일 수도 있다. 누가 그 많은 TRUE와 FALSE를 입력하고 싶을까? 그러나 5장에서는 이것이 얼마나 파워풀한지 알게 될 것이다.

4.1.6 이름

마지막으로 객체에 이름 속성이 있다면(3.2.1절 '이름' 참고) 이름을 이용해서 원하는 원소를 불러올 수 있다. 이것은 거의 언제나 열 이름을 갖고 있는 데이터 프레임에서 열을 추출할 때 일반적으로 사용하는 방법이다.

```
> deck[1, c("face", "suit", "value")]
   face   suit value
1 king spades    13

> # 전체 value 열[1]
> deck[ , "value"]
 [1] 13 12 11 10  9  8  7  6  5  4  3  2  1 13 12 11 10  9  8
[20]  7  6  5  4  3  2  1 13 12 11 10  9  8  7  6  5  4  3  2
[39]  1 13 12 11 10  9  8  7  6  5  4  3  2  1
```

4.2 카드 나눠 주기

R의 기본적인 표기법을 익혔으니, 이제 어떻게 사용하는지 알아보자.

연습문제

데이터 프레임의 첫 행을 돌려주는 코드를 완성하라.

```
> deal <- function(cards) {
+    # ?
+ }
```

데이터 프레임의 첫 행을 돌려주는 deal 함수를 만드는 데 어떤 방법을 사용해도 좋다. 나는 가장 이해하기 쉽다고 생각되는 양의 정수와 빈칸을 사용할 것이다.

```
> deal <- function(cards) {
+    cards[1, ]
+ }
```

함수는 정확히 원하는 일을 한다. 데이터 세트로부터 가장 위의 카드를 돌려준다. 하지만 deal 함수를 계속 반복해서 수행해 보면 그리 만족스럽지 않다.

----

1 저자주_ R에서는 해시 태그 표시 #을 특별하게 인식한다. R에서는 각 줄에서 # 표시 이후에 있는 내용은 실행하지 않는다. 해시 태그는 설명이나 주석을 추가하는 데 아주 유용하다. 사람들은 설명을 읽을 수 있지만 컴퓨터는 무시하고 지나가는 것이다. 코드 주석에 대해서는 7.5절에서 설명한다.

```
> deal(deck)
  face    suit value
1 king spades     13

> deal(deck)
  face    suit value
1 king spades     13

> deal(deck)
  face    suit value
1 king spades     13
```

항상 같은 스페이드 킹 카드만 돌려준다. 왜냐하면 deck 함수는 그 카드를 이미 나눠 줬다는 사실을 모르기 때문이다. 다시 말해, 나눠 줬더라도 항상 카드 더미의 맨 위에 그대로 있는 것이다. 이것은 아직 해결하기 어려운 문제다. 6장에서 다루게 될 것이다. 그때까지 매번 나눠 줄 때마다 카드를 섞어서 문제를 해결할 수 있다. 이렇게 하면 이제 맨 위에 항상 새로운 카드가 오게 된다.

물론 섞는 방법은 임시방편이다. 이렇게 한다고 해서 실제 카드 한 벌을 가지고 게임할 때와 동일한 상황을 만들 수는 없다. 예를 들어 스페이드 킹이 두 번 나올 확률도 여전히 남아 있는 것이다. 하지만 뭐 그렇게 나쁘다고만 볼 수는 없다. 대부분의 카지노에서는 카드게임을 위해 카드 5벌 혹은 6벌을 한 번에 사용한다. 이런 상황과 어느 정도 비슷하다고 할 수 있다.

4.3 카드 섞기

실제 카드를 섞을 때, 우리는 카드의 순서를 랜덤하게 재배치한다. 가상의 카드에서 각 낱장의 카드는 데이터 프레임의 각 행에 해당한다. 카드를 섞으려면 이 행들을 랜덤하게 재배치해야 한다. 할 수 있을까? 물론 할 수 있다! 우리는 그렇게 하기 위해 필요한 모든 것을 이미 알고 있다.

소용없어 보일지도 모르겠지만, 그냥 모든 행을 추출해 보자.

```
> deck2 <- deck[1:52, ]

> head(deck2)
   face    suit value
1  king spades     13
2 queen spades     12
```

```
3  jack spades    11
4   ten spades    10
5  nine spades     9
6 eight spades     8
```

뭔가 얻었나? 순서에 전혀 변화가 없는 새 데이터 프레임을 얻었다. 다른 순서로 행을 추출하면
어떨까? 예를 들어 두 번째 행이 첫 번째 행보다 먼저 나오도록 하고, 나머지 행은 그대로 둔다.

```
> deck3 <- deck[c(2, 1, 3:52), ]

> head(deck3)
   face  suit value
2 queen spades    12
1  king spades    13
3  jack spades    11
4   ten spades    10
5  nine spades     9
6 eight spades     8
```

뭐 돌아가긴 했다. 원하는 순서대로 된 것을 확인할 수 있다. 이 행들이 랜덤한 순서로 나오게 하
려면 1부터 52까지의 정수를 랜덤하게 정렬한 다음에 그것을 행의 인덱스로 넣어 주면 된다.
그렇다면 어떻게 정수의 랜덤 정렬을 만들 수 있을까? 이제 익숙해진 sample 함수를 사용하면
된다.

```
> random <- sample(1:52, size = 52)
> random
 [1] 35 28 39  9 18 29 26 45 47 48 23 22 21 16 32 38  1 15 20
[20] 11  2  4 14 49 34 25  8  6 10 41 46 17 33  5  7 44  3 27
[39] 50 12 51 40 52 24 19 13 42 37 43 36 31 30

> deck4 <- deck[random, ]
> head(deck4)
    face     suit value
35  five diamonds     5
28 queen diamonds    12
39   ace diamonds     1
9   five   spades     5
18  nine    clubs     9
29  jack diamonds    11
```

이제 정말 잘 섞인 새로운 세트를 얻었다. 이러한 과정을 함수 안에 잘 넣으면 끝이다.

연습문제

이런 아이디어를 바탕으로 shuffle이라는 함수를 만들어 보자. shuffle 함수는 데이터 프레임을 받아서 이 데이터 프레임을 잘 섞은 복사본을 돌려준다.

shuffle 함수는 다음과 같다.

```
> shuffle <- function(cards) {
+   random <- sample(1:52, size = 52)
+   cards[random, ]
+ }
```

잘했다! 이제 나눠 줄 때마다 카드를 섞을 수 있다.

```
> deal(deck)
  face   suit value
1 king spades   13

> deck2 <- shuffle(deck)

> deal(deck2)
   face  suit value
16 jack clubs   11
```

4.4 달러 기호와 이중 괄호

R 객체 가운데 두 가지 타입은 추가적으로 또 다른 표기법을 따른다. 데이터 프레임과 리스트의 경우 $ 기호를 이용해서 값을 가져올 수 있다. R 프로그래밍을 하다 보면 $ 기호를 계속 만나게 되는데 어떻게 작동하는지 알아보자.

데이터 프레임으로부터 열을 선택하려면 데이터 프레임 이름과 열 이름을 $ 기호로 구분하여 적어 주면 된다. 이때 열 이름에 따옴표를 붙이지 않는다.

```
> deck$value
 [1] 13 12 11 10  9  8  7  6  5  4  3  2  1 13 12 11 10  9  8  7
[21]  6  5  4  3  2  1 13 12 11 10  9  8  7  6  5  4  3  2  1 13
[41] 12 11 10  9  8  7  6  5  4  3  2  1
```

R은 해당 열의 모든 값을 하나의 벡터로 돌려준다. 보통 데이터 프레임은 열마다 데이터 세트에서 공통된 자료형의 변숫값들을 저장하기 때문에 $ 표기법은 믿을 수 없을 정도로 유용하다. 때때로 변수에 있는 값에 대해 mean 혹은 median과 같은 함수를 실행해야 할 때가 있다. 이 함수들은 입력으로 벡터를 기대한다. 그리고 deck$value는 이러한 형식에 딱 맞는 데이터를 전달해 준다.

```
> mean(deck$value)
[1] 7

> median(deck$value)
[1] 7
```

같은 $ 표기법은 이름 속성을 갖고 있는 리스트의 원소에도 적용할 수 있다. 이 표기법은 리스트에도 역시 효과적이다. 만약 일반적인 방법으로 리스트의 부분집합을 가져오면 R은 여러분이 요청한 원소들을 갖는 **새로운** 리스트를 돌려준다. 하나의 원소를 요청하는 경우에도 마찬가지다.

이를 확인하기 위해 리스트를 하나 만들어 보자.

```
> lst <- list(numbers = c(1, 2), logical = TRUE, strings = c("a", "b", "c"))
> lst
$numbers
[1] 1 2

$logical
[1] TRUE

$strings
[1] "a" "b" "c"
```

그리고 원소 하나를 서브세팅하자.[2]

```
> lst[1]
$numbers
[1] 1 2
```

결과적으로 한 원소를 갖는 더 작은 **리스트**를 얻는다. 원소는 c(1, 2) 벡터다. 하지만 대부분의 R 함수는 리스트로 작업하지 않기 때문에 짜증이 날 수도 있다. 예를 들어 sum(lst[1])과 같이 하면 에러가 발생한다. 만약 일단 벡터를 리스트에 넣고 나서 리스트 밖으로 다시 가져올 수 없다면 정말 끔찍할 것이다.

----

2 역자주_ R 객체의 원소, 혹은 행이나 열의 부분집합을 원하는 대로 추출하는 것을 서브세팅(subsetting)이라고 한다.

```
> sum(lst[1])
## 다음에 오류가 있습니다 sum(lst[1]) : 인수의 'type' (list)이 올바르지 않습니다
```

$ 기호를 이용하면 리스트 구조가 아닌 안에 들어 있는 값 자체를 돌려준다.

```
> lst$numbers
[1] 1 2
```

이 결과는 바로 함수에 적용 가능하다.

```
> sum(lst$numbers)
[1] 3
```

만약 리스트의 원소들이 이름을 갖고 있지 않다면(혹은 이름을 사용하고 싶지 않다면), 이중 대괄호를 사용하면 된다. 이 표기법은 $ 기호를 사용하는 것과 같은 일을 한다.

```
> lst[[1]]
[1] 1 2
```

다시 말해, 단일 대괄호를 사용하면 부분적인 리스트를 돌려받게 되지만, 이중 대괄호를 사용하면 리스트 원소 안의 값을 그대로 돌려받게 된다. 이러한 특징은 R의 모든 인덱싱 방법과 함께 적용된다.

```
> lst["numbers"]
$numbers
[1] 1 2
```

```
> lst[["numbers"]]
[1] 1 2
```

이 차이는 별거 아니지만 참 중요하다. [그림 4-3]은 R 사용자들 사이에서 이것을 이해하는 데 널리 알려진 효과적인 방법이다. 각 리스트는 기차, 각 원소는 객차라고 상상하자. 단일 대괄호를 사용하는 것은 객차를 선택하고 새 기차에 해당 객차를 붙여서 돌려주는 것과 같다. 각 객차는 내용물을 보관하고는 있지만 여전히 이것들은 기차(즉, 리스트) 안에 있다. 이중 대괄호를 사용하는 것은 실제로 객차를 떼어내고 그 안에 있는 내용물을 돌려주는 것을 의미한다.

그림 4-3 리스트를 기차라고 생각하면 도움이 된다. 객차를 선택하려면 단일 대괄호를 사용하고, 객차 안의 내용을 선택하려면 이중 대괄호를 사용한다.

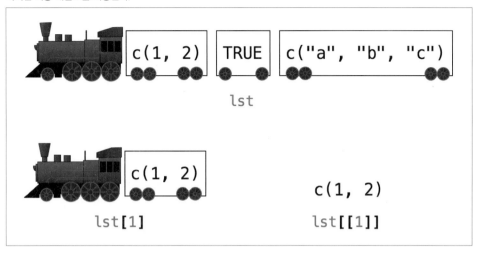

R에 저장된 값을 가져오는 데 전문가가 되었으니 이번 장에서 배운 것을 정리해 보자.

4.5 마치며

4장에서는 R에 저장된 값을 접근하는 방법을 배웠다. 이제 데이터 프레임 안에 있는 값을 복사하고 새로운 연산에 복사한 값을 사용할 수 있게 되었다.

정확히는, 어떤 R 객체에 있는 값에도 접근할 수 있는 R 표기법을 배웠다. 이를 위해 객체 이름 뒤에 대괄호와 인덱스를 적어 준다. 만약 객체가 벡터와 같이 일차원이라면 인덱스 하나만 입력하면 된다. 하지만 데이터 프레임과 같은 2차원일 경우에는 콤마로 구분된 두 개의 인덱스를 입력해야 한다. 그리고 n차원인 경우에는 콤마로 구분된 n개의 인덱스를 입력해야 한다.

5장에서는 데이터 프레임 안에 저장된 실제 값을 변경하는 방법을 배울 것이다. 데이터를 완벽하게 다루기 위한 특별한 방법까지 담고 있다. 데이터를 컴퓨터에 저장하고, 원하는 대로 불러오고, 이 값들을 가지고 정확한 연산을 수행할 수 있다.

너무 기본적인 것 아니냐고? 뭐 그럴지도 모른다. 하지만 효과적인 데이터과학을 위한 파워풀하고 필수적인 내용이다. 모든 것을 외울 필요도 없고, 암산을 틀리지는 않을까 걱정할 필요도 없다. 이런 기본적인 내용은, 3부에서 다룰 효과적인 R 프로그래밍을 위한 전제 조건이다.

## CHAPTER 5

데이터 수정하기

가상의 카드 한 벌을 가지고 게임할 준비가 되었는가? 아직 서두르지 말자! 아직 카드게임에 따라 점수를 계산하는 부분이 없다. 예를 들어 워게임이나 포커에서는 보통 에이스가 킹보다 점수가 높다. 1이 아닌 14점을 갖는다.

이번에는 3가지 게임(워게임, 하트게임, 블랙잭)에 맞는 3가지 점수 시스템을 만들어 보자. 각 게임에서 데이터 세트의 값을 수정하는 방법에 대해 서로 다른 부분을 배울 것이다. deck의 복사본을 만드는 것부터 시작해 보자. 다시 시작할 때는 항상 deck의 원본과 같은 복사본을 만들어야 한다.

```
> deck2 <- deck
```

5.1 제자리에서 값 변경하기

R 객체 안의 값을 고치기 위해 R 표기법을 이용할 수 있다. 먼저 수정하기 원하는 값(혹은 값들)을 선택하자. 그리고 값을 덮어 쓰기 위해 할당 연산자 <-를 사용한다. **원래 객체**에서 선택한 값이 업데이트된다. 실제 예제를 통해 알아보자.

```
> vec <- c(0, 0, 0, 0, 0, 0)
> vec
[1] 0 0 0 0 0 0
```

여기서 vec의 첫 번째 값을 선택할 수 있다.

```
> vec[1]
[1] 0
```

그리고 그것을 아래와 같이 바꿀 수 있다.

```
> vec[1] <- 1000
> vec
[1] 1000    0    0    0    0    0
```

선택한 값의 개수와 새로운 값의 개수가 같다면, 한 번에 여러 값을 수정할 수도 있다.

```
> vec[c(1, 3, 5)] <- c(1, 1, 1)
> vec
[1] 1 0 1 0 1 0
```

```
> vec[4:6] <- vec[4:6] + 1
> vec
[1] 1 0 1 1 2 1
```

물론 아직 객체에 존재하지 않는 값을 생성할 수도 있다. R에서는 새 값을 저장하기 위해 객체의 크기를 늘린다.

```
> vec[7] <- 0
> vec
[1] 1 0 1 1 2 1 0
```

이것은 데이터 세트에 새 변수를 추가하는 훌륭한 방법이다.

```
> deck2$new <- 1:52
> head(deck2)
   face   suit value  new
1  king spades    13    1
2 queen spades    12    2
3  jack spades    11    3
4   ten spades    10    4
5  nine spades     9    5
6 eight spades     8    6
```

데이터 프레임의 열에 NULL을 할당하면 열 자체(혹은 리스트의 원소)를 지울 수도 있다.

```
> deck2$new <- NULL
```

```
> head(deck2)
   face   suit value
1  king spades    13
2 queen spades    12
3  jack spades    11
4   ten spades    10
5  nine spades     9
6 eight spades     8
```

워게임에서는 (비유적으로 말하자면) 에이스가 왕이다. 모든 카드 중에서 가장 높은 값(예를 들면 14)을 받는다. 다른 카드는 deck에 들어 있는 값만큼의 가치를 갖는다. 워게임을 위해서는 에이스의 값을 1에서 14로 바꿔 주기만 하면 된다.

카드를 섞지 않았다면 에이스가 어디에 있는지 이미 알고 있다. 매 13번째 카드에 위치한다. 따라서 R 표기법으로 에이스를 지정할 수 있다.

```
> deck2[c(13, 26, 39, 52), ]
   face     suit value
13  ace   spades     1
26  ace    clubs     1
39  ace diamonds     1
52  ace   hearts     1
```

deck2의 열을 서브세팅하면 에이스의 값들을 가져올 수 있다. 아니면 더 쉽게 deck2$value를 통해서 할 수도 있다.

```
> deck2[c(13, 26, 39, 52), 3]
[1] 1 1 1 1

> deck2$value[c(13, 26, 39, 52)]
[1] 1 1 1 1
```

이제 할 일은 이 값을 새로운 값으로 바꾸는 것이다. 새로운 값의 개수는 교체할 값의 개수와 같아야 한다. 따라서 에이스값에 c(14, 14, 14, 14)를 저장할 수도 있고 그냥 14를 저장하고 순환 규칙에 의해 14가 c(14, 14, 14, 14)가 되게 해도 된다.

```
> deck2$value[c(13, 26, 39, 52)] <- c(14, 14, 14, 14)
```

또는

```
> deck2$value[c(13, 26, 39, 52)] <- 14
```

지정한 위치에 해당하는 값이 바뀐 것을 볼 수 있다. deck2의 수정된 **복사본**이 아니라 새로운 값이 deck2 안에 나타나게 된다.

```
> head(deck2, 13)
     face   suit value
1    king spades   13
2   queen spades   12
3    jack spades   11
4     ten spades   10
5    nine spades    9
6   eight spades    8
7   seven spades    7
8     six spades    6
9    five spades    5
10   four spades    4
11  three spades    3
12    two spades    2
13    ace spades   14
```

이 같은 방법은 벡터, 행렬, 배열, 리스트, 데이터 프레임 모두에 적용된다. R 표기법으로 변경하고 싶은 값을 선정하고, 할당 연산자로 값을 할당하기만 하면 된다.

각 에이스가 어디에 있는지 정확히 알고 있기 때문에 예제에서는 아주 쉽게 이것을 할 수 있었다. 카드가 순서대로 정렬되어 있었고 에이스는 매 13번째 행에 있었다.

하지만 카드가 이미 섞여 있다면? 모든 카드를 살펴보고 에이스가 어디에 있는지 확인해야 하는데 이건 너무 지루한 일이다. 만약 데이터 프레임이 더 크다면 불가능할지도 모른다.

```
> deck3 <- shuffle(deck)
```

에이스는 지금 어디에 있을까?

```
> head(deck3)
      face     suit value
15   queen    clubs   12
14    king    clubs   13
13     ace   spades    1  # 에이스
18    nine    clubs    9
7    seven   spades    7
28   queen diamonds   12
```

R에 에이스를 찾아 달라고 부탁하면 어떨까? 이것은 논리 서브세팅^{logical subsetting}을 통해 가능하

다. 논리 서브세팅은 주어진 데이터 세트 안에서 R 객체값을 추출, 수정, 혹은 찾아서 없애는 방법을 제공한다.

5.2 논리 서브세팅

'논리형 변수'(4.1.5절 참조)라는 R의 논리형 인덱스 시스템을 기억하는가? 기억을 되살려보면, TRUE와 FALSE로 이루어진 벡터로 값을 선택할 수 있었다. 그 벡터는 원하는 부분집합과 크기가 같아야 했다. R은 TRUE에 해당하는 원소들을 리턴한다.

```
> vec
[1] 1 0 1 1 2 1 0

> vec[c(FALSE, FALSE, FALSE, FALSE, TRUE, FALSE, FALSE)]
[1] 2
```

얼핏 이 시스템은 별로 실용적이지 않아 보인다. 누가 TRUE와 FALSE의 이 긴 벡터를 일일이 입력하고 싶어 할까? 하지만 그럴 필요가 없다. 논리 연산을 통해 간단히 TRUE와 FALSE의 벡터를 생성할 수 있기 때문이다.

5.2.1 논리 테스트

논리 테스트란 '1이 2보다 작은가?'(1 < 2) 혹은 '3이 4보다 큰가?'(3 > 4)와 같은 일종의 비교다. [표 5-1]에서 보는 것과 같이 비교를 위해 7가지 논리 연산자를 사용할 수 있다.

표 5-1 논리 연산자

연산자	문법	테스트
>	a > b	a가 b보다 큰가?
>=	a >= b	a가 b보다 크거나 같은가?
<	a < b	a가 b보다 작은가?
<=	a <= b	a가 b보다 작거나 같은가?
==	a == b	a가 b와 같은가?
!=	a != b	a가 b와 같지 않은가?
%in%	a %in% c(a, b, c)	a가 그룹 c(a, b, c)에 포함되는가?

각 연산자는 TRUE 혹은 FALSE를 돌려준다. 만약 벡터에 비교 연산자를 사용한다면 사칙 연산자와 같이 원소 단위로 비교하게 된다.

```
> 1 > 2
[1] FALSE

> 1 > c(0, 1, 2)
[1]  TRUE FALSE FALSE

> c(1, 2, 3) == c(3, 2, 1)
[1] FALSE  TRUE FALSE
```

%in%는 유일하게 원소 단위 수행을 하지 않는 연산자다. %in%는 오른쪽 벡터에 왼쪽 값(들)이 포함되는지 물어본다. 만약 왼쪽에 벡터가 온다면, 왼쪽 벡터의 원소와 오른쪽 벡터 안의 원소를 서로 짝지어 원소별로 테스트를 하는 것이 아니다. 대신에 %in%는 왼쪽 벡터의 값이 오른쪽 벡터 **어딘가에** 있는지 없는지 독립적으로 테스트한다.

```
> 1 %in% c(3, 4, 5)
[1] FALSE

> c(1, 2) %in% c(3, 4, 5)
[1] FALSE FALSE

> c(1, 2, 3) %in% c(3, 4, 5)
[1] FALSE FALSE  TRUE

> c(1, 2, 3, 4) %in% c(3, 4, 5)
[1] FALSE FALSE  TRUE  TRUE
```

같다는 표시가 두 개 들어간 == 표시는 서로 동일한지 테스트하는 것이고, = 표시는 <- 표시와 같은 의미다. 이것을 깜박하고 a와 b가 같은지 테스트하기 위해 a = b를 사용하곤 한다. 불행하게도 곤경에 빠질 것이다. TRUE나 FALSE를 돌려주지 않는다. 그럴 필요가 없기 때문이다. 왜냐하면 여러분은 단지 a <- b와 같은 코드를 실행했기 때문이다. 결국 a는 b와 같게 된다.

> **CAUTION_ =은 할당 연산자**
>
> = 와 == 표시를 혼동하지 않도록 주의하자. = 는 <- 와 같은 것이고 객체에 값을 할당하는 것이다.

논리 연산자로 어떤 두 객체든 서로 비교할 수 있다. 하지만 논리 연산자는 데이터가 서로 같은 자료형을 가질 때 가장 이상적이다. 만약 서로 다른 자료형의 객체를 비교하면 비교하기 전에 한쪽 객체를 다른 쪽 객체와 같은 자료형이 되도록 강제 변환한다.

연습문제

deck2의 face 열을 추출해서 각 값이 ace와 같은지 테스트하라. 여유가 된다면 ace가 몇 장 있는지도 세어 보라.

R의 $ 표기법으로 face 열을 가져올 수 있다.

```
> deck2$face
 [1] "king"  "queen" "jack"  "ten"   "nine"
 [6] "eight" "seven" "six"   "five"  "four"
[11] "three" "two"   "ace"   "king"  "queen"
[16] "jack"  "ten"   "nine"  "eight" "seven"
[21] "six"   "five"  "four"  "three" "two"
[26] "ace"   "king"  "queen" "jack"  "ten"
[31] "nine"  "eight" "seven" "six"   "five"
[36] "four"  "three" "two"   "ace"   "king"
[41] "queen" "jack"  "ten"   "nine"  "eight"
[46] "seven" "six"   "five"  "four"  "three"
[51] "two"   "ace"
```

그리고 ace를 갖는지 테스트하기 위해 == 연산자를 사용할 수 있다. 다음 코드에서 deck2$face의 각 값을 "ace"와 개별적으로 비교하는 순환 규칙을 사용할 것이다. 따옴표가 중요하다는 것을 잊지 말자. 이대로 하면 deck2$face의 원소들과 비교를 통해 ace라는 이름을 가진 객체를 찾아낸다.

```
> deck2$face == "ace"
 [1] FALSE FALSE FALSE FALSE FALSE FALSE FALSE
 [8] FALSE FALSE FALSE FALSE FALSE  TRUE FALSE
[15] FALSE FALSE FALSE FALSE FALSE FALSE FALSE
[22] FALSE FALSE FALSE FALSE  TRUE FALSE FALSE
[29] FALSE FALSE FALSE FALSE FALSE FALSE FALSE
[36] FALSE FALSE FALSE  TRUE FALSE FALSE FALSE
[43] FALSE FALSE FALSE FALSE FALSE FALSE FALSE
[50] FALSE FALSE  TRUE
```

이 벡터에서 TRUE의 개수를 빠르게 세기 위해 sum 함수를 사용하자. R에서 연산을 할 때 논리형은 숫자형으로 강제 변환된다는 것을 기억하자. TRUE는 1로, FALSE는 0으로 바뀐다. 결과적으로 sum 함수는 TRUE의 개수를 돌려준다.

```
> sum(deck2$face == "ace")
[1] 4
```

비록 카드가 섞여 있다 해도, 카드 뭉치에서 에이스가 어디에 있는지 파악하고 바꾸는 데 이 방법을 사용할 수 있다. 먼저, 섞인 카드에서 에이스를 골라내기 위한 논리 테스트를 만들자.

```
> deck3$face == "ace"
```

그리고 에이스 점수값을 뽑아내자. 테스트가 돌려주는 논리형 벡터를 인덱스로 사용할 수 있다.

```
> deck3$value[deck3$face == "ace"]
[1] 1 1 1 1
```

마지막으로 deck3에서 변경할 에이스값을 할당하자.

```
> deck3$value[deck3$face == "ace"] <- 14

> head(deck3)
     face    suit value
15  queen   clubs    12
14   king   clubs    13
13    ace  spades    14   # 에이스
18   nine   clubs     9
7   seven  spades     7
28  queen diamonds   12
```

종합해 보면, 객체 안에서 값을 선택하기 위해 논리 테스트를 사용할 수 있다.

논리 서브세팅 기술을 통해 데이터 세트에서 개별적인 값을 빠르게 골라내고 수정하는 것이 가능하기 때문에 매우 파워풀하다. 논리 서브세팅을 이용하면 값이 데이터 세트의 **어디에** 있는지 알 필요가 없다. 단지 논리 테스트로 해당 값을 어떻게 지정할 것인지만 알면 된다.

논리 서브세팅은 R이 최고로 꼽는 것들 중 하나다. 사실 이것은 10장에서 공부할, 빠르고 효과적으로 R 코드를 작성하기 위한 코딩 스타일인 벡터화된 프로그래밍의 핵심 요소다.

새로운 하트게임에 사용할 논리 서브세팅을 만들자. 하트게임에서는 하트 카드와 스페이드의 퀸을 제외한 모든 카드가 0의 값을 갖는다.

```
> deck4 <- deck
> deck4$value <- 0

> head(deck4, 13)
     face    suit value
1    king  spades     0
2   queen  spades     0
3    jack  spades     0
4     ten  spades     0
5    nine  spades     0
6   eight  spades     0
7   seven  spades     0
8     six  spades     0
9    five  spades     0
10   four  spades     0
11  three  spades     0
12    two  spades     0
13    ace  spades     0
```

하트 모양의 카드는 1을 갖는다. 이 카드를 찾아서 값을 바꿀 수 있을까? 한 번 해 보자.

연습문제

deck4에서 모든 하트 카드에 1의 값을 할당하라.

이를 위해 먼저 hearts에 해당하는 카드인지 알아보자.

```
> deck4$suit == "hearts"
 [1] FALSE FALSE FALSE FALSE FALSE FALSE FALSE
 [8] FALSE FALSE FALSE FALSE FALSE FALSE FALSE
[15] FALSE FALSE FALSE FALSE FALSE FALSE FALSE
[22] FALSE FALSE FALSE FALSE FALSE FALSE FALSE
[29] FALSE FALSE FALSE FALSE FALSE FALSE FALSE
[36] FALSE FALSE FALSE FALSE  TRUE  TRUE  TRUE
[43]  TRUE  TRUE  TRUE  TRUE  TRUE  TRUE  TRUE
[50]  TRUE  TRUE  TRUE
```

그리고 논리 테스트를 이용해서 이 카드들의 값을 선택하자.

```
> deck4$value[deck4$suit == "hearts"]
[1] 0 0 0 0 0 0 0 0 0 0 0 0 0
```

마지막으로 이 값에 새로운 숫자를 할당하자.

```
> deck4$value[deck4$suit == "hearts"] <- 1
```

이제 hearts 카드는 모두 업데이트되었다.

```
> deck4$value[deck4$suit == "hearts"]
 [1] 1 1 1 1 1 1 1 1 1 1 1 1 1
```

하트게임에서 스페이드의 퀸은 가장 특별한 값을 갖는다. 13점을 갖는다. 값을 바꾸는 것은 쉬울지 몰라도 이 카드를 찾는 것은 생각보다 어렵다. 아래와 같이 모든 queen 카드를 찾을 수 있다.

```
> deck4[deck4$face == "queen", ]
      face     suit value
 2  queen   spades     0
15  queen    clubs     0
28  queen diamonds     0
41  queen   hearts     1
```

하지만 나머지 세 장은 사실 필요가 없다. 다른 한편으로 spades에 해당하는 카드를 모두 찾을 수 있다.

```
> deck4[deck4$suit == "spades", ]
      face   suit value
1     king spades     0
2    queen spades     0
3     jack spades     0
4      ten spades     0
5     nine spades     0
6    eight spades     0
7    seven spades     0
8      six spades     0
9     five spades     0
10    four spades     0
11   three spades     0
12     two spades     0
13     ace spades     0
```

하지만 마찬가지로 나머지 12장의 카드는 사실 필요가 없다. 정말 찾고 싶은 것은 스페이드이면서 동시에 퀸인 카드다. **불린 연산자**boolean operator로 이것을 할 수 있다. 불린 연산자는 여러 논리 테스트를 하나로 만들 수 있다.

5.2.2 불린 연산자

불린 연산자는 and(&)와 or(|) 같은 것이다. 이를 통해 여러 논리 테스트를 하나로 합칠 수 있다. [표 5-2]에서 보듯이 6개의 연산자가 있다.

표 5-2 R의 불린 연산자

연산자	문법	테스트
&	cond1 & cond2	cond1과 cond2가 모두 참인가?
		cond1	cond2	cond1 혹은 cond2 둘 중 하나 이상이 참인가?
xor	xor(cond1, cond2)	cond1과 cond2 둘 중 정확히 하나만 참인가?
!	!cond1	cond1이 거짓인가? (!은 논리 연산 결과를 뒤집는다.)
any	any(cond1, cond2, cond3, ...)	조건들 중 하나 이상이 참인가?
all	all(cond1, cond2, cond3, ...)	조건들 모두 참인가?

불린 연산자를 사용하기 위해 연산자를 두 개의 **완전한** 논리 테스트 사이에 넣자. R은 각 논리 테스트를 수행하고 나서 각 결과를 서로 결합하여 [그림 5-1]과 같이 TRUE 혹은 FALSE 중 하나의 결과를 돌려준다.

> **CAUTION_ 불린 연산자를 사용할 때 자주 범하는 실수**
>
> 불린 연산자의 양쪽에 완전한 논리 테스트를 넣어야 한다는 것을 잊지 말자. 대화를 할 때는 'x는 3보다 크고 9보다는 작은가?'라고 효과적으로 말할 수 있다. 하지만 R에서는 'x는 2보다 크고 또한 x는 9보다 작은가?'라고 말해야 한다. [그림 5-1]을 참고하라.

그림 5-1 R은 먼저 불린 연산자의 양쪽에 있는 논리 테스트를 평가한 다음에 그 두 결과를 하나의 TRUE 혹은 FALSE로 통합한다. 왼쪽 그림처럼 연산자 양쪽에 완전한 논리 테스트가 오지 않으면 오른쪽 그림처럼 에러가 발생한다.

벡터를 사용할 때 불린 연산자는 사칙 연산이나 논리 연산을 할 때처럼 원소 단위의 실행을 따른다.

```
> a <- c(1, 2, 3)
> b <- c(1, 2, 3)
> c <- c(1, 2, 4)

> a == b
[1] TRUE TRUE TRUE

> b == c
[1] TRUE  TRUE FALSE

> a == b & b == c
[1] TRUE  TRUE FALSE
```

불린 연산자를 사용해서 카드에 스페이드 퀸이 어디에 있는지 찾을 수 있을까? 물론 할 수 있다. 각 카드가 퀸이면서 스페이드인지 테스트해 보면 된다. 아래와 같이 작성할 수 있다.

```
> deck4$face == "queen" & deck4$suit == "spades"
 [1] FALSE  TRUE FALSE FALSE FALSE FALSE FALSE
 [8] FALSE FALSE FALSE FALSE FALSE FALSE FALSE
[15] FALSE FALSE FALSE FALSE FALSE FALSE FALSE
[22] FALSE FALSE FALSE FALSE FALSE FALSE FALSE
[29] FALSE FALSE FALSE FALSE FALSE FALSE FALSE
[36] FALSE FALSE FALSE FALSE FALSE FALSE FALSE
[43] FALSE FALSE FALSE FALSE FALSE FALSE FALSE
[50] FALSE FALSE FALSE
```

이 테스트 결과를 객체에 저장하자. 그러면 이 결과를 쉽게 사용할 수 있다.

```
> queenOfSpades <- deck4$face == "queen" & deck4$suit == "spades"
```

다음으로 스페이드 퀸의 값을 선택하기 위해 위 테스트를 인덱스로 사용할 수 있다. 실제로 정확한 값을 선택하는 것을 볼 수 있다.

```
> deck4[queenOfSpades, ]
    face   suit value
2 queen spades     0

> deck4$value[queenOfSpades]
[1] 0
```

이제 스페이드 퀸을 찾았고 그 값을 업데이트할 수 있게 되었다.

```
> deck4$value[queenOfSpades] <- 13

> deck4[queenOfSpades, ]
    face   suit value
2 queen spades    13
```

하트게임을 할 준비가 끝났다.

연습문제

만약 다음과 같은 논리 테스트를 한다고 생각하고, 이 문장들을 R 코드로 작성된 표현식으로 변
환해 보라. 편의를 위해 문장 아래에 답을 테스트할 때 예제로 사용할 R 객체들(w, x, y, z)을 정
의해 놓았다.

- w는 양수인가?
- x는 10보다 크고 20보다 작은가?
- y 객체는 단어 February를 말하나?
- z에서 **모든** 값은 요일을 말하나?

```
> w <- c(-1, 0, 1)
> x <- c(5, 15)
> y <- "February"
> z <- c("Monday", "Tuesday", "Friday")
```

여기 모범 답안이 있다. 만약 어렵다면 R이 불린값을 사용하는 논리 테스트를 어떻게 평가하는지
다시 읽어보기 바란다.

```
> w > 0
> 10 < x & x < 20
> y == "February"
> all(z %in% c("Monday", "Tuesday", "Wednesday", "Thursday", "Friday",
+    "Saturday", "Sunday"))
```

이제 마지막으로 블랙잭에 대해 알아보자. 블랙잭에서는 카드의 각 숫자가 그 카드의 점수와 같
다. 얼굴이 있는 카드(킹, 퀸, 잭)는 10점을 갖는다. 마지막으로 각 에이스는 게임의 마지막 결과
에 따라 11점 혹은 1점을 갖는다.

deck을 그대로 복사해 오는 것으로 시작하자. 카드의 숫자가 고치기 전의 값을 갖도록 한다.

```
> deck5 <- deck

> head(deck5, 13)
      face   suit value
1     king spades    13
2    queen spades    12
3     jack spades    11
4      ten spades    10
5     nine spades     9
6    eight spades     8
7    seven spades     7
8      six spades     6
9     five spades     5
10    four spades     4
11   three spades     3
12     two spades     2
13     ace spades     1
```

%in%를 사용해서 단번에 얼굴 카드의 값들을 바꿀 수 있다.

```
> facecard <- deck5$face %in% c("king", "queen", "jack")

> deck5[facecard, ]
     face     suit value
1    king    spades    13
2   queen    spades    12
3    jack    spades    11
14   king     clubs    13
15  queen     clubs    12
16   jack     clubs    11
27   king  diamonds    13
28  queen  diamonds    12
29   jack  diamonds    11
40   king    hearts    13
41  queen    hearts    12
42   jack    hearts    11

> deck5$value[facecard] <- 10

> head(deck5, 13)
     face   suit value
1    king spades    10
2   queen spades    10
```

```
3    jack spades    10
4     ten spades    10
5    nine spades     9
6   eight spades     8
7   seven spades     7
8     six spades     6
9    five spades     5
10   four spades     4
11  three spades     3
12    two spades     2
13    ace spades     1
```

이제 에이스값을 조정하기만 하면 된다. 과연 그럴까? 경우에 따라 정확한 점수가 달라지기 때문에 에이스에 어떤 값을 정해 주기가 어렵다. 각자가 카드를 모두 받은 다음에, 카드의 합이 21을 넘지 않으면 에이스는 11이 된다. 그렇지 않으면 에이스는 1이 된다. 에이스의 실제값은 현재 손에 있는 다른 카드에 따라 바뀔 수 있다. 이것은 정보에 결측^{missing}이 있는 경우다. 지금 에이스 카드의 정확한 점수를 할당하기에는 정보가 충분하지 않다는 것을 의미한다.

5.3 결측 정보

결측 정보 문제는 데이터과학에서 항상 일어난다. 이유는 간단하다. 측정값이 손실되었거나 왜곡되었거나 아예 없었기 때문에 값을 모르는 것이다. R은 이런 결측값을 다루는 방법을 제공한다.

NA는 R에서 특별한 기호다. 이것은 '사용할 수 없다'는 것을 의미하고 정보를 손실했다는 것을 의미한다. R에서 NA는 정확히 결측값을 의미한다. 예를 들어 결측값에 1을 더하면 어떤 결과가 나올까?

```
> 1 + NA
[1] NA
```

R은 다시 결측값을 돌려준다. 1 + NA = 1이라고 말하는 것은 맞지 않다. 왜냐하면 결측값이 0이 아닐 가능성도 있기 때문이다. 결과를 내기에는 정보가 부족한 것이다.

만약 결측값이 1과 같은지 테스트하면 어떻게 될까?

```
> NA == 1
[1] NA
```

또 다시 '이게 1과 같은지 잘 모르겠다'는 대답을 얻게 된다. 일반적으로 NA는 어떤 R 연산자나 함수를 사용해도 NA가 나온다. 결측값 때문에 에러가 나지는 않는다.

5.3.1 na.rm

결측값은 데이터 세트에서 구멍을 피하면서 일할 수 있게 도와주지만 심각한 문제를 유발하기도 한다. 예를 들어 관측값에 대해 mean 함수로 평균을 구하려 한다고 가정하자. 이때 관측값 중 하나라도 NA라면 결과는 NA가 된다.

```
> c(NA, 1:50)
 [1] NA  1  2  3  4  5  6  7  8  9 10 11 12 13 14 15 16
[18] 17 18 19 20 21 22 23 24 25 26 27 28 29 30 31 32 33
[35] 34 35 36 37 38 39 40 41 42 43 44 45 46 47 48 49 50

> mean(c(NA, 1:50))
[1] NA
```

당연히 우리는 다른 동작을 원한다. 대부분의 R 함수는 'NA를 삭제한다NA remove'라는 의미를 지닌 na.rm이라는 인수를 가지고 있다. na.rm = TRUE를 추가하고 함수를 실행하면 NA를 무시한다.

```
> mean(c(NA, 1:50), na.rm = TRUE)
[1] 25.5
```

5.3.2 is.na

가끔 데이터 세트에 NA가 있는지 논리 테스트로 찾아보고 싶을 때가 있지만 문제가 생긴다. 어떻게 하면 될까? 결측값이 있다면 어떤 조건식이든 NA를 돌려줄 것이다. 심지어 다음과 같은 경우도 말이다.

```
> NA == NA
[1] NA
```

다시 말해, 이런 것은 결측값을 찾는 데 도움이 되지 않는다.

```
> c(1, 2, 3, NA) == NA
[1] NA NA NA NA
```

하지만 너무 걱정하지 마라. R은 어떤 값이 NA인지 테스트하는 특별한 함수를 제공한다. 그 함수의 이름은 말 그대로 is.na다.

```
> is.na(NA)
[1] TRUE

> vec <- c(1, 2, 3, NA)
> is.na(vec)
[1] FALSE FALSE FALSE  TRUE
```

에이스값을 NA로 설정하자. 이를 통해 다음 두 가지가 해결된다. 첫째, 각 에이스의 마지막 값을 아직 모른다는 사실을 상기시킨다. 둘째, 에이스의 마지막 값이 정해지기 전에 실수로 점수 계산을 하는 것을 방지한다.

에이스값에 숫자를 할당할 때와 같이 NA를 지정한다.

```
> deck5$value[deck5$face == "ace"] <- NA

> head(deck5, 13)
     face   suit value
1    king spades    10
2   queen spades    10
3    jack spades    10
4     ten spades    10
5    nine spades     9
6   eight spades     8
7   seven spades     7
8     six spades     6
9    five spades     5
10   four spades     4
11  three spades     3
12    two spades     2
13    ace spades    NA
```

축하한다! 이제 블랙잭 게임을 할 준비가 되었다.

5.4 마치며

할당 연산자인 <- 와 R 표기법을 함께 사용하면 R 객체 안의 값을 수정할 수 있다. 이는 데이터를 업데이트하고 데이터 세트를 정리하는 데 도움이 된다.

큰 데이터 세트를 다룰 때, 값을 수정하고 불러오는 것은 어떤 논리적인 문제를 불러온다. 어떻게 수정하거나 추출하려는 값을 찾을 수 있을까? R 사용자라면 논리 서브세팅을 사용할 수 있다. 논리 연산자와 불린 연산자로 논리 테스트를 만들고 R의 대괄호 표기법에 인덱스로 이 조건식을 사용하자. 값이 어디에 있는지 정확히는 몰라도 R은 찾고 있는 값을 돌려줄 것이다.

R 프로그래밍에서 개별 값을 불러오는 것만이 다는 아니다. 전체 데이터 세트 자체를 가져와야 할 때도 있다. 예를 들어 함수에서 하나의 데이터 세트를 호출하기도 한다. 6장에서는 환경시스템에서 데이터 세트와 다른 R 객체를 어떻게 찾고 저장하는지 알아볼 것이다. 그리고 배운 것을 토대로 deal과 shuffle 함수를 수정할 것이다.

## CHAPTER 6

환경

여러분의 카드는 이제 블랙잭(혹은 하트게임이나 워게임)을 할 수 있는 준비가 되었지만 shuffle과 deal 함수는 아직 만족할 만한 수준이 아니다. 예를 들면 deal 함수는 실행할 때마다 같은 카드만 나눠 준다.

```
> deal(deck)
   face    suit value
1 king spades    13

> deal(deck)
   face    suit value
1 king spades    13

> deal(deck)
   face    suit value
1 king spades    13
```

게다가 shuffle 함수는 실제 deck을 섞지 않는다(섞여 있는 deck의 복사본을 돌려줄 뿐이다). 다시 말해, 이 두 함수는 deck을 사용하고는 있지만 어느 것도 deck을 건드리지 않는다.

이 함수들을 고치려면 deck과 같은 객체를 저장하고 검색하고 직접 다루는 방법을 배워야 한다. R은 환경시스템의 도움으로 이 모든 것을 할 수 있다.

6.1 환경

잠시 컴퓨터가 어떻게 파일을 저장하는지 생각해 보자. 모든 파일은 폴더에 저장되고 각 폴더는 계층적 파일시스템에 따라 또 다른 폴더에 저장된다. 컴퓨터에서 파일을 열려면 먼저 이 파일시스템에서 파일을 찾아야 한다.

탐색기 창을 열어 파일시스템을 볼 수 있다. [그림 6-1]은 컴퓨터의 파일시스템 일부를 보여 준다. 상당히 많은 폴더가 있다. 그중 *Documents* 하위 폴더가 있다. 하위 폴더에는 *ggsubplot*이라는 하위 폴더가 있고, 그 안에 *inst*라는 하위 폴더, 그리고 그 안에 *doc*라는 하위 폴더, 그 안에 *manual.pdf*라는 파일이 들어 있다.

그림 6-1 컴퓨터는 파일을 폴더와 하위 폴더의 계층 구조로 관리한다. 파일을 보려면 이 파일시스템에서 어디에 저장되어 있는지 찾아야 한다.

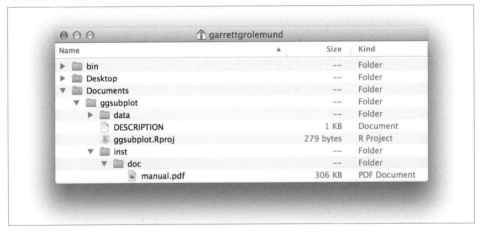

R은 R 객체를 저장하기 위해 비슷한 개념을 사용한다. 각 객체는 환경 안에 저장되고 이 환경이라는 것은 컴퓨터에서 폴더와 같은 개념의 리스트 형태의 객체라고 볼 수 있다. 각 환경은 상위 라벨의 **부모 환경**과 연결되고 이런 식으로 계층 구조를 이룬다.

devtools 패키지에서 parenvs 함수로 R의 환경시스템을 볼 수 있다. parenvs(all = TRUE)는 R 세션이 사용 중인 환경 리스트를 돌려준다. 실제 출력은 불러온 패키지에 따라 세션마다 달라진다. 다음은 현재 세션에서의 출력을 보여 준다.

```
> library(devtools)
> parenvs(all = TRUE)
```

```
      label                                 name
1   <environment: R_GlobalEnv>            ""
2   <environment: package:devtools>       "package:devtools"
3   <environment: 0x7fff3321c388>         "tools:rstudio"
4   <environment: package:stats>          "package:stats"
5   <environment: package:graphics>       "package:graphics"
6   <environment: package:grDevices>      "package:grDevices"
7   <environment: package:utils>          "package:utils"
8   <environment: package:datasets>       "package:datasets"
9   <environment: package:methods>        "package:methods"
10  <environment: 0x7fff3193dab0>         "Autoloads"
11  <environment: base>                   ""
12  <environment: R_EmptyEnv>             ""
```

이 출력을 이해하기 위해 약간의 상상력을 동원해 보자. 이 환경을 폴더 시스템으로 생각하라. 그러면 [그림 6-2]와 같은 환경 트리를 생각할 수 있다. 가장 하위 라벨의 환경은 R_GlobalEnv고 package:devtools라는 이름의 환경 안에 저장되어 있다. 이건 다시 0x7fff3321c388 안에 저장된다. 이런 식으로, 최상위 라벨의 환경은 R_EmptyEnv가 된다. R_EmptyEnv가 유일하게 부모 환경을 갖지 않는 R 환경이다.

그림 6-2 R은 컴퓨터의 폴더 시스템과 닮은 환경 트리에 R 객체들을 저장하고 있다.

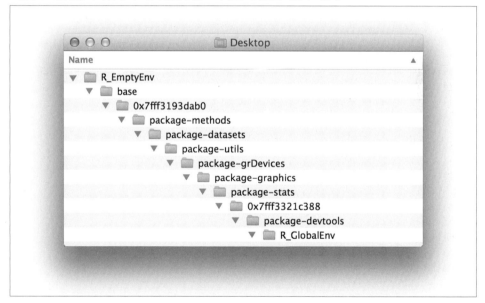

이 예제는 단지 비유라는 점을 기억하자. R의 환경은 실제 파일시스템이 아닌 메모리에 존재한다. 또한 엄밀히 말하면 R 환경은 서로 안에 저장되지 않는다. 각 환경은 부모 환경에 연결되고 R 환경 트리 위쪽으로의 검색을 쉽게 만들어 준다. 하지만 이러한 연결은 한 방향이다. 한 환경을 보고 그것의 하위 자식들이 무엇인지 알 방법은 없다. 따라서 R 환경 트리를 아래 방향으로는 검색할 수 없다. 그럼에도 불구하고, R의 환경시스템은 여전히 파일시스템과 비슷하다.

6.2 환경 다루기

R은 환경 트리를 탐색하는 데 사용할 수 있는 도움말 함수를 제공한다. 첫째, as.environment 함수를 이용해서 트리 안의 아무 환경이나 참조할 수 있다. as.environment는 환경 이름(문자열)을 받아서 해당 환경을 돌려준다.

```
> as.environment("package:stats")
<environment: package:stats>
attr(,"name")
[1] "package:stats"
attr(,"path")
[1] "/Library/Frameworks/R.framework/Versions/3.0/Resources/library/stats"
```

다음 세 가지 환경은 자신만의 접근 함수를 가지고 있다. 이들은 전역 환경global environment(R_GlobalEnv), 기본 환경base environment(base), 그리고 빈 환경empty environment(R_EmptyEnv)이다. 이들은 다음과 같이 조회할 수 있다.

```
> globalenv()
<environment: R_GlobalEnv>

> baseenv()
<environment: base>

> emptyenv()
<environment: R_EmptyEnv>
```

그리고 parent.env로 부모 환경을 찾아볼 수 있다.

```
> parent.env(globalenv())
<environment: package:devtools>
```

```
attr(,"name")
[1] "package:devtools"
attr(,"path")
[1] "/Library/Frameworks/R.framework/Versions/3.0/Resources/library/devtools"
```

빈 환경은 부모가 없는 유일한 R 환경이다.

```
> parent.env(emptyenv())
다음에 오류가 있습니다 parent.env(emptyenv()) :
   비어 있는 인바이런먼트는 모체를 가지지 않습니다
```

ls 혹은 ls.str로 환경에 저장된 객체를 볼 수 있다. ls는 객체 이름을 리턴하지만 ls.str은 각 객체의 구조를 살짝 보여 준다.

```
> ls(emptyenv())
character(0)

> ls(globalenv())
 [1] "deal"     "deck"     "deck2"    "deck3"    "deck4"    "deck5"
 [7] "die"      "gender"   "hand"     "lst"      "mat"      "mil"
[13] "new"      "now"      "shuffle"  "vec"
```

말 그대로, 빈 환경은 비어 있다. 기본 환경은 여기서 모두 열거하기에는 너무 많은 객체를 가지고 있다. 그리고 전역 환경은 친숙한 것들을 가지고 있다. 여기에 우리가 지금까지 만든 모든 객체가 저장되어 있다.

> **NOTE_** RStudio의 환경 창은 전역 환경 내의 모든 객체를 보여 준다.

특정 환경에서 객체를 불러오기 위해 R의 $ 표기법을 사용할 수 있다. 예를 들어 전역 환경에서 deck을 불러올 수 있다.

```
> head(globalenv()$deck, 3)
   face   suit value
1  king spades    13
2 queen spades    12
3  jack spades    11
```

그리고 특별한 환경에 객체를 저장하기 위해 assign 함수를 사용할 수 있다. 먼저, assign 함수에 새로운 객체의 이름(문자열)을 넣고, 새 객체의 값을 넣고, 마지막으로 객체를 저장할 환경을 넣는다.

```
> assign("new", "Hello Global", envir = globalenv())

> globalenv()$new
[1] "Hello Global"
```

assign은 <-와 비슷하게 작동한다. 주어진 환경에 주어진 이름의 객체가 이미 존재한다면 덮어써도 되는지 묻지 않고 바로 덮어쓴다. assign은 객체를 업데이트하는 데는 유용하지만 이것 때문에 속병이 생길지도 모른다.

R 환경 트리를 탐색할 수 있게 되었으니 이제 어떻게 사용하는지 살펴보자. R은 객체를 찾아보고 저장하고 함수를 실행하는 데 이 환경 트리를 밀접하게 사용한다. R이 이러한 작업을 어떻게 수행하는지는 현재의 동작 환경에 달려 있다.

6.2.1 동작 환경

매순간 R은 어떤 하나의 환경과 긴밀하게 연결되어 작동한다. R은 이 환경에 새 객체를 저장할 것이다(만약 어떤 것을 만들었다면). 그리고 존재하는 객체를 찾아보기 위한 출발점으로 이 환경을 사용할 것이다(만약 어떤 것을 호출했다면). 이런 특별한 환경을 **동작 환경**active environment이라고 부른다. 동작 환경은 일반적으로 전역 환경이지만, 함수를 실행할 때는 바뀐다.

현재의 동작 환경을 보려면 environment 함수를 사용한다.

```
> environment()
<environment: R_GlobalEnv>
```

전역 환경은 R에서 특별한 역할을 담당한다. 이것은 명령행에서 실행하는 모든 명령을 위한 동작 환경이 된다. 결과적으로 명령행에서 만든 모든 객체는 전역 환경에 저장된다. 전역 환경을 사용자 작업 공간user workspace이라고 생각할 수 있다.

명령행에서 객체를 호출하면 R은 먼저 전역 환경에서 해당 객체를 찾는다. 하지만 객체가 거기에 없다면? 이런 경우 R은 객체를 찾는 몇 가지 규칙을 따른다.

6.3 스코핑 규칙

R은 객체를 찾는 특별한 규칙을 따른다. 이 규칙을 스코핑 규칙scoping rule이라고 한다. 우린 이미 두 가지를 알아봤다.

1. R은 객체를 현재의 동작 환경에서 찾는다.
2. 명령행에서 작업할 경우, 동작 환경은 전역 환경이다. 따라서 R은 명령행에서 호출한 객체를 전역 환경에서 찾는다.

다음은 동작 환경에 없는 객체를 어떻게 찾는지 설명하는 세 번째 규칙이다.

3. R이 어떤 환경에서 객체를 찾지 못할 경우, 객체를 찾을 때까지(또는 빈 환경에 도달할 때까지) 그 환경의 부모 환경을, 그리고 또 그 부모의 부모 환경을 계속해서 찾는다.

따라서 만약 명령행에서 어떤 객체를 호출하면 R은 그것을 전역 환경에서 찾는다. 만약 거기서 해당 객체를 발견하지 못하면 R은 전역 환경의 부모로 가서 찾고, 그 부모의 부모, 이런 식으로 해당 객체를 찾을 때까지 [그림 6-3]과 같이 환경 트리를 올라가면서 찾는다. R이 어떤 환경에서도 그 객체를 발견하지 못하면, 그 객체를 찾을 수 없다는 에러를 내보낸다.

그림 6-3 R은 전역 환경이 동작 환경인 상황에서 이름으로 객체를 검색한다. 거기서 찾지 못하면, 객체를 찾거나 환경이 끝날 때까지 동작 환경의 부모, 그리고 그 부모의 부모를 계속해서 검색한다.

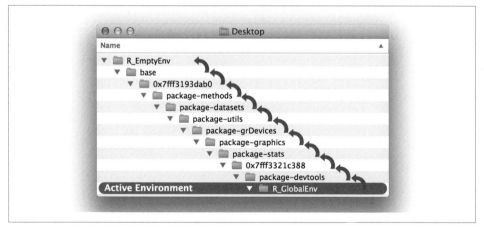

NOTE_ R에서 함수는 일종의 객체라는 사실을 기억하자. R은 다른 객체를 저장하고 찾는 방법과 마찬가지 방법으로 환경 트리에서 이름으로 해당 함수를 검색함으로써 함수를 저장하고 찾는다.

6.4 할당

객체에 값을 할당하면 R은 그 값을 동작 환경 내에서 객체 이름에 저장한다. 만약 이미 같은 이름을 갖는 객체가 동작 환경에 존재한다면 그것을 덮어쓴다.

예를 들어 new라는 이름의 객체가 전역 환경에 존재한다고 하자.

```
> new
[1] "Hello Global"
```

다음과 같은 명령으로 전역 환경에 new라는 이름의 새 객체를 저장하면 R은 이전 객체를 덮어쓰게 된다.

```
> new <- "Hello Active"
```

```
> new
[1] "Hello Active"
```

이런 특징은 R이 함수를 실행할 때마다 곤란한 상황을 만든다. 많은 함수는 작업을 수행하면서 임시로 사용한 객체들을 저장한다. 예를 들어 1부에서 다룬 roll 함수는 die라는 이름의 객체와 dice라는 이름의 객체를 저장한다.

```
> roll <- function() {
+     die <- 1:6
+     dice <- sample(die, size = 2, replace = TRUE)
+     sum(dice)
+ }
```

R은 이런 임시 객체들을 동작 환경에 저장해야 한다. 하지만 R이 그렇게 하면, 이미 존재하는 객체들을 덮어쓰게 된다. 함수를 작성하는 사람은 여러분의 동작 환경에 어떤 이름의 객체가 존재하는지 알 수 없다. R은 이런 위험을 어떻게 해결할까? 함수를 사용할 때마다 함수를 실행하는 새로운 동작 환경을 만들면 된다.

6.5 실행

R은 함수를 실행할 때마다 새로운 환경을 만든다. 함수를 실행하는 동안에만 이 새로 만든 환경을 동작 환경으로 사용한다. 그리고 함수의 결과를 돌려준 뒤에는 함수를 호출했던 환경으로 다시 돌아간다. 함수를 실행하는 순간에 실시간으로 만들어지기 때문에 이러한 새로운 환경을 **런타임 환경**runtime environment이라고 부른다.

R의 런타임 환경이 어떻게 생겼는지 알아보자. 런타임 환경을 탐색하려면 아래 함수를 사용한다. 부모 환경이 무엇이며 그 안에 어떤 객체가 들어 있을까? show_env 함수는 이런 것들을 알려준다.

```
> show_env <- function(){
+   list(ran.in = environment(),
+     parent = parent.env(environment()),
+     objects = ls.str(environment()))
+ }
```

show_env는 그 자체가 함수이기 때문에 show_env( )라고 호출하면 함수를 실행할 런타임 환경을 만든다. show_env의 결과는 런타임 환경과 그것의 부모 환경의 이름을 알려 주고 어떤 객체를 저장하고 있는지 알려 준다.

```
> show_env()
$ran.in
<environment: 0x7ff711d12e28>

$parent
<environment: R_GlobalEnv>

$objects
```

결과적으로 show_env( ) 함수를 실행하기 위해 0x7ff711d12e28이라는 이름의 새로운 환경이 만들어진 것을 알 수 있다. 환경에는 아무런 객체가 없고 부모 환경은 전역 환경이다. show_env를 실행하면 환경 트리가 [그림 6-4]처럼 보인다.

그림 6-4 R은 show_env 함수를 수행하기 위한 새로운 환경을 생성한다. 이 환경은 전역 환경의 하위에 있다.

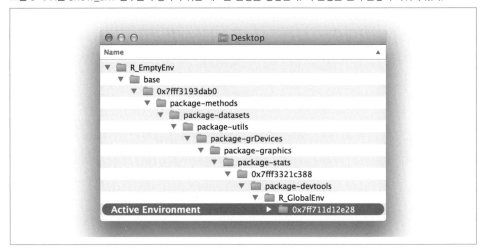

show_env를 다시 실행해 보자.

```
> show_env()
$ran.in
<environment: 0x7ff715f49808>

$parent
<environment: R_GlobalEnv>

$objects
```

이번에는 0x7ff715f49808이라는 새로운 환경에서 실행된다. R은 함수를 실행할 때마다 새로운 환경을 생성한다. 0x7ff715f49808 환경은 0x7ff711d12e28 환경과 완전 일치한다. 똑같이 비어 있고 전역 환경을 부모 환경으로 갖는다.

R은 런타임 환경의 부모 환경으로 어떤 환경을 사용하는지 생각해 보자.

R은 어떤 함수의 런타임 환경을 **처음 생성된** 함수의 환경과 연결시킨다. 이 환경은 함수의 수명에 중요한 역할을 한다. 왜냐하면 모든 함수의 런타임 환경은 그것을 부모로 사용하기 때문이다. 이 환경을 **근원 환경**origin environment이라고 한다. 함수에 대해 environment 명령을 수행하여 함수의 근원 환경이 무엇인지 확인할 수 있다.

```
> environment(show_env)
<environment: R_GlobalEnv>
```

show_env의 근원 환경은 전역 환경이다. 왜냐하면 show_env 함수를 명령행에서 만들었기 때문이다. 하지만 근원 환경이 꼭 전역 환경일 필요는 없다. 예를 들어 parenvs의 환경은 devtools 패키지다.

```
> environment(parenvs)
<environment: namespace:devtools>
```

다시 말해, 런타임 환경의 부모가 항상 전역 환경은 아니다. 런타임 환경의 부모는 그 함수가 처음 생성된 환경이다.

마지막으로 런타임 환경에 포함된 객체를 살펴보자. 지금은 show_env의 런타임 환경에 어떤 객체도 들어 있지 않지만 쉽게 고칠 수 있다. show_env 함수의 코드 안에 임의의 객체를 만들어 보자. R은 show_env에서 생성된 객체를 런타임 환경에 저장할 것이다. 런타임 환경은 이 객체가 만들어질 때 동작 환경이 되기 때문이다.

```
> show_env <- function(){
+    a <- 1
+    b <- 2
+    c <- 3
+    list(ran.in = environment(),
+      parent = parent.env(environment()),
+      objects = ls.str(environment()))
+ }
```

이제 show_env를 실행하면 R은 런타임 환경에 a, b, c를 저장한다.

```
> show_env()
$ran.in
<environment: 0x7ff712312cd0>

$parent
<environment: R_GlobalEnv>

$objects
a : num 1
b : num 2
c : num 3
```

함수는 어떤 것도 덮어쓰지 않는다는 것을 확인할 수 있다. 함수에 의해 생성된 객체는 외딴 곳에 떨어진 런타임 환경에 안전하게 저장되기 때문이다.

또한 R은 런타임 환경에 두 번째 유형의 객체를 저장한다. 만약 함수가 인수를 갖는 경우, R은 각 인수를 런타임 환경에 복사해 넣는다. 이 인수는 해당 이름에 사용자가 입력한 값을 할당받은 객체로 나타난다. 이를 통해 함수는 인수를 찾고 사용할 수 있게 된다.

```
> foo <- "take me to your runtime"

> show_env <- function(x = foo){
+    list(ran.in = environment(),
+       parent = parent.env(environment()),
+       objects = ls.str(environment()))
+ }

> show_env()
$ran.in
<environment: 0x7ff712398958>

$parent
<environment: R_GlobalEnv>

$objects
x :  chr "take me to your runtime"
```

앞서 배운 내용들을 종합하여 R이 어떻게 함수를 실행하는지 알아보자. 함수를 호출하기 전에 R은 동작 환경에서 작업하고 있다. 이것을 **호출 환경**^{calling environment}이라고 하자. 해당 함수를 호출한 환경이다.

이제 함수를 호출하자. 그러면 R은 새로운 런타임 환경을 마련한다. 이 환경은 함수의 근원 환경의 자식이 된다. R은 각 함수의 인수를 런타임 환경으로 복사하고 런타임 환경을 새로운 동작 환경으로 만든다.

다음으로 R은 함수 안의 코드를 실행한다. 만약 이 코드가 어떤 객체를 생성한다면, R은 그것을 동작 환경, 즉 런타임 환경에 저장한다. 만약 이 코드가 어떤 객체를 호출한다면 R은 그것을 찾기 위해 스코핑 규칙을 사용한다. R은 먼저 런타임 환경을 찾아보고, 그 다음에는 (근원 환경이 되는) 런타임 환경의 부모를, 그리고 근원 환경의 부모를... 이런 식으로 위로 찾아간다. 호출 환경은 검색 경로상에는 나타나지 않는다. 일반적으로 함수는 그것의 인수를 호출하고 R은 동작 런타임 환경에서 인수를 찾을 수 있다.

마지막으로 R은 함수의 수행을 마친다. 이제 동작 환경을 다시 호출 환경으로 돌려놓는다. 그리고 함수를 호출한 코드의 다른 명령을 수행한다. 만약 함수의 결과를 객체에 <-를 사용해서 저장하면 새로운 객체는 호출 환경에 저장된다.

정리해 보면, R은 객체를 환경시스템에 저장한다. R은 항상 하나의 동작 환경에서 작업한다. 이 환경에 새로운 객체를 저장하고, 이미 존재하는 객체를 검색할 때 이 환경을 시작점으로 사용한다. R의 동작 환경은 일반적으로 전역 환경이다. 하지만 R은 함수를 안전한 방법으로 수행하기 위해 동작 환경을 조정한다.

이러한 내용으로 deal과 shuffle 함수를 어떻게 고칠 수 있을까?

먼저, 몸풀기 문제부터 시작하자. 명령행에서 deal을 아래와 같이 다시 정의했다고 가정하자.

```
> deal <- function() {
+   deck[1, ]
+ }
```

deal은 더 이상 인수를 갖지 않고 전역 환경에 살아 있는 deck 객체를 호출한다.

연습문제

R은 deal()과 같이 deal의 새로운 버전을 호출할 때 deck을 찾아서 정확한 답을 돌려줄 수 있을까?

그렇다. deal은 여전히 이전과 같이 작동할 것이다. R은 전역 환경의 자식인 런타임 환경에서 deal을 수행할 것이다. 왜 전역 환경의 자식이 될까? 전역 환경이 deal의 근원 환경이기 때문이다(우리는 deal을 전역 환경에 정의했다).

```
> environment(deal)
<environment: R_GlobalEnv>
```

deal이 deck을 호출할 때 R은 deck 객체를 찾아야 한다. R의 스코핑 규칙은 [그림 6-5]와 같이 전역 환경의 해당 deck을 가리킬 것이다. deal은 결과적으로 예상한 대로 작동한다.

```
> deal()
  face   suit value
1 king spades   13
```

그림 6-5 R은 deal의 런타임 환경의 부모에서 deck을 발견한다. 부모는 deal의 근원 환경인 전역 환경이다. 여기서 R은 deck의 복사본을 찾는다.

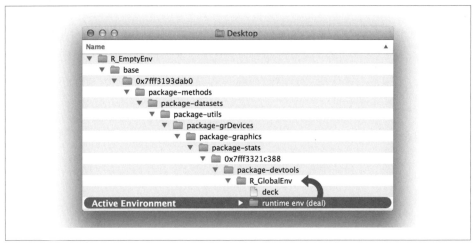

이제 deck에서 이미 나눠 준 카드를 삭제하도록 deal 함수를 고쳐보자. deal 함수는 deck의 맨 위에 있는 카드를 나눠 주고 그 카드를 지우지 않았다는 것을 기억하자. 결과적으로 deal은 항상 같은 카드를 나눠 주게 된다.

```
> deal()
  face   suit value
1 king spades    13

> deal()
  face   suit value
1 king spades    13
```

우리는 deck의 맨 위 카드를 삭제하기 위한 R 문법은 충분히 알고 있다. 다음 코드는 deck의 원본을 복사하고 상위 카드를 삭제한다.

```
> DECK <- deck

> deck <- deck[-1, ]

> head(deck, 3)
   face   suit value
2 queen spades    12
3  jack spades    11
4   ten spades    10
```

이제 deal에 코드를 추가해 보자. 여기서 deal은 deck의 맨 위 카드를 저장한다(그리고 돌려준다). 중간에 deck으로부터 카드를 삭제했다. 하지만 정말 삭제되었을까?

```
> deal <- function() {
+   card <- deck[1, ]
+   deck <- deck[-1, ]
+   card
+ }
```

이 코드는 제대로 작동하지 않는다. 왜냐하면 R은 deck <- deck[-1,]을 수행할 때 런타임 환경에 있기 때문이다. deck의 전역 복사본을 deck[-1,]로 덮어쓰는 대신, [그림 6-6]에서처럼 deal은 그것의 런타임 환경에 deck의 살짝 바뀐 복사본을 생성한다.

그림 6-6 deal 함수는 deck을 전역 환경에서 찾는다. 하지만 런타임 환경에서 deck이라는 이름을 갖는 새로운 객체에 deck[-1,]을 저장한다.

연습문제

deal에서 deck[-1,]을 전역 환경에 있는 deck이라는 객체에 할당하기 위해 deck <- deck[-1,]이라는 부분을 수정해 보라. 힌트: assign 함수를 고려한다.

assign 함수를 사용해서 특정 환경에 어떤 객체를 할당할 수 있다.

```
> deal <- function() {
+   card <- deck[1, ]
+   assign("deck", deck[-1, ], envir = globalenv())
+   card
+ }
```

이제 deal 함수는 전역 환경에 있는 deck을 지우고 실제처럼 카드를 나눠 줄 수 있다.

```
> deal()
   face   suit value
2 queen spades    12

> deal()
  face   suit value
3 jack spades    11

> deal()
  face  suit value
4  ten spades    10
```

다음으로 shuffle 함수를 살펴보자.

```
> shuffle <- function(cards) {
+   random <- sample(1:52, size = 52)
+   cards[random, ]
+ }
```

shuffle(deck)은 deck 객체를 섞지 않는다. deck 객체의 섞여 있는 복사본을 돌려줄 뿐이다.

```
> head(deck, 3)
   face  suit value
5  nine spades     9
6 eight spades     8
7 seven spades     7

> a <- shuffle(deck)

> head(deck, 3)
   face  suit value
5  nine spades     9
6 eight spades     8
7 seven spades     7
```

```
> head(a, 3)
     face     suit value
39    ace diamonds     1
20  seven    clubs     7
25    two    clubs     2
```

이것은 두 가지 측면에서 별로 바람직하지 않다. 첫째, shuffle은 deck을 섞는 데 실패한다. 둘째, shuffle은 deck의 복사본을 돌려주는데, 이렇게 하면 나눠 준 카드를 잃어버린다. 만약 shuffle 함수가 나눠 준 카드를 돌려받으면 섞는 것이 좋을 것이다. 이게 실제 카드게임에서 카드를 섞을 때 일어나는 일이니까 말이다.

연습문제

전역 환경에 살아 있는 deck을 원본 DECK의 섞인 버전으로 대체하도록 shuffle을 다시 작성하라. 새로 수정한 shuffle은 인수도 필요 없고 출력도 필요 없어야 한다.

---

deck을 업데이트할 때와 같은 방법으로 shuffle을 업데이트할 수 있다. 아래 새로 작성한 코드는 원하는 대로 동작할 것이다.

```
> shuffle <- function(){
+   random <- sample(1:52, size = 52)
+   assign("deck", DECK[random, ], envir = globalenv())
+ }
```

DECK은 shuffle과 같이 전역 환경에 있기 때문에, shuffle 함수는 런타임 환경에서 DECK을 찾을 수 있다. 처음에는 shuffle의 런타임 환경에서 DECK을 찾고, 그 다음에는 DECK이 저장되어 있는 shuffle의 근원 환경, 즉 전역 환경에서 찾을 것이다.

shuffle의 둘째 줄은 DECK의 재배치된 복사본을 생성하고 그것을 전역 환경에 deck으로 저장한다. 이것은 이전의 섞이지 않은 deck을 덮어쓸 것이다.

6.6 클로저

드디어 시스템이 작동한다. 이제 카드를 섞고 블랙잭을 하기 위해 카드 패를 나눠 줄 수 있다.

```
> shuffle()

> deal()
    face   suit value
41 queen hearts    12

> deal()
    face   suit value
45 eight hearts     8
```

하지만 이를 위해 deck과 DECK 모두 전역 환경에 존재해야 한다. 이 환경에서는 여러 가지 작업이 벌어지고 deck이 잘못해서 바뀌거나 지워질 가능성이 있다.

만약 deck을, R이 함수를 실행하기 위해 안전한 환경을 만드는 것처럼, 멀찌감치 안전한 곳에 저장할 수 있다면 참 좋을 것이다. 사실 deck을 런타임 환경에 저장하는 것은 그렇게 나쁜 생각이 아니다.

deck을 인수로 받고 DECK처럼 deck의 복사본을 저장하는 함수를 생성할 수 있다. 함수는 역시 deal과 shuffle의 복사본을 저장할 수 있다.

```
> setup <- function(deck) {
+   DECK <- deck
+
+   DEAL <- function() {
+     card <- deck[1, ]
+     assign("deck", deck[-1, ], envir = globalenv())
+     card
+   }
+
+   SHUFFLE <- function(){
+     random <- sample(1:52, size = 52)
+     assign("deck", DECK[random, ], envir = globalenv())
+   }
+ }
```

setup 함수를 실행할 때 R은 이 객체들을 저장할 런타임 환경을 생성한다. 이 환경은 [그림 6-7]과 같다.

그림 6-7 setup 함수를 실행하면 deck과 DECK을 멀리 떨어진 안전한 곳에 저장하게 되고 DEAL과 SHUFFLE 함수를 생성한다. 각 객체는 부모가 전역인 환경에 저장된다.

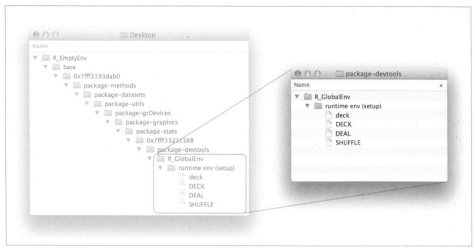

이제 이런 것들은 전역 환경의 자식에, 즉 멀리 안전한 곳에 있다.[1] 안전하기는 하지만 사용하기는 어렵게 되었다. setup 함수에 DEAL과 SHUFFLE을 돌려주도록 하면 그들을 사용할 수 있다. 이를 위한 가장 좋은 방법은 함수를 리스트로 돌려주는 것이다.

```
> setup <- function(deck) {
+   DECK <- deck
+
+   DEAL <- function() {
+     card <- deck[1, ]
+     assign("deck", deck[-1, ], envir = globalenv())
+     card
+   }
+
+   SHUFFLE <- function(){
+     random <- sample(1:52, size = 52)
+     assign("deck", DECK[random, ], envir = globalenv())
+   }
+
+   list(deal = DEAL, shuffle = SHUFFLE)
+ }

> cards <- setup(deck)
```

---

1 역자주_ R의 환경 시스템에서는 아래 방향으로 갈 수가 없기 때문에 비록 바로 아래 자식이라 할지라도 멀다고 표현할 수 있다.

전역 환경의 전용 객체에 리스트의 각 원소를 저장할 수 있다.

```
> deal <- cards$deal
> shuffle <- cards$shuffle
```

이제 deal과 shuffle을 방금 전처럼 실행할 수 있다. 각 객체는 원래 deal, shuffle과 같은
코드를 담고 있다.

```
> deal
function() {
  card <- deck[1, ]
  assign("deck", deck[-1, ], envir = globalenv())
  card
}
<environment: 0x7ff7169c3390>

> shuffle
function(){
  random <- sample(1:52, size = 52)
  assign("deck", DECK[random, ], envir = globalenv())
}
<environment: 0x7ff7169c3390>
```

하지만 이 함수들은 중요한 차이가 있다. 그들의 근원 환경은 더 이상 전역 환경이 아니다(deal
과 shuffle이 현재 그곳에 저장되어 있음에도 불구하고). 그들의 근원 환경은 setup을 실행할
때 만들어지는 런타임 환경이 된다. 아래 보이는 것처럼 새로운 deal과 shuffle에 복사된 함수
인 DEAL과 SHUFFLE을 생성했던 곳이다.

```
> environment(deal)
<environment: 0x7ff7169c3390>

> environment(shuffle)
<environment: 0x7ff7169c3390>
```

이것이 왜 중요할까? 왜냐하면 deal과 shuffle을 실행할 때 R은 부모가 0x7ff7169c3390인 런
타임 환경에서 함수를 수행할 것이다. DECK과 deck은 이 부모 환경에 있게 된다. 그리고 deal과
shuffle은 런타임에서 그것들을 찾을 수 있다. DECK과 deck은 [그림 6-8]과 같이 함수의 검색
경로 상에 있지만, 동시에 다른 것들과 멀리 떨어져 있게 된다.

이러한 방식을 **클로저**closure라고 부른다. setup 함수의 런타임 환경은 deal과 shuffle 함수를

'둘러싼다'. deal과 shuffle은 둘러싼 환경에 담겨 있는 객체와는 밀접하게 일할 수 있다. 하지만 다른 일은 할 수 없다. 둘러싼 환경은 어떤 다른 R 함수나 환경에서 검색할 수 없기 때문이다.

그림 6-8 deal과 shuffle은 보호된 deck과 DECK을 검색 경로상에서 찾을 수 있는 환경에서 실행된다.

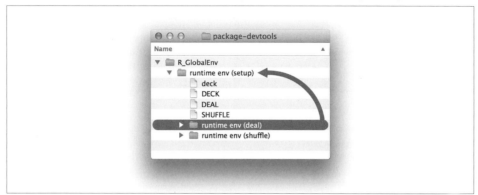

deal과 shuffle은 여전히 전역 환경에서 deck 객체를 업데이트한다. 이제 이것도 바꿀 것이니 걱정하지 마라. 우리는 deal과 shuffle이 그들의 런타임 환경의 부모(둘러싸는) 환경에서 이 객체들과 독점적으로 일하게 하고 싶어 한다. 각 함수가 deck을 업데이트하기 위해 전역 환경을 참조하는 대신, [그림 6-9]와 같이 런타임에서 부모 환경을 참조하게 할 수 있다.

```
> setup <- function(deck) {
+   DECK <- deck
+
+   DEAL <- function() {
+     card <- deck[1, ]
+     assign("deck", deck[-1, ], envir = parent.env(environment()))
+     card
+   }
+
+   SHUFFLE <- function(){
+     random <- sample(1:52, size = 52)
+     assign("deck", DECK[random, ], envir = parent.env(environment()))
+   }
+
+   list(deal = DEAL, shuffle = SHUFFLE)
+ }

> cards <- setup(deck)
> deal <- cards$deal
> shuffle <- cards$shuffle
```

그림 6-9 코드 변경 후, deal과 shuffle은 전역 환경을 업데이트하는 것(왼쪽)에서 부모 환경을 업데이트하는 것(오른쪽)으로 바뀐다.

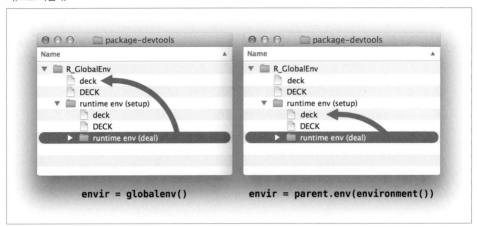

우리는 이제 제대로 된 카드게임을 할 수 있게 되었다. deck의 전역 복사본을 마음대로 지우거나 수정하더라도 계속해서 카드 게임을 할 수 있다. deal과 shuffle은 새것 같이 잘 보호된 deck의 복사본을 사용하기 때문이다.

```
> rm(deck)

> shuffle()

> deal()
     face     suit value
52   ace   hearts     1

> deal()
     face     suit value
16   jack   clubs    11
```

이제 블랙잭을 함께 즐겨보자!

6.7 마치며

R은 컴퓨터의 파일시스템과 비슷한 환경시스템에 객체를 저장한다. 만약 이 시스템을 이해한다면 R이 어떻게 객체를 찾는지 예상할 수 있다. 만약 명령 창에서 객체를 호출하면 R은 전역 환경

에서 객체를 찾고 전역 환경의 부모를 찾는 식으로 환경 트리 위쪽으로 올라가며 찾게 된다.

R은 함수 안에서 객체를 호출할 때 살짝 다른 검색 경로를 사용한다. 함수를 실행할 때 R은 명령을 수행할 새로운 환경을 만든다. 이 환경은 함수가 원래 정의된 환경의 자식이 된다. 보통 이는 전역 환경이다. 하지만 아닐 수도 있다. 클로저를 만드는 데 이러한 특징을 이용할 수 있다. 이는 안전한 환경에서 객체를 함수와 연결시킨다.

R의 환경시스템에 익숙해지면 멋진 결과를 만들 수 있다. 하지만 환경시스템을 이해하는 것은 R 함수가 어떤 식으로 동작하는지 아는 것에서부터 시작한다. 함수가 예상과 다르게 동작할 때 어떤 문제가 있는지 파악하는 데 이런 지식이 도움이 된다.

6.8 프로젝트 2를 마무리하며

지금까지 R로 불러온 데이터 세트와 값을 완벽하게 다루는 법을 배웠다. R 객체로 데이터를 저장할 수 있고 원하는 대로 데이터값을 불러오기도 하고 수정할 수도 있다. 그리고 R이 컴퓨터 메모리에 있는 객체를 어떻게 저장하고 찾아보는지 예상할 수 있게 되었다.

아직 실감하지 못하겠지만 이러한 전문지식은 파워풀하게 컴퓨터를 활용하는 데이터과학자가 되도록 도와줄 것이다. 이전에는 다룰 수 없었던 거대한 데이터 세트를 저장하고 다루는 데 R을 사용할 수 있다. 지금까지는 작은 데이터 세트인 deck으로만 작업했다. 하지만 컴퓨터 메모리에 있는 어떤 데이티 세트에도 같은 기술을 사용할 수 있다.

하지만 데이터과학자로서 직면할 수 있는 문제가 데이터를 저장하는 것만은 아니다. 종종 너무 복잡하거나 반복적이라 컴퓨터가 아니면 하기 힘든 데이터 작업을 해야 한다. 어떤 일은 R과 패키지에 이미 존재하는 함수를 이용해서 할 수 있지만 그렇지 않은 경우도 많다. 만약 여러분만의 프로그램을 작성할 수 있다면 정말 다재다능한 데이터과학자가 될 것이며, R은 이것을 도와줄 것이다. 준비됐다면, 3부에서 R 프로그램을 작성하는 데 가장 유용한 기술들을 알아보자.

Part III

프로젝트 3: 슬롯머신

현대 카지노에서 슬롯머신은 가장 대중적인 게임이다. 슬롯머신에 코인을 집어넣고 레버를 당기면 기계는 랜덤한 조합으로 심벌 3개를 만든다. 만약 미리 정해진 제대로 된 조합이 나오면 상금을 받을 수 있고, 잘하면 대박이 터질 수도 있다.

슬롯머신은 정말 낮은 배당률을 가지고 있기 때문에 카지노에 어마어마한 수익을 가져다준다. 블랙잭이나 룰렛과 같은 대부분의 게임은 카지노가 아주 약간만 유리하다. 하지만 여러 번 하면 평균적으로 사람들이 이 게임에 지불하는 달러당 97에서 98센트를 카지노가 돌려준다. 슬롯머신은 통상 90에서 95센트만 돌려주고 나머지는 카지노가 갖는다. 불공정해 보일지 몰라도, 국가에서 운영하는 로또복권의 배당률이 달러당 50센트 정도라는 사실을 생각해 보면 슬롯머신이 그렇게 나쁘지는 않다.

이번 프로젝트에서는 캐나다 매니토바 주의 비디오 복권 게임기^{Video Lottery Terminal}(VLT)를 모방하여 실제로 작동하는 슬롯머신을 만들어 본다. VLT는 1990년대에 스캔들의 온상이었다. 슬롯머신을 재탄생시키는 프로그램을 작성하면서 이 스캔들의 바닥까지 가 볼 것이다. 그리고 나서 슬롯머신의 실제 배당률을 알아보기 위한 연산도 해 보고 시뮬레이션도 해 볼 것이다.

이 프로젝트는 R에서 어떻게 프로그램을 작성하고 시뮬레이션을 해 볼 수 있는지 가르쳐 줄 것이다. 또한 아래와 같은 것들도 배우게 된다.

- 프로그램 설계를 위한 실천 전략 사용법
- 언제 무엇을 할 것인지 R에 알려 주는 if와 else 문 사용법
- 값을 찾기 위한 검색 테이블을 만드는 법
- 반복적인 작업을 위한 for, while, repeat 문 사용법
- R의 객체 지향 프로그래밍을 위한 S3 기법 사용법
- R 코드의 속도 측정법
- 빠르고 벡터화된 R 코드 작성법

## CHAPTER 7

프로그램

이번 장에서는 R 함수를 이용해서 실제로 가지고 놀 수 있는 슬롯머신을 만들어 볼 것이다. 다 끝나고 나면 아래와 같이 게임을 할 수 있게 된다.

```
> play()
[1] 0 0 DD
[1] $0

> play()
[1] 7 7 7
[1] $80
```

play 함수는 두 가지 역할을 한다. 먼저 세 가지 심벌을 랜덤하게 만들어야 하고, 다음으로 심벌에 따른 점수를 계산해야 한다.

첫 단계는 쉽게 시뮬레이션할 수 있다. 1부에서 주사위 한 쌍을 랜덤하게 굴렸던 것처럼, sample 함수를 이용해서 세 가지 심벌을 랜덤하게 만들 수 있다. 다음 함수는 일반적인 슬롯머신에서 나올 수 있는 모양 – 다이아몬드(DD), 세븐(7), 트리플 바(BBB), 더블 바(BB), 싱글 바(B), 체리(C), 숫자 영(0) – 중에서 세 가지를 선택한다. 이 심벌들은 랜덤하게 선택되고 각각은 서로 다른 확률로 나오게 된다.

```
> get_symbols <- function() {
+   wheel <- c("DD", "7", "BBB", "BB", "B", "C", "0")
+   sample(wheel, size = 3, replace = TRUE,
+     prob = c(0.03, 0.03, 0.06, 0.1, 0.25, 0.01, 0.52))
+ }
```

슬롯머신에 심벌을 만드는 데 get_symbols 함수를 사용할 수 있다.

```
> get_symbols()
[1] "BBB"   "0"    "C"

> get_symbols()
[1] "0" "0" "0"

> get_symbols()
[1] "7" "0" "B"
```

get_symbols 함수는 캐나다 매니토바 주의 비디오 복권 게임기에서 조사한 확률을 사용하고 있다. 이 슬롯머신은 한 리포터가 비디오 복권 게임기의 배당률을 테스트하기 시작하면서 1990년대에 잠시 논란이 됐었다. 제조사는 달러당 92센트 정도를 돌려준다고 주장했지만 리포터는 달러당 40센트 정도만 돌려주고 있다고 반론을 제기했다. 이 슬롯머신에서 조사된 데이터와 논란에 대한 이야기는 존 브라운의 논문에서 찾아볼 수 있다(http://bit.ly/jse_Braun). 이 논란은 추가 조사 결과 제조사가 맞았다는 결론이 나면서 차츰 잦아들었다.

매니토바의 슬롯머신은 [표 7-1]에서와 같이 복잡한 상금 시스템을 사용하고 있다. 플레이어는 다음과 같은 경우에 상금을 받을 수 있게 된다.

1. 3가지 심벌이 모두 같은 모양일 때(3개의 0이 나오는 경우는 제외)

2. 같은 종류의 바가 세 개 나오는 경우

3. 하나 이상의 체리가 나오는 경우

그렇지 않으면 플레이어는 아무런 상금도 못 받는다.

상금은 심벌의 조합에 의해 결정되며 다이아몬드의 유무에 따라 바뀐다. 다이아몬드는 와일드카드와 같이 취급된다. 즉, 플레이어의 상금을 높일 수 있다면 다른 심벌로 바꿀 수 있다. 예를 들어 7 7 DD가 나온 플레이어가 있다면, DD를 7로 바꿔 7이 세 번 나온 상금을 받을 수 있게 된다. 여기에 한 가지 예외가 있다. 하나 이상의 체리가 나오지 않았을 때는 DD를 체리로 바꿔 생각할 수 없다. 이것은 0 DD 0과 같은 꽝이 0 C 0과 같이 상금이 있는 조합으로 바뀌는 것을 막는다.

다이아몬드는 또한 다른 면에서 특별하다. 다이아몬드는 원래 상금을 두 배로 만들어 준다. 따라서 7 7 DD는 실제로 7 7 7보다 더 높은 점수를 받게 된다. 7이 세 개인 경우에는 80불을 받지만, 7이 두 개고 DD가 하나인 경우에는 160불을 받는다. 7이 하나고 DD가 2개인 경우에는 여기에 또 두 배를 적용해서 320불을 상금으로 받게 된다. DD DD DD가 나오면 이게 바로 잭팟이다. 원래 상금인 100불에 배를 3번 하게 되고 결국 800불을 받게 된다.

표 7-1 슬롯머신은 한 번 할 때마다 1불이다. 플레이어의 심벌에 따라 상금이 달라진다. 다이아몬드(DD)는 와일드카드고, 각 다이아몬드는 상금에 두 배를 하게 된다. *는 어떤 심벌이든 올 수 있다는 것을 의미한다.

조합	상금
DD DD DD	100
7 7 7	80
BBB BBB BBB	40
BB BB BB	25
B B B	10
C C C	10
3개 모두 바 모양(BBB, BB, B)인 경우	5
C C *	5
C * C	5
* C C	5
C * *	2
* C *	2
* * C	2

play 함수를 만들려면 슬롯머신에 심벌을 만드는 get_symbols 함수의 결과와 [표 7-1]에 따라 정확한 상금을 계산할 수 있는 프로그램을 작성해야 한다.

R에서 프로그램은 R 스크립트 혹은 함수로 저장된다. 우리는 이 프로그램을 score라는 이름의 함수로 저장할 것이다. 다 끝내고 나면 아래와 같이 상금을 계산하기 위해 score 함수를 사용할 수 있게 된다.

```
> score(c("DD", "DD", "DD"))
[1] 800
```

그러면 전체적으로 슬롯머신을 만드는 것이 아래처럼 쉬워질 것이다.

```
> play <- function() {
+     symbols <- get_symbols()
+     print(symbols) ❶
+     score(symbols)
+ }
```

❶ print 명령어는 콘솔 창에 결과를 출력한다. 이는 함수 내부에서 메시지를 보여 주는 유용한 방법이다.

play에서 print라는 새로운 함수를 호출하고 있다. 이 함수는 play가 마지막 줄에서 결과(선택된 세 개의 심벌)를 돌려주지 않더라도 어떤 심벌들이 선택되었는지 알려 주도록 도와준다. print 명령은 비록 함수 내에서 호출되지만 콘솔 창에 결과를 출력해서 보여 준다.

1부에서 코드를 구성하고 저장할 수 있는 일종의 텍스트 파일인 R 스크립트에 모든 R 코드를 작성하도록 권장했다. 이 조언은 이번 장을 통해 더욱 중요해질 것이다. RStudio에서 '파일 → 새 파일 → R 스크립트' 메뉴를 선택하면 새로운 R 스크립트를 열 수 있다는 것을 기억하자.

7.1 전략

슬롯머신 결과에 점수를 매기는 것은 복잡한 알고리즘이 필요한 힘든 작업이다. 하지만 단순한 전략 하나로 이것을 쉬운 코딩 문제로 바꿀 수 있다.

1. 복잡한 작업을 간단한 서브태스크[1]들로 나눈다.
2. 구체적인 예제를 사용한다.
3. 가능한 방법을 자연어[2]로 정리하고 그것을 R로 바꾼다.

어떻게 이 프로그램을 더 간단한 서브태스크들로 나눌 수 있을지 살펴보자.

프로그램이란 컴퓨터가 수행할 단계별 명령이라고 볼 수 있다. 프로그램은 이 명령들을 모두 수행하며 매우 복잡한 어떤 일을 성취하게 된다. 그러나 개별적인 단계는 단순하고 복잡하지 않다.

개별적인 단계 혹은 서브태스크를 먼저 정의하면 프로그램 작성이 훨씬 쉬워진다. 각 서브태스크는 따로 작업할 수 있다. 만약 서브태스크가 좀 복잡해 보이면 이 서브태스크를 다시 더 단순한 서브태스크로 나눈다. R 프로그램에서 단순한 서브태스크로 나누면 이미 존재하는 함수를 활용할 수 있게 된다.

R 프로그램은 순차적 단계와 병렬 처리라는 두 가지 종류의 서브태스크를 포함한다.

---

1 역자주_ 하나의 커다란 작업을 태스크라 부르고, 이 태스크를 수행하기 위해 필요한 세부 과제를 서브태스크라 한다.
2 역자주_ 인간이 일상적으로 사용하는 언어(한글, 영어 등)를 말한다. 프로그래밍 언어 등과 구별하기 위해 사용한다.

7.1.1 순차적 단계

프로그램을 세분화하는 한 가지 방법은 일련의 순차적인 단계로 나누는 것이다. 아래 play 함수는 [그림 7-1]과 같은 방법을 따른다. 먼저 세 가지 심벌을 만들고(단계 1), 콘솔 창에 표시하고(단계 2), 점수를 계산한다(단계 3).

```
> play <- function() {
+   # 단계 1: 심벌 만들기
+   symbols <- get_symbols()
+
+   # 단계 2: 심벌 표시하기
+   print(symbols)
+
+   # 단계 3: 점수 계산하기
+   score(symbols)
+ }
```

순차적으로 단계를 실행하기 위해서는 R 스크립트 혹은 함수에 단계를 순서대로 잘 배치해야 한다.

그림 7-1 play 함수는 일련의 단계를 사용한다.

7.1.2 병렬 처리

세분화하는 또 다른 방법은 비슷한 작업들을 그룹화하는 것이다. 어떤 작업은 입력에 따라 서로 다른 알고리즘을 필요로 한다. 이들을 파악할 수 있다면, 대응하는 알고리즘으로 한 번에 하나씩 처리할 수 있다.

예를 들어 만약 symbols에 같은 종류의 심벌이 세 개 있다면 score 함수는 상금을 첫 번째 방법으로 계산해야 한다(이 경우 score 함수는 그 심벌에 해당하는 상금을 찾아보면 된다). 만약 심벌이 모두 바 모양(BBB, BB, B)이라면 두 번째 방법으로 상금을 계산해야 한다(이 경우 score 함수는 5불의 상금을 할당해야 한다). 그리고 마지막으로 같은 종류도 아니고 모두 바도 아닌 경우에는 세 번째 방법으로 상금을 계산해야 한다(이 경우에는 체리의 개수를 셀 필요가 있다).

score 함수는 한 번에 이 세 알고리즘을 모두 적용할 필요가 없다. 심벌의 조합에 따라 한 번에 한 알고리즘만 사용하면 된다.

다이아몬드는 와일드카드로 취급해야 하기 때문에 이 모든 것을 더욱 복잡하게 만든다. 지금은 일단 와일드카드로는 고려하지 말고 단순히 상금을 두 배로 하는 것만 고려하자. [그림 7-2]에서와 같이 알고리즘들 중 하나를 실행한 뒤 다이아몬드가 있으면 상금을 두 배로 한다.

그림 7-2 score 함수는 병렬 처리 과정을 구분해야 한다.

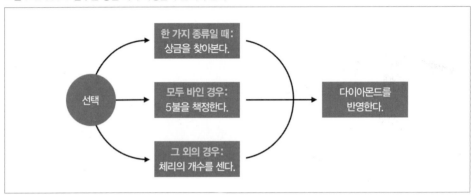

[그림 7-3]과 같이 score 함수의 단계들을 play 함수에 추가하는 것은 완전한 슬롯머신 프로그램을 위한 일종의 전략을 보여 준다.

그림 7-3 완전한 슬롯머신 시뮬레이션은 연속적으로 때로는 병렬적으로 연결된 서브태스크들로 이루어진다.

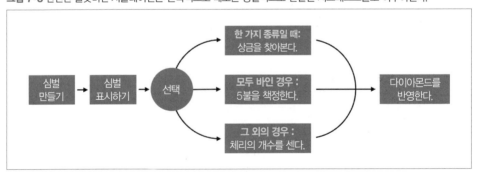

우리는 이미 이 전략에서 첫 번째 몇 가지 단계를 해결했다. get_symbols 함수로 세 가지 심벌을 만들 수 있다. 그리고 print 함수로 이 심벌들을 표시할 수 있다. 이제 이 프로그램이 병렬적 점수 처리 과정을 어떻게 다루는지 알아보자.

7.2 if 문

병렬적으로 연결된 경우에는 일종의 구조체가 필요하다. 프로그래밍을 하다보면 두 갈래 길에서 하나를 선택해야 할 때가 있다. if 문을 이용해서 이런 갈림길에서 길을 찾을 수 있다.

if 문은 R이 특정 상황에 특정 일을 하도록 만든다. 자연어로는 '만약 이것(this)이 참이면 저것(that)을 하라'는 식으로 말할 수 있다. R 언어로는 다음과 같이 말할 수 있다.

```
> if (this) {
+    that
+ }
```

this 객체는 TRUE 혹은 FALSE로 계산되는 논리 테스트이거나 R 표현식이어야 한다. 만약 this가 TRUE라면 R은 if 문 다음에 이어지는 괄호 사이에 있는(즉, {와 } 사이에 있는) 모든 코드를 실행한다. 만약 this가 FALSE라면 괄호 사이에 있는 코드를 실행하지 않고 넘어간다.

예를 들어 num 객체가 항상 양수가 되도록 하기 위한 if 문은 다음과 같이 쓸 수 있다.

```
> if (num < 0) {
+    num <- num * -1
+ }
```

만약 num < 0이 TRUE면 num에 -1을 곱해서 num을 양수로 만든다.

```
> num <- -2

> if (num < 0) {
+    num <- num * -1
+ }

> num
[1] 2
```

만약 num < 0이 FALSE면, R은 아무것도 하지 않고 num은 그대로 양수(또는 0)로 남아 있게 된다.

```
> num <- 4

> if (num < 0) {
+    num <- num * -1
+ }

> num
[1] 4
```

if 문의 조건은 TRUE 혹은 FALSE 중 하나의 값을 가져야 한다. 만약 조건이 TRUE나 FALSE의 벡터로 주어지면(생각보다 이런 경우가 자주 발생한다), if 문은 경고 메시지를 띄우고 벡터의 첫 번째 원소만 사용한다. any와 all 함수로 논리형 벡터에서 하나의 TRUE 혹은 FALSE를 뽑아낼 수 있다는 것을 기억하자.

if 문 안의 코드를 한 줄로 제한할 필요는 없다. 괄호 사이에 원하는 만큼 넣을 수 있다. 예를 들어 다음 코드는 num 객체를 양수로 만드는 데 여러 줄의 코드를 사용한다. 추가된 라인들(앞의 코드와 비교해서)은 num이 음수인 경우에 유용한 정보를 주는 문장을 출력한다. 만약 num이 양수로 시작하면 print 문을 비롯한 전체 코드 블록을 건너뛴다.

```
> num <- -1

> if (num < 0) {
+   print("num이 음수네요.")
+   print("걱정하지 마세요. 고칠 겁니다.")
+   num <- num * -1
+   print("이제 num이 양수입니다.")
+ }
[1] "num이 음수네요."
[1] "걱정하지 마세요. 고칠 겁니다."
[1] "이제 num이 양수입니다."

> num
[1] 1
```

if 문에 대한 이해를 도와주는 다음 세 가지 퀴즈를 풀어보라.

퀴즈 A

다음 코드의 결과는 무엇일까?

```
> x <- 1
> if (3 == 3) {
+   x <- 2
+ }
> x
```

답: 이 코드는 숫자 2를 돌려준다. x는 1로 시작해서 if 문을 만난다. 그리고 조건식이 참이기 때문에 x <- 2를 실행하게 되고 x의 값은 2로 수정된다.

7.3 else 문

if 문은 주어진 조건이 **참**일 때는 어떤 일을 하라고 지시하지만, 거짓일 때는 뭘 하도록 지시할 수 없다. else는 **거짓**인 경우를 포함하도록 if 문을 확장하기 위해 사용되며 if와는 대응을 이

룬다. 자연어로는 '만약 이것이 참이면 Plan A를 실행하고, 그렇지 않으면 Plan B를 실행하라'
고 말할 수 있다. R 언어로는 아래처럼 말할 수 있다.

```
> if (this) {
+    Plan A
+ } else {
+    Plan B
+ }
```

this가 TRUE일 때 R은 첫 번째 괄호 안에 있는 코드를 실행하고 두 번째 코드는 실행하지 않는
다. this가 FALSE일 때 R은 두 번째 괄호 안에 있는 코드를 실행하고 첫 번째 코드는 실행하지
않는다. 이러한 구조를 사용해서 모든 가능한 경우를 고려할 수 있다. 예를 들면 어떤 실수를 가
장 가까운 정수로 반올림하는 코드를 작성할 수 있다.

실수 하나를 정하자.

```
> a <- 3.14
```

trunc 함수를 사용해서 소수점 이하를 분리할 수 있다.

```
> dec <- a - trunc(a)  ❶❷
> dec
[1] 0.14
```

❶ trunc 함수는 숫자를 취해서 소수점 이하의 숫자를 제외한 나머지 부분(즉, 정수 부분)을 돌려준다.

❷ 그러므로 a - trunc(a)는 a의 소수점 이하를 얻는 간편한 방법이다.

if else 구조를 이용해서 숫자를 반올림해 보자.

```
> if (dec >= 0.5) {
+    a <- trunc(a) + 1
+ } else {
+    a <- trunc(a)
+ }

> a
[1] 3
```

만약 상호 배타적인 경우의 수가 두 가지 이상인 경우에는 else 바로 다음에 if를 붙여서 if와
else 문을 여러 개 함께 사용할 수 있다. 다음 예제를 살펴보자.

```
> a <- 1
> b <- 1

> if (a > b) {
+   print("A wins!")
+ } else if (a < b) {
+   print("B wins!")
+ } else {
+   print("Tie.")
+ }
[1] "Tie."
```

R은 if 조건 중 하나가 만족할 때까지 순서대로 찾는다. 만약 참인 경우가 나오면 나머지 if와 else 문은 무시한다. 참인 조건이 하나도 없다면 R은 마지막 else 문을 실행한다.

만약 두 if 문이 서로 배타적인 사건을 의미한다면, if 문 두 개를 따로 나열하는 것보다 if 문과 else if 문으로 합치는 편이 낫다. 첫 번째 if 문에서 참인 경우가 나오면 두 번째 if 문은 무시할 수 있기 때문에 더욱 효율적으로 작업할 수 있게 된다.

마찬가지로 슬롯머신 함수에서도 서브태스크를 연결하는 데 if와 else를 사용할 수 있다. 새 R 스크립트 파일을 열고, 그 안에 아래 코드를 입력하자. 이 코드는 최종 score 함수의 뼈대가 된다. 아래 코드를 [그림 7-2]에 나오는 score 함수의 순서도와 비교해 보라.

```
> if ( # 경우 1: 모두 같은 종류 ❶ ) {
+   prize <- # 해당 상금을 찾는다. ❷
+ } else if ( # 경우 2: 모두 바 ❸ ) {
+   prize <- # 5불의 상금을 할당한다. ❹
+ } else {
+   # 체리의 개수를 센다. ❺
+   prize <- # 상금을 계산한다. ❻
+ }

> # 다이아몬드의 개수를 센다. ❼
> # 다이아몬드의 개수만큼 상금을 두 배로 한다. ❽
```

이 뼈대는 다소 엉성하다. 실제 코드 대신에 코드에 대한 설명만 들어 있는 부분이 많다. 그래도 우리는 다음과 같은 8가지 간단한 서브태스크로 이 프로그램을 단순화했다.

❶ 세 가지 심벌이 모두 같은 종류인지 테스트한다.

❷ 세 가지 모두 한 종류의 심벌일 경우에 대한 상금을 찾는다.

❸ 심벌이 모두 바인지 테스트한다.

❹ 5불의 상금을 할당한다.

❺ 체리의 개수를 센다.

❻ 체리 개수에 따라 상금을 계산한다.

❼ 다이아몬드의 개수를 센다.

❽ 상금에 다이아몬드를 반영한다.

원한다면 [그림 7-4]와 같이 이 작업들을 순서도로 다시 그려볼 수 있다. 이 순서도는 같은 전략을 더 상세하게 이야기하고 있다. if else 조건은 다이아몬드 모양으로 표시했다.

그림 7-4 score 함수에서는 두 개의 if else 조건을 이용해서 세 가지 경우를 고려할 수 있다. 또한 어떤 작업은 두 단계로 나눌 수 있다.

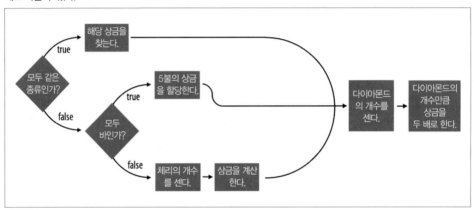

지금 우리는 트리 구조의 if 구문을 활용하여 한 번에 한 가지 서브태스크를 처리할 수 있다. 각 서브태스크에 대한 구체적인 예제를 생각해 보고 R로 코딩하기 전에 자연어로 서술해 보면 서브태스크들을 쉽게 해결할 수 있다.

첫 번째 서브태스크는 모든 심벌이 한 가지 종류인지 테스트하는 것이다. 이 서브태스크를 위한 코드는 어떻게 작성할 수 있을까?

최종 score 함수는 아래와 같은 형태가 될 것이다.

```
> score <- function(symbols) {
+   # 상금을 계산한다.
+   prize
+ }
```

인수로 쓰인 symbols는 get_symbols 함수의 결과물이다. symbols는 세 가지 문자열이 담긴 벡터다. 여기 내가 작성한 대로 score라는 이름의 객체를 만들고 함수 내부를 천천히 채워가면서 score 함수를 만들어 가면 된다. 하지만 이것은 별로 좋은 생각이 아니다. 최종 함수는 8가지 부분으로 나뉘어 있고, 이 모든 부분이 다 작성되지 않으면(그리고 각자가 정확하게 작동하지 않으면) 이 함수는 작동하지 않는다. 다시 말해, 전체 score 함수를 모두 작성하고 나서야 비로소 각 부분을 테스트해 볼 수 있다. 만약 score가 작동하지 않으면(작동하지 않을 가능성이 크다) 어떤 서브태스크를 고쳐야 하는지 알 수도 없다.

서브태스크들을 한 번에 하나씩 생각하는 편이 머리도 덜 아프고 시간도 절약하는 길이다. 각 서브태스크의 코드를 테스트할 구체적인 예제를 만들어 보자. 예를 들어 score 함수는 3개의 문자열을 가진 symbols라는 이름의 벡터로 작업한다. 아래와 같이 symbols라는 이름의 실제 벡터를 만들어서 서브태스크 코드를 테스트해 볼 수 있다.

```
> symbols <- c("7", "7", "7")
```

만약 symbols에서 코드가 제대로 작동하지 않는다면, 다음으로 넘어가기 전에 그곳을 먼저 고쳐야 한다. 모든 경우에 대해 코드가 작동하는지 알아보기 위해 서브태스크마다 symbols 값을 바꿀 수 있다.

```
> symbols <- c("B", "BB", "BBB")
> symbols <- c("C", "DD", "0")
```

구체적인 예제를 통해 검증된 서브태스크들은 score 함수에 결합시킨다. 만약 이런 과정을 따른다면 왜 함수가 작동하지 않는지 금방 파악할 수 있기 때문에 그만큼 시간을 절약할 수 있다.

구체적인 예를 정했다면 자연어로 이 서브태스크를 어떻게 할지 서술해 보자. 방법을 상세히 서술할수록 R 코드로 바꾸는 것이 수월해진다.

첫 번째 서브태스크는 심벌이 한 종류인지 테스트한다. 이 말은 R 코드를 생각하는 데 전혀 도움이 되지 않는다. 하지만 이것을 더 상세하게 다음과 같이 풀어서 쓸 수 있다. 첫 번째 심벌이 두 번째와 같고 두 번째 심벌이 세 번째와 같으면 세 심벌은 모두 같다. 더 자세히 말하면 다음과 같다.

> 만약 symbols의 첫 번째 원소가 symbols의 두 번째 원소와 같고, symbols의 두 번째 원소가 symbols의 세 번째 원소와 같으면, symbols라는 이름의 벡터는 세 가지 모두 같은 심벌을 가지고 있다.

아래에 세 심벌이 같은지 알아보는 몇 가지 방법이 있다. 첫 번째는 앞서 자연어로 표현한 병렬 처리 방법이다. 모두 제대로 작동하는 한 어떤 방식이 가장 옳다고 말할 수는 없다.

```
> symbols
[1] "7" "7" "7"

> symbols[1] == symbols[2] & symbols[2] == symbols[3]
[1] TRUE

> symbols[1] == symbols[2] & symbols[1] == symbols[3]
[1] TRUE

> all(symbols == symbols[1])
[1] TRUE
```

R에서 제공하는 함수를 많이 알면 알수록, 기본적인 작업을 위한 더 많은 방법을 생각해낼 수 있다. 내가 좋아하는 방법은 아래와 같다.

```
> length(unique(symbols)) == 1
```

unique 함수는 벡터에 들어 있는 모든 유일한 값을 돌려준다. 만약 symbols 벡터에 한 종류만 세 개 들어 있다면(즉, 세 번 나오는 똑같은 값이 하나 있다면) unique(symbols)는 길이가 1인 벡터를 돌려준다.

테스트도 했으니 이것을 아래와 같이 슬롯머신 코드에 추가할 수 있다.

```
> same <- symbols[1] == symbols[2] && symbols[2] == symbols[3] ❶

> if (same) {
+   prize <- # 해당 상금을 찾는다.
+ } else if ( # 경우 2: 모두 바 ) {
+   prize <- # 5불의 상금을 할당한다.
+ } else {
```

```
+    # 체리의 개수를 센다.
+    prize <- # 상금을 계산한다.
+ }
```

```
# 다이아몬드의 개수를 센다.
# 다이아몬드의 개수만큼 상금을 두 배로 한다.
```

❶ &&와 ||는 &와 |처럼 동작하지만 때로는 더 효율적이다. 기호를 두 번 사용하는 연산자는 첫 번째 테스트에서 결과가 명확하면 두 번째 테스트를 굳이 하지 않는다. 예를 들어 만약 symbols[1]이 symbols[2]와 같지 않으면 그 다음에 나오는 symbols[2]와 symbols[3]가 같은지 알아보지 않고 즉시 FALSE를 출력한다. 왜냐하면 FALSE & TRUE 혹은 FALSE & FALSE는 모두 FALSE가 되기 때문이다. 이런 효율성은 프로그램의 속도를 빠르게 해 주지만 항상 이 연산자가 적합한 것은 아니다. &&와 ||는 벡터화할 수 없다. 즉, 연산자 앞뒤에서 각각 한 가지 논리 테스트만 다룰 수 있다.

두 번째 상금은 가령 B, BB, BBB의 경우처럼 모든 심벌이 바 모양일 경우에 발생한다. 예제를 통해 알아보자.

```
> symbols <- c("B", "BBB", "BB")
```

연습문제

symbols 벡터에 바 모양의 심벌만 들어 있는지 알아보기 위해 논리 연산자와 불린 연산자를 사용하자. 위에서 예로 든 symbols 벡터를 이용해서 잘 작동하는지 테스트해 보라. 어떻게 해야 하는지 자연어로 먼저 써보고 R로 코딩하는 것을 잊지 말자.

R에서는 많은 경우에 그렇듯이, 이것을 알아보는 방법은 다양하다. 예를 들어 아래와 같이 여러 개의 불린 연산자를 이용해서 긴 테스트 코드를 만들 수도 있다.

```
> symbols[1] == "B" | symbols[1] == "BB" | symbols[1] == "BBB" &
+   symbols[2] == "B" | symbols[2] == "BB" | symbols[2] == "BBB" &
+   symbols[3] == "B" | symbols[3] == "BB" | symbols[3] == "BBB"
[1] TRUE
```

하지만 이 경우에는 9개의 논리식을 풀어야 하기 때문에(물론 입력도 해야 한다) 그리 효율적인 방법은 아니다. 종종 여러 개의 | 연산자를 하나의 %in%로 대체할 수 있다. 또한 all 함수를 이용해서 벡터의 각 원소에 대해 참인지 확인할 수 있다. 이 두 가지만 바꿔도 코드가 다음과 같이 짧아진다.

```
> all(symbols %in% c("B", "BB", "BBB"))
[1] TRUE
```

이 코드를 스크립트에 추가하자.

```
> same <- symbols[1] == symbols[2] && symbols[2] == symbols[3]
> bars <- symbols %in% c("B", "BB", "BBB")

> if (same) {
+   prize <- # 해당 상금을 찾는다.
+ } else if (all(bars)) {
+   prize <- # 5불의 상금을 할당한다.
+ } else {
+   # 체리의 개수를 센다.
+   prize <- # 상금을 계산한다.
+ }

> # 다이아몬드의 개수를 센다.
> # 다이아몬드의 개수만큼 상금을 두 배로 한다.
```

내가 이 테스트를 bars와 all(bars) 두 단계로 나눴다는 것을 눈치 챘을 것이다. 이건 단지 개인적인 취향 문제다. 나는 코드에 나오는 함수와 객체 이름만 봐도 어떤 기능을 하는지 파악할 수 있도록 코드를 작성하길 원한다.

세 가지 바가 모두 같은 종류라면 경우 1에 해당되지만, 다시 경우 2에도 해당될 수 있다.

```
> symbols <- c("B", "B", "B")
> all(symbols %in% c("B", "BB", "BBB"))
[1] TRUE
```

하지만 if 구조에서 else if로 연결되기 때문에 문제가 되지 않는다. 일단 먼저 TRUE가 되면 나머지 조건들은 모두 건너뛰기 때문이다. 각 else는 **이전에 나온 모든 조건을 하나도 만족하지 않는 경우**에 해당한다. 따라서 세 심벌이 모두 같은 종류의 바 모양일 경우, R은 경우 1에 해당하는 코드를 실행하고, 경우 2에 해당하는(경우 3도 마찬가지) 코드는 건너뛸 것이다.

다음 서브태스크는 symbols에 해당하는 상금을 계산하는 것이다. symbols 벡터에 같은 종류만 들어 있을 때 상금은 어떤 종류의 심벌이 있는지에 따라 달라진다. 만약 DD가 3개라면 상금은 100불이 되지만 7이 3개라면 상금은 80불이 되는 식이다.

다음과 같이 if 구조를 이용해서 상금을 구할 수 있다.

```
> if (same) {
+   symbol <- symbols[1]
+   if (symbol == "DD") {
+     prize <- 800
+   } else if (symbol == "7") {
+     prize <- 80
+   } else if (symbol == "BBB") {
+     prize <- 40
+   } else if (symbol == "BB") {
+     prize <- 5
+   } else if (symbol == "B") {
+     prize <- 10
+   } else if (symbol == "C") {
+     prize <- 10
+   } else if (symbol == "0") {
+     prize <- 0
+   }
+ }
```

물론 이 코드는 잘 작동하기는 하겠지만, 작성하고 읽기에는 약간 길다. 그리고 정확한 상금을 구하기까지 여러 번의 논리 테스트를 수행해야 한다. 더 좋은 다른 방법은 없을까?

7.4 검색 테이블

R에서는 부분집합을 추출하는 서브세팅 기술을 사용하면 많은 일을 간단히 처리할 수 있다. 여기에 어떻게 서브세팅 기술을 적용할 수 있을까? 일단 심벌과 상금 사이의 정확한 관계를 알고 있기 때문에, 이 정보를 가지는 벡터를 생성할 수 있다. 이 벡터는 심벌을 이름으로, 상금을 원소로 저장한다.

```
> payouts <- c("DD" = 100, "7" = 80, "BBB" = 40, "BB" = 25,
+   "B" = 10, "C" = 10, "0" = 0)
> payouts
  DD   7 BBB  BB   B   C   0
 100  80  40  25  10  10   0
```

심벌 이름으로 벡터를 서브세팅해서 심벌에 대한 정확한 상금을 구할 수 있다.

```
> payouts["DD"]
 DD
100

> payouts["B"]
 B
10
```

만약 서브세팅을 할 때 심벌 이름을 없애고 싶다면 unname 함수를 사용하면 된다.

```
> unname(payouts["DD"]) ❶
[1] 100
```

❶ unname 함수는 이름 속성을 지운 객체의 복사본을 돌려준다.

payouts 객체는 값들을 찾는 데 사용할 수 있는 일종의 **검색 테이블**lookup table이라고 할 수 있다. payouts를 서브세팅해서 심벌에 대한 상금을 간단히 찾을 수 있다. 코드가 그렇게 길지 않으면서 심벌이 DD 또는 0이거나 상관없이 같은 작업을 하게 된다. R에서는 이런 식으로 서브세팅을 잘 이용해서 검색 테이블을 만들 수 있다.

슬프게도 이 방법은 그렇게 자동화되어 있지 않다. payouts에서 어떤 심벌을 찾아보도록 R에 알려 줘야 한다. 다른 방법은 없을까? 만약 payouts에 symbols[1]로 서브세팅하면 어떻게 될까? 한 번 해 보자.

```
> symbols <- c("7", "7", "7")
> symbols[1]
[1] "7"

> payouts[symbols[1]]
 7
80

> symbols <- c("C", "C", "C")
> payouts[symbols[1]]
 C
10
```

symbols에서 어떤 심벌이든 찾을 수 있기 때문에 굳이 어떤 심벌을 찾을 것인지 정확히 알 필요가 없다. 게다가 모두 같은 심벌을 갖고 있기 때문에 symbol[1], symbols[2], symbols[3] 중 아무거나 사용하면 된다. 지금까지 심벌이 모두 같은 경우에 자동으로 상금을 계산하는 방법을 추가한 뒤 경우 2는 어떻게 할지 알아보자.

```
> same <- symbols[1] == symbols[2] && symbols[2] == symbols[3]
> bars <- symbols %in% c("B", "BB", "BBB")

> if (same) {
+   payouts <- c("DD" = 100, "7" = 80, "BBB" = 40, "BB" = 25,
+     "B" = 10, "C" = 10, "0" = 0)
+   prize <- unname(payouts[symbols[1]])
+ } else if (all(bars)) {
+   prize <- # 5불의 상금을 할당한다.
+ } else {
+   # 체리의 개수를 센다.
+   prize <- # 상금을 계산한다.
+ }

> # 다이아몬드의 개수를 센다.
> # 다이아몬드의 개수만큼 상금을 두 배로 한다.
```

경우 2는 심벌들이 모두 바 모양일 때 수행된다. 이 경우 상금은 5불이 되고, 이번엔 그렇게 어렵지 않다.

```
> same <- symbols[1] == symbols[2] && symbols[2] == symbols[3]
> bars <- symbols %in% c("B", "BB", "BBB")

> if (same) {
+   payouts <- c("DD" = 100, "7" = 80, "BBB" = 40, "BB" = 25,
+     "B" = 10, "C" = 10, "0" = 0)
+   prize <- unname(payouts[symbols[1]])
+ } else if (all(bars)) {
+   prize <- 5
+ } else {
+   # 체리의 개수를 센다.
+   prize <- # 상금을 계산한다.
+ }

> # 다이아몬드의 개수를 센다.
> # 다이아몬드의 개수만큼 상금을 두 배로 한다.
```

이제 마지막 경우로 넘어가자. 여기서는 symbols에 체리가 몇 개나 있는지 확인하고 상금을 계산해야 한다.

연습문제

symbols 벡터에 C라는 원소가 어디에 있는지 어떻게 알 수 있을까? 테스트 코드를 만들어서 알아보라.

도전과제

symbols 벡터에 C가 몇 개 들어 있는지 어떻게 셀 수 있을까? R의 강제 변환 규칙을 잘 기억해보라.

언제나처럼 실제 예제를 가지고 해 보자.

```
> symbols <- c("C", "DD", "C")
```

체리를 체크하는 방법 중 하나는 심벌 중에 C인 것이 있는지 알아보는 것이다.

```
> symbols == "C"
[1] TRUE FALSE TRUE
```

이것은 얼마나 많은 체리가 있는지 셀 때도 도움이 된다. sum 함수를 사용하면 된다. 이 함수는 숫자가 들어올 것으로 예상하지, 논리형 값이라고 생각하지는 않는다. 따라서 앞에서 배운 대로 계산하기 전에 R은 강제로 TRUE와 FALSE를 각각 1과 0으로 변환한다. 결과적으로 sum 함수는 TRUE의 개수, 즉 체리의 개수를 돌려준다.

```
> sum(symbols == "C")
[1] 2
```

똑같은 방법으로 symbols에서 다이아몬드의 개수를 셀 수도 있다.

```
> sum(symbols == "DD")
[1] 1
```

프로그램의 뼈대에 이 서브태스크들을 모두 붙이자.

```
> same <- symbols[1] == symbols[2] && symbols[2] == symbols[3]
> bars <- symbols %in% c("B", "BB", "BBB")

> if (same) {
+   payouts <- c("DD" = 100, "7" = 80, "BBB" = 40, "BB" = 25,
```

```
+     "B" = 10, "C" = 10, "0" = 0)
+   prize <- unname(payouts[symbols[1]])
+ } else if (all(bars)) {
+   prize <- 5
+ } else {
+   cherries <- sum(symbols == "C")
+   prize <- # 상금을 계산한다.
+ }

> diamonds <- sum(symbols == "DD")
> # 다이아몬드의 개수만큼 상금을 두 배로 한다.
```

경우 3은 경우 1과 2에 비해 if 문 트리 구조에서 제일 아래쪽에 위치하기 때문에, 경우 3의 코드는 심벌이 모두 같은 종류가 아니고 모두 바 모양이 아닌 경우에 실행된다. 슬롯머신의 배당 방식에 따라, 플레이어는 체리가 2개면 5불, 하나면 2불을 받게 된다. 만약 체리가 하나도 없다면 한푼도 받을 수 없다. 체리가 3개 나오는 경우에 대해서는 걱정하지 않아도 된다. 왜냐하면 그 경우는 이미 경우 1에서 처리될 것이기 때문이다.

경우 1에서처럼 if 구문으로 각 체리 조합을 고려하도록 아래와 같이 코드를 작성할 수 있다. 하지만 경우 1에서도 살펴봤듯이 이것은 비효율적인 방법이다.

```
> if (cherries == 2) {
+   prize <- 5
+ } else if (cherries == 1) {
+   prize <- 2
+ } else {}
+   prize <- 0
+ }
```

여기서도 마찬가지로 서브세팅을 사용하는 편이 낫다. 욕심을 좀 부리면 이 문제는 여러분 스스로 해결할 것을 권한다. 그러나 더 빨리 배우고자 하면 아래에 제안한 방법을 따라해도 좋다.

체리가 없을 경우 상금도 없다는 것을 알고 있다. 체리가 한 개면 2불, 두 개면 5불이다. 이러한 정보를 갖고 있는 벡터를 하나 만들 수 있다. 다음과 같이 정말 간단한 검색 테이블이 된다.

```
> c(0, 2, 5)
```

이제 경우 1과 같이, 정확한 상금을 계산하기 위해 이 벡터를 사용할 수 있다. 이 경우 심벌 이름은 필요 없고 체리 개수를 이용해서 상금을 계산할 수 있다. 이 정보를 가지고 있나? 그렇다. cherries 객체에 저장되어 있다. 예를 들면 c(0, 2, 5)[1] 과 같이 이전의 검색 테이블로부터 정확한 상금을 얻기 위해 기본적인 정수 인덱스를 이용할 수 있다.

cherries는 0을 포함할 수 있기 때문에 정수 서브세팅에는 그리 적합하지 않다. 하지만 쉽게 고칠 수 있다. cherries + 1을 이용해서 서브세트를 구할 수 있다. 이제 cherries가 0일 때는 아래와 같이 된다.

```
> cherries + 1
[1] 1

> c(0, 2, 5)[cherries + 1]
[1] 0
```

cherries가 1일 때는 아래와 같이 된다.

```
> cherries + 1
[1] 2

> c(0, 2, 5)[cherries + 1]
[1] 2
```

cherries가 2일 때는 아래와 같이 된다.

```
> cherries + 1
[1] 3

> c(0, 2, 5)[cherries + 1]
[1] 5
```

각 체리 개수에 따라 정확한 상금이 나오는지 만족스러울 때까지 실험해 보자. 그리고 아래와 같이 이 코드를 스크립트에 추가한다.

```
> same <- symbols[1] == symbols[2] && symbols[2] == symbols[3]
> bars <- symbols %in% c("B", "BB", "BBB")

> if (same) {
+    payouts <- c("DD" = 100, "7" = 80, "BBB" = 40, "BB" = 25,
+      "B" = 10, "C" = 10, "0" = 0)
+    prize <- unname(payouts[symbols[1]])
+ } else if (all(bars)) {
+    prize <- 5
+ } else {
+    cherries <- sum(symbols == "C")
+    prize <- c(0, 2, 5)[cherries + 1]
+ }
```

```
> diamonds <- sum(symbols == "DD")
> # 다이아몬드의 개수만큼 상금을 두 배로 한다.
```

검색 테이블과 if 트리

벌써 두 번이나 if 트리를 사용하지 않기 위해 검색 테이블을 만들었다. 왜 이 방법이 효과적이고 계속해서 등장할까? R에서 if 트리는 매우 중요하다. 각기 다른 경우에 각기 다른 알고리즘을 적용할 때 유용한 방법이다. 하지만 if 트리가 언제나 적합한 것은 아니다.

if 트리에는 두 가지 단점이 있다. 첫째, if 트리의 아래쪽 코드를 실행하기 위해서는 여러 번의 테스트를 불필요하게 시행해야 한다. 둘째, 10장에서 자세히 살펴보겠지만, if 트리는 코드를 벡터화하기가 쉽지 않다. 벡터화를 통해 R 프로그램을 더 빠르게 만들 수 있는 장점이 있는데 이것을 사용할 수 없게 된다. 검색 테이블을 사용하면 이러한 단점들을 감수하지 않아도 된다.

모든 if 트리를 검색 테이블로 바꿀 수는 없다. 꼭 그럴 필요도 없다. 하지만 if 트리로 변수를 할당하는 경우에는 보통 검색 테이블을 사용할 수 있다. 일반적으로 트리의 각 가지가 서로 다른 **코드**를 실행하는 경우에는 if 트리를 사용한다. 만약 트리의 각 가지가 서로 다른 **값**을 할당하는 경우에는 검색 테이블을 사용한다.

if 트리를 검색 테이블로 바꾸기 위해서는 할당할 값들을 하나의 벡터에 저장한다. 그리고 if 트리의 조건에서 사용된 선택 기준을 확인한다. 만약 조건이 문자열을 이용하는 것이라면 벡터에 이름을 할당하고 이름으로 서브세팅을 한다. 만약 정수를 사용하는 경우에는 정수 서브세팅을 이용한다.

마지막 서브태스크는 다이아몬드가 존재할 때마다 상금을 두 배로 만드는 것이다. 다시 말해, 최종 상금은 현재 상금의 몇 배가 될 수도 있다. 예를 들어 만약 다이아몬드가 없다면 상금은 다음과 같다.

```
> prize * 1      # 1 = 2 ^ 0
```

다이아몬드가 하나일 때 상금은 다음과 같다.

```
> prize * 2      # 2 = 2 ^ 1
```

다이아몬드가 두 개일 때 상금은 다음과 같다.

```
> prize * 4      # 4 = 2 ^ 2
```

다이아몬드가 세 개일 때 상금은 다음과 같다.

```
> prize * 8      # 8 = 2 ^ 3
```

이렇게 만드는 간단한 방법은 무엇일까? 아래 예제와 같은 방법은 어떨까?

연습문제

다이아몬드의 개수에 따라 상금을 조정하는 방법을 작성하라. 일단 자연어로 적어 보고, 코드로 작성하라.

상금을 조정하는 간단한 방법은 아래와 같다.

```
> prize * 2 ^ diamonds
```

그러므로 최종 score 스크립트는 아래와 같아진다.

```
> same <- symbols[1] == symbols[2] && symbols[2] == symbols[3]
> bars <- symbols %in% c("B", "BB", "BBB")

> if (same) {
+    payouts <- c("DD" = 100, "7" = 80, "BBB" = 40, "BB" = 25,
+      "B" = 10, "C" = 10, "0" = 0)
+    prize <- unname(payouts[symbols[1]])
+ } else if (all(bars)) {
+    prize <- 5
+ } else {
+    cherries <- sum(symbols == "C")
+    prize <- c(0, 2, 5)[cherries + 1]
+ }

> diamonds <- sum(symbols == "DD")
> prize * 2 ^ diamonds
```

7.5 코드 주석

이제야 함수로 저장할 만한 제대로 작동하는 score 스크립트를 완성했다. 스크립트를 저장하기 전에 # 기호를 이용해서 코드에 주석을 다는 방법에 대해 알아보자. 코드에 주석을 다는 것은 이 코드가 **왜** 이런 일을 하는지 설명해 주고, 무엇을 하는지 쉽게 이해할 수 있도록 한다. 또한 주석을 이용해서 긴 프로그램을 파악하기 쉬운 덩어리로 쪼갤 수도 있다. 예를 들어 나는 아래와 같이 score 코드에 주석 세 줄을 추가했다.

```
# 어떤 경우에 해당하는지 조건을 확인
> same <- symbols[1] == symbols[2] && symbols[2] == symbols[3]
> bars <- symbols %in% c("B", "BB", "BBB")

# 상금 계산
> if (same) {
+   payouts <- c("DD" = 100, "7" = 80, "BBB" = 40, "BB" = 25,
+     "B" = 10, "C" = 10, "0" = 0)
+   prize <- unname(payouts[symbols[1]])
+ } else if (all(bars)) {
+   prize <- 5
+ } else {
+   cherries <- sum(symbols == "C")
+   prize <- c(0, 2, 5)[cherries + 1]
+ }

# 다이아몬드일 때 상금 조정
> diamonds <- sum(symbols == "DD")
> prize * 2 ^ diamonds
```

이제 각 코드가 작동하는 것을 확인했다면, 1.5절의 '자신만의 함수 작성하기'에서 배운 내용을 토대로 이 코드를 함수로 만들 수 있다. RStudio에서 코드를 선택한 후 '코드 → 함수 추출하기' 메뉴를 선택하든가 function 함수를 이용한다. 함수의 맨 마지막 줄이 값을 돌려주는지 확실히 하고, 함수에서 사용한 인수를 확인한다. 테스트할 때 자주 사용했던 symbols를 함수의 인수로 한다. 다음은 완성된 score 함수다.

```
> score <- function (symbols) {
+   # 어떤 경우에 해당하는지 조건을 확인
+   same <- symbols[1] == symbols[2] && symbols[2] == symbols[3]
+   bars <- symbols %in% c("B", "BB", "BBB")

+   # 상금 계산
+   if (same) {
+     payouts <- c("DD" = 100, "7" = 80, "BBB" = 40, "BB" = 25,
+       "B" = 10, "C" = 10, "0" = 0)
+     prize <- unname(payouts[symbols[1]])
+   } else if (all(bars)) {
```

```
+     prize <- 5
+   } else {
+     cherries <- sum(symbols == "C")
+     prize <- c(0, 2, 5)[cherries + 1]
+   }

+   # 다이아몬드일 때 상금 조정
+   diamonds <- sum(symbols == "DD")
+   prize * 2 ^ diamonds
+ }
```

일단 score 함수가 정의되었다면, play 함수 역시 잘 작동할 것이다.

```
> play <- function() {
+   symbols <- get_symbols()
+   print(symbols)
+   score(symbols)
+ }
```

이제 손쉽게 슬롯머신을 즐길 수 있다.

```
> play()
[1] "0" "BB" "B"
[1] 0

> play()
[1] "DD" "0" "B"
[1] 0

> play()
[1] "BB" "BB" "BB"
[1] 25
```

7.6 마치며

R 프로그램은 컴퓨터로 하여금 일련의 단계와 경우의 수를 처리하게 하는 명령들의 모음이다. 이 말을 들으면 프로그램이 그저 단순해 보일 수도 있지만 속지 말자. 간단한 스텝들(그리고 경우의 수들)을 잘 조합해야 복잡한 결과를 만들 수 있다.

뭔가 인상적인 일을 하는 프로그램을 만들어야 한다면, 프로그램을 작성하는 것 자체가 불가능해 보일지도 모른다. 이런 경우에 당황하지 말자. 맞닥뜨린 문제를 단순한 서브태스크들로 나눈다. 그리고 그 서브태스크를 다시 더 작은 서브태스크로 나누자. 필요하면 순서도에 이 작업들 사이의 관계를 그려봐도 좋다. 그리고 한 번에 하나의 서브태스크를 처리하자. 자연어로 방법들을 표현해 보고 나서 R 코드로 변환하자. 구체적인 예를 통해 각 방법을 테스트해 나가자. 각 서브태스크가 작동하면, 이 코드를 공유하고 재사용할 수 있도록 하나의 함수로 통합한다.

R은 이를 위한 툴을 제공한다. if와 else 문을 이용해서 경우의 수를 다룰 수 있다. 객체와 서브세팅으로 검색 테이블을 만들 수 있다. #으로 코드 주석을 추가할 수 있다. 그리고 function으로 이 프로그램을 함수로 저장할 수 있다.

프로그래밍을 하다보면 종종 뭔가 잘못되는 경우가 있다. 이럴 때는 에러가 어디에서 발생하는지 찾아서 그것을 고쳐야 한다. 만약 작성하고 테스트하는 식으로 단계별로 함수를 작성했다면 에러 위치를 쉽게 발견할 수 있을 것이다. 하지만 에러가 교묘히 빠져나가거나 테스트되지 않은 코드가 너무 많다면 부록 E에서 소개한 R에 탑재된 디버깅 툴을 고려하자.

다음에 이어지는 두 개 장에서는 프로그래밍에 사용할 수 있는 툴들에 대해 더 알아볼 것이다. 이 툴들을 익히고 나면 R 프로그램을 작성하는 것이 훨씬 쉬워질 것이다. 8장에서는 R의 많은 부분을 차지하는 보이지 않는 손인 S3 시스템의 사용법을 배울 것이다. 슬롯머신의 결과를 위한 클래스를 만드는 데 S3 시스템을 사용하게 된다. 그리고 이 클래스를 갖는 객체들을 어떻게 표시할지도 배우게 된다.

여러분의 슬롯머신 결과가 원래 약속했던 포맷으로 출력되지 않는다는 것을 눈치 챘는지 모르겠다. 나는 7장을 시작할 때 슬롯머신의 결과가 아래와 같이 나올 것이라고 했다.

```
> play()
[1] 0 0 DD
[1] $0
```

그런데 지금은 결과가 다음과 같이 멋없게 나온다.

```
> play()
[1] "0"  "0"  "DD"
[1] 0
```

또한 어떤 심벌들이 나왔는지 보여 주기 위해 임시방편적인 방법을 사용했다(play 함수 안에서 print 함수를 호출했다). 결과적으로 이것을 객체에 저장하고 나면 심벌은 더 이상 출력되지 않는다.

```
> one_play <- play()
[1] "B" "0" "B"

> one_play
[1] 0
```

R의 S3 시스템으로 이런 문제들을 고칠 수 있다.

8.1 S3 시스템

S3는 R에서 사용하는 클래스 시스템을 의미한다. 이 시스템은 R이 다른 클래스의 객체들을 어떤 식으로 다룰지 결정한다. 어떤 R 함수는 객체의 S3 클래스를 검색한 후, 그에 따라 다르게 동작한다.

print 함수가 그렇다. 숫자형 벡터를 출력할 때 print 함수는 숫자를 출력한다.

```
> num <- 1000000000
> print(num)
[1] 1000000000
```

하지만 만약 위 숫자에 S3 클래스인 POSIXct와 POSIXt를 부여하면 print 함수는 이것을 시간으로 표시하게 된다.

```
> class(num) <- c("POSIXct", "POSIXt")
> print(num)
[1] "2001-09-08 19:46:40 CST"
```

만약 클래스가 있는 객체를 사용한다면 R의 S3 시스템에서 수행하게 된다. S3 방식이 처음에는 이상하게 보일 수도 있지만, 한 번 익숙해지고 나면 예상하기 쉽다.

S3 시스템은 속성attribute (특히 클래스 속성), 제네릭 함수generic function, 메서드method라는 세 가지 구성 요소를 갖는다.

8.2 속성

3.2절 '속성'에서, 많은 R 객체에 이름을 부여하거나 기타 정보를 추가하기 위해 속성을 사용한다는 것을 배웠다. 속성은 객체의 값에는 영향을 주지 않지만 객체를 다루기 위해 사용할 수 있는 일종의 메타데이터로 사용된다. 예를 들어 데이터 프레임은 속성에 행과 열의 이름을 저장할 수 있다. 데이터 프레임은 또한 "data.frame"을 클래스 속성으로 갖는다.

attribute 함수로 객체의 속성을 볼 수 있다. 2부에서 만들었던 데이터 프레임 DECK에 attribute를 실행하면 다음과 같은 결과를 볼 수 있다.

```
> attributes(DECK)
$names
[1] "face"  "suit" "value"

$class
[1] "data.frame"

$row.names
 [1]  1  2  3  4  5  6  7  8  9 10 11 12 13 14 15 16 17 18 19
[20] 20 21 22 23 24 25 26 27 28 29 30 31 32 33 34 35 36
[37] 37 38 39 40 41 42 43 44 45 46 47 48 49 50 51 52
```

R은 가장 흔히 사용되는 속성들을 설정하고 사용할 수 있도록 유용한 함수를 많이 제공한다. names, dim, class 함수를 이미 만난 적이 있다. 각각은 그 이름처럼 속성을 확인하는 데 사용할 수 있다. 하지만 이 외에도 row.names, levels 등의 함수도 제공한다. 모두 원하는 속성값을 불러오는 데 사용할 수 있다.

```
> row.names(DECK)
 [1] "1"  "2"  "3"  "4"  "5"  "6"  "7"  "8"  "9"  "10" "11" "12" "13"
[14] "14" "15" "16" "17" "18" "19" "20" "21" "22" "23" "24" "25" "26"
[27] "27" "28" "29" "30" "31" "32" "33" "34" "35" "36" "37" "38" "39"
[40] "40" "41" "42" "43" "44" "45" "46" "47" "48" "49" "50" "51" "52"
```

혹은 속성값을 수정할 수도 있다.

```
> row.names(DECK) <- 101:152
```

혹은 새로운 속성을 부여할 수도 있다.

```
> levels(DECK) <- c("level 1", "level 2", "level 3")

> attributes(DECK)
$names
[1] "face"  "suit" "value"

$class
[1] "data.frame"

$row.names
 [1] 101 102 103 104 105 106 107 108 109 110 111 112 113 114 115 116 117
[18] 118 119 120 121 122 123 124 125 126 127 128 129 130 131 132 133 134
[35] 135 136 137 138 139 140 141 142 143 144 145 146 147 148 149 150 151
[52] 152
```

```
$levels
[1] "level 1" "level 2" "level 3"
```

R은 속성에 관해 매우 자유롭다. 객체에 원하는 어떠한 속성도 추가할 수 있다(그리고 별로 개의 치 않는다). R이 유일하게 불평하는 때는 찾는 속성이 없을 때뿐이다.

attr 함수로 객체에 일반적인 속성을 추가할 수 있다. 객체의 속성값을 찾아볼 때도 attr을 이용할 수 있다. 슬롯머신을 한 번 돌렸을 때 얻은 결과인 one_play로 이것이 어떻게 작동하는지 알아보자.

```
> one_play <- play()
> one_play
[1] 0

> attributes(one_play)
[1] NULL
```

attr은 R 객체와 속성 이름(문자열) 등 두 인수를 갖는다. R 객체에 특정 이름의 속성을 주기 위해 attr의 결과에 임의의 값을 저장해 보자. one_play에 문자열 벡터를 담고 있는 symbols라는 이름의 속성을 부여하자.

```
> attr(one_play, "symbols") <- c("B", "0", "B")

> attributes(one_play)
$symbols
[1] "B" "0" "B"
```

어떤 속성값을 찾아보기 위해 attr에 R 객체와 찾고 싶은 속성 이름을 주자.

```
> attr(one_play, "symbols")
[1] "B" "0" "B"
```

만약 one_play와 같은 원소 벡터에 속성을 준다면, R은 일반적으로 벡터값 아래쪽에 속성을 표시한다. 하지만 만약 벡터의 클래스 속성을 바꾸면, R은 이 벡터의 정보를 (POSIXct 객체에서 봤듯이) 새로운 방식으로 표시하게 된다.

```
> one_play
[1] 0
attr(,"symbols")
[1] "B" "0" "B"
```

R은 names나 class와 같이 R 함수가 흔히 찾는 이름을 주지 않으면 객체의 속성은 일반적으로 무시된다. 예를 들어 one_play를 사용할 때 R은 one_play의 symbols 속성을 무시한다.

```
> one_play + 1
[1] 1
attr(,"symbols")
[1] "B" "0" "B"
```

연습문제

symbols라는 이름의 속성에 심벌 정보가 저장된 상금을 돌려주도록 play 함수를 수정하라. 중복 호출되는 print(symbols)는 제거하라.

```
> play <- function() {
+   symbols <- get_symbols()
+   print(symbols)
+   score(symbols)
+ }
```

---

score(symbols)의 출력에 symbols를 속성으로 할당하도록 play 함수의 새로운 버전을 만들 수 있다. play 함수는 보강된 출력을 돌려주게 된다.

```
> play <- function() {
+   symbols <- get_symbols()
+   prize <- score(symbols)
+   attr(prize, "symbols") <- symbols
+   prize
+ }
```

이제 play 함수는 상금과 그에 해당하는 심벌 정보까지 모두 돌려준다. 지금은 결과가 썩 깔끔하지 않지만, 새 객체에 복사해도 상금과 심벌을 모두 유지한다. 잠시 후에 출력 결과를 깔끔하게 정리할 것이다.

```
> play()
[1] 0
attr(,"symbols")
[1] "B" "BB" "0"

> two_play <- play()
```

```
> two_play
[1] 0
attr(,"symbols")
[1] "0" "B" "0"
```

또한 structure 함수로 한방에 상금을 만들고 속성까지 설정할 수 있다. structure 함수는 입력한 속성을 갖는 객체를 생성한다. 첫 인수는 R 객체 혹은 값들의 집합이어야 하고, 나머지 인수는 객체에 추가할 속성의 이름이어야 한다. 이 인수들에 원하는 인수 이름을 넣을 수 있다. structure는 인수 이름으로 적은 이름의 속성을 이 객체에 추가한다.

```
> play <- function() {
+    symbols <- get_symbols()
+    structure(score(symbols), symbols = symbols)
+ }

> three_play <- play()
> three_play
[1] 0
attr(,"symbols")
[1] "0" "BB"  "B"
```

play 함수의 결과가 symbols 속성을 갖게 되었으니 이제 이것으로 무엇을 할 수 있을까? 이 속성을 검색하고 사용할 함수를 작성할 수 있다. 예를 들어 다음 함수는 one_play의 symbols 속성을 찾아서 one_play를 깔끔한 포맷으로 출력하기 위해 그것을 사용할 것이다. 이 함수는 슬롯머신 결과를 보여 줄 때 사용할 것이다. 잠시 이것을 배워보자.

```
> slot_display <- function(prize){
+
+    # symbols 속성을 추출한다.
+    symbols <- attr(prize, "symbols")
+
+    # symbols 벡터를 하나의 문자열로 합친다.
+    symbols <- paste(symbols, collapse = " ")
+
+    # symbol을 정규표현식으로 prize와 결합한다.
+    # \n은 줄바꿈을 의미하는 정규표현식이다(즉, 엔터키나 리턴키를 입력한 효과를 준다).
+    string <- paste(symbols, prize, sep = "\n$")
+
+    # 콘솔에서 결과를 따옴표 없이 표시한다.
+    cat(string)
+ }
```

```
> slot_display(one_play)
[1] B 0 B
[1] $0
```

이 함수는 숫자값과 symbols 속성을 갖는 one_play와 같은 객체를 입력으로 기대한다. 이 함수의 첫 번째 줄은 symbols 속성값을 찾아서 symbols라는 객체에 저장한다. symbols 객체를 보면 함수의 나머지가 무엇을 하는지 알 수 있다. 이 일을 위해 one_play의 symbols 속성을 사용할 수 있다. symbols는 문자열 세트를 갖는 벡터다.

```
> symbols <- attr(one_play, "symbols")

> symbols
[1] "B" "0" "B"
```

다음으로 slot_display는 symbols에 있는 세 문자열을 한 문자열로 합치기 위해 paste를 사용한다. paste는 collapse 인수에 해당하는 문자를 이용해서 문자열 벡터를 한 문자열로 결합한다. 문자열끼리 구분하기 위해 collapse 인수에 해당하는 문자열을 사용하는 것이다. 따라서 symbols는 3개의 문자열을 공백으로 구분하여 B 0 B가 된다.

```
> symbols <- paste(symbols, collapse = " ")

> symbols
[1] "B 0 B"
```

우리 함수는 prize 값에 symbols를 결합하는 데 또 다른 방식으로 paste를 사용한다. paste는 sep 인수를 사용하면 객체들을 하나의 문자열로 합친다. 예를 들어 paste는 symbols인 B 0 B에 prize 값 0을 합친다. paste는 새로운 문자열에서 입력들을 구분하기 위해 sep 인숫값을 사용한다. 여기서 그 값은 \n$고 결과는 "B 0 B\n$0"이다.

```
> prize <- one_play
> string <- paste(symbols, prize, sep = "\n$")

> string
[1] "B 0 B\n$0"
```

slot_display의 마지막 줄은 새로운 문자열에 cat을 호출한다. cat은 print와 비슷하다. 그것의 입력을 명령행에 출력한다. 하지만 cat은 출력에 따옴표를 붙이지 않는다. cat은 \n 대신 새로운 줄을 추가하거나 개행시킨다. 결과는 다음과 같다. 이게 바로 내가 7장 처음에 play 출력으로 제안했던 모습이다.

```
> cat(string)
[1] B 0 B
[1] $0
```

수동으로 play의 출력을 깔끔하게 하기 위해 slot_display를 사용할 수 있다.

```
> slot_display(play())
[1] C B 0
[1] $2

> slot_display(play())
[1] 7 0 BB
[1] $0
```

이 방법은 (slot_display를 호출하기 위해) R 세션에 수동으로 끼어들어야 한다. 매번 표시할 때마다 자동적으로 이 일을 하게 하는 함수가 있다. print가 바로 이런 함수고 **제네릭 함수**라고 부른다.

8.3 제네릭 함수

R은 생각보다 자주 print 함수를 사용한다. 콘솔 창에서 결과를 출력할 때마다 print를 호출한다. 이 호출은 백그라운드에서 일어나기 때문에 알아차리지 못한다. 하지만 이 호출은 콘솔 창에 무슨 일이 일어나고 있는지 알려 준다(print 함수는 콘솔 창에서 인수로 받은 것을 출력해 준다는 사실을 기억하자). print 함수는 콘솔 창에서 어떤 객체를 표시할 때의 결과와 똑같은 결과를 보여 준다.

```
> print(pi)
[1] 3.141593

> pi
[1] 3.141593

> print(head(deck))
   face   suit value
1  king spades    13
2 queen spades    12
3  jack spades    11
4   ten spades    10
```

```
5  nine spades    9
6 eight spades    8

> head(deck)
   face    suit value
1  king spades   13
2 queen spades   12
3  jack spades   11
4   ten spades   10
5  nine spades    9
6 eight spades    8>

> print(play())
[1] 5
attr(,"symbols")
[1] "B"  "BB" "B"

> play()
[1] 5
attr(,"symbols")
[1] "B"  "BB" "B"
```

slot_display에서처럼 보이도록 print 함수를 다시 작성하면 슬롯머신 결과를 표시하는 방법을 바꿀 수 있다. 그러면 깔끔한 형태로 결과를 보여 줄 것이다. 하지만 이 방법에는 부작용이 있다. 데이터 프레임이나 숫자형 벡터, 혹은 어떤 다른 객체를 프린트할 때는 R이 slot_display를 호출하지 않았으면 할 것이다.

다행히 print 함수는 일반적인 함수가 아니라 **제네릭** 함수다. 이것은 print 함수가 경우에 따라 다른 일을 하도록 작성되었다는 것을 의미한다. 비록 여러분이 눈치 채지는 못했겠지만 이미 이러한 성질을 접했다. num에 클래스가 없을 때 print 함수는 무언가 일을 했다.

```
> num <- 1000000000
> print(num)
[1] 1000000000
```

그리고 num에 클래스가 있을 때는 또 다른 일을 했다.

```
> class(num) <- c("POSIXct", "POSIXt")
> print(num)
[1] "2001-09-08 19:46:40 CST"
```

어떤 일이 일어났는지 알기 위해 print 함수 안의 코드를 보자. print 함수는 입력의 클래스 속성을 찾아보고 표시할 출력을 찾기 위해 if 트리 구조를 사용하지 않을까라고 상상해 볼 수 있다. 만약 그렇게 상상했다면 정말 잘했다! 그렇게 단순하지는 않지만 print는 매우 비슷한 일을 한다.

8.4 메서드

print 함수를 호출하면 print 함수는 UseMethod라는 특수 함수를 호출한다.

```
> print
function (x, ...)
UseMethod("print")
<bytecode: 0x7ffee4c62f80>
<environment: namespace:base>
```

UseMethod는 우리가 print의 첫 번째 인수에 제공한 입력의 클래스를 검사한다. 그리고 입력의 클래스를 다루기 위해 지정된 새로운 함수에 이 인수를 넘겨준다. 예를 들어 print에 POSIXct 객체를 입력하면 UseMethod 함수는 print.POSIXct에 print의 모든 인수를 넘긴다. 그러면 R은 print.POSIXct를 실행해서 결과를 돌려준다.

```
> print.POSIXct
function (x, ...)
{
    max.print <- getOption("max.print", 9999L)
    if (max.print < length(x)) {
        print(format(x[seq_len(max.print)], usetz = TRUE), ...)
        cat(" [ reached getOption(\"max.print\") -- omitted",
            length(x) - max.print, "entries ]\n")
    }
    else print(format(x, usetz = TRUE), ...)
    invisible(x)
}
<bytecode: 0x000000001953c940>
<environment: namespace:base>
```

만약 print에 요소 객체를 입력하면 UseMethod는 print.factor에 print의 모든 인수를 넘긴다. 그러면 R은 print.factor를 실행해서 결과를 돌려준다.

```
> print.factor
function (x, quote = FALSE, max.levels = NULL, width = getOption("width"),
    ...)
{
    ord <- is.ordered(x)
    if (length(x) == 0L)
        cat(if (ord)
            "ordered"
...
drop <- n > maxl
        cat(if (drop)
            paste(format(n), ""), T0, paste(if (drop)
            c(lev[1L:max(1, maxl - 1)], "...", if (maxl > 1) lev[n])
        else lev, collapse = colsep), "\n", sep = "")
    }
    invisible(x)
}
<bytecode: 0x00000000189de1f0>
<environment: namespace:base>
```

print.POSIXct와 print.factor를 print의 **메서드**라고 부른다. 그들 자체만으로 일반적인 R 함수처럼 작동하기 때문이다. 하지만 각각은 특별히 작성되었기 때문에, print 입력의 특별한 클래스를 다루기 위해 UseMethod가 그것을 호출하게 된다.

print.POSIXct와 print.factor는 서로 다른 일을 한다(print.factor 함수는 길기 때문에 중간부분을 생략했다). 메서드란 결국 서로 다른 클래스에서 서로 다른 작업을 하도록 print를 관리하는 방법을 말한다. print는 print의 첫 번째 인수의 클래스에 따라 특별한 메서드를 호출하는 UseMethod를 호출한다.

제네릭 함수에 어떤 메서드가 존재하는지 보려면 해당 함수에 대해 methods 함수를 실행하면 된다. 예를 들어 print는 거의 200개의 메서드를 갖고 있다(R에 얼마나 많은 클래스가 있는지 짐작이 갈 것이다).

```
> methods(print)
  [1] print.acf*
  [2] print.anova
  [3] print.aov*
...
[176] print.xgettext*
[177] print.xngettext*
[178] print.xtabs*
```

별표가 붙은 것들은 볼 수 없는 함수다.

제네릭 함수, 메서드, 클래스 기반의 디스패치를 가리켜 S3라고 한다. 왜냐하면 S-PLUS와 R로 진화한 S라는 프로그램 언어의 세 번째 버전에서 처음 사용되었기 때문이다. 많은 R 함수는 클래스 메서드를 가지고 있는 S3 제네릭 함수다. 예를 들어 summary와 head 역시 UseMethod를 호출한다. c, +, -, <, 그리고 다른 많은 기본적인 함수들은 비록 UseMethod 대신에 .primitive 를 호출하기는 하지만 모두 제네릭 함수와 비슷한 방식으로 동작한다.

S3 시스템은 R 함수가 클래스에 따라 여러 방식으로 처리할 수 있도록 한다. 슬롯머신 출력의 형식을 바꾸기 위해 S3를 사용할 수 있다. 먼저 출력에 맞는 클래스를 주자. 그리고 해당 클래스를 위한 print 메서드를 작성하자. 이를 효과적으로 작성하려면 UseMethod가 사용할 메서드 함수를 어떻게 선택하는지 살짝 알아볼 필요가 있다.

8.4.1 메서드 디스패치

UseMethod는 메서드를 함수와 짝짓기 위해 매우 단순한 방법을 사용한다.

모든 S3 메서드는 두 부분으로 된 이름을 갖는다. 이름의 첫 번째 부분은 메서드가 사용할 함수를 가리킨다. 그리고 두 번째 부분은 클래스를 가리킨다. 이 두 부분은 마침표로 구분된다. 예를 들면 function을 가지고 일하는 print 메서드는 print.function이고, matrix를 가지고 일하는 summary 메서드는 summary.matrix다.

UseMethod는 메서드를 호출할 필요가 있을 때 정확한 S3 스타일의 이름을 갖는 R 함수를 찾는다. 이 함수는 특별할 필요가 전혀 없다. 정확한 이름만 있으면 된다.

사용 가능한 S3 스타일의 이름을 가진 함수를 작성하기만 하면 이 시스템을 이용할 수 있게 된다. 예를 들어 one_play 객체에 클래스를 지정하자. 클래스 이름을 뭐라고 하든 상관없다. 이 클래스 속성에 원하는 문자열을 저장할 수 있다.

```
> class(one_play) <- "slots"
```

이제 slots 클래스를 위한 S3 print 메서드를 작성하자. 이 메서드는 특별한 일을 할 필요가 없다. one_play를 출력할 필요조차 없다. 하지만 print.slots라는 이름을 사용해야만 한다. 그렇지 않으면 UseMethod는 그것을 찾을 수 없다. 메서드는 또한 print와 같은 인수를 가져야 한다. 그렇지 않으면 R은 print.slots에 인수를 넘겨줄 때 에러를 발생하게 된다.

```
> args(print)
function (x, ...)
NULL

> print.slots <- function(x, ...) {
+   cat("print.slots 메서드를 사용하고 있습니다.")
+ }
```

메서드가 잘 작동하는가? 그렇다. 그뿐만 아니다. R은 one_play의 내용을 표시하기 위해 print 메서드를 사용한다. 이 메서드는 그리 유용하지 않으므로 일단 지우도록 한다. 잠시 후면 더 좋은 것을 작성할 기회가 있다.

```
> print(one_play)
print.slots 메서드를 사용하고 있습니다.

> one_play
print.slots 메서드를 사용하고 있습니다.

> rm(print.slots)
```

어떤 R 객체는 여러 가지 클래스를 갖는다. 예를 들어 Sys.time의 출력은 두 클래스를 갖는다. print 메서드를 찾기 위해 UseMethod는 어떤 클래스를 사용할까?

```
> now <- Sys.time()
> attributes(now)
$class
[1] "POSIXct" "POSIXt"
```

UseMethod는 먼저 이 객체의 클래스 벡터에서 첫 번째 클래스와 매칭되는 메서드를 찾을 것이다. 만약 UseMethod가 이를 발견하지 못하면 두 번째 클래스와 매칭되는 메서드를 찾을 것이다 (객체의 클래스 벡터에 클래스가 더 있다면 이런 식으로 계속 찾는다).

클래스가 print 메서드를 갖지 않는 어떤 객체를 print에 넘겨주면, UseMethod는 일반적인 경우를 위해 작성된 특별한 메서드인 print.default를 호출한다.

이 시스템을 이용해서 슬롯머신 출력을 위한 더 나은 print 메서드를 작성해 보자.

우리는 이미 slot_display를 작성하면서 어려운 일들을 해결했기 때문에 print.slots 메서드를 작성하는 일은 너무 쉽다. 예를 들어 아래 메서드는 잘 작동한다. 단지 UseMethod가 찾을 수 있도록 print.slots라고 이름 짓는 것과 UseMethod가 print에서 사용하는 인수들을 print.slots에 그대로 에러 없이 넘길 수 있도록 같은 인수들을 적어 주는 것을 명심하자.

```
> print.slots <- function(x, ...) {
+    slot_display(x)
+ }
```

이제 R은 자동적으로 slots 클래스를 갖는 객체들을 출력하는 데 slot_display를 사용한다.

```
> one_play
[1] B 0 B
[1] $0
```

슬롯머신의 결과가 반드시 slots 클래스를 갖도록 하자.

symbols 속성을 부여하는 동시에 출력에 클래스 속성을 할당하자. structure 함수를 호출할 때 class = "slots"를 추가해 주면 된다.

```
> play <- function() {
+    symbols <- get_symbols()
+    structure(score(symbols), symbols = symbols, class = "slots")
+ }
```

이제 슬롯머신을 플레이할 때마다 slots라는 클래스를 갖는다.

```
> class(play())
[1] "slots"
```

결국 R은 play 함수의 결과들을 정확한 슬롯머신 포맷으로 표시한다.

```
> play()
[1] BB BB BBB
[1] $5

> play()
[1] BB 0 0
[1] $0
```

8.5 클래스

R에 새로운 클래스의 객체를 만드는 데 S3 시스템을 사용할 수 있다. 그러면 R은 해당 클래스의 객체를 일관적이고 합리적인 방식으로 처리할 것이다. 클래스를 만들기 위해 아래 3가지를 기억하자.

- 클래스의 이름을 정한다.
- 각 인스턴스, 즉 객체에 클래스 속성을 부여한다.
- 클래스의 객체를 사용하는 제네릭 함수를 위한 클래스 메서드를 작성한다.

많은 R 패키지가 비슷한 방법으로 만들어진 클래스들을 사용한다. 이 일이 단순해 보일지는 몰라도 쉽지는 않다. 예를 들어 미리 정해진 클래스들을 위해 얼마나 많은 메서드가 존재하는지 생각해 보라.

class 인수에 문자열 형태로 클래스를 넣고 methods를 실행할 수 있다. methods는 클래스를 위해 작성된 모든 메서드를 돌려준다. 물론 불러오지 않은 R 패키지 안에 있는 메서드까지 보여줄 수는 없다.

```
> methods(class = "factor")
[1] [.factor              [[.factor
[3] [[<-.factor           [<-.factor
[5] all.equal.factor      as.character.factor
```

```
 [7] as.data.frame.factor  as.Date.factor
 [9] as.list.factor        as.logical.factor
[11] as.POSIXlt.factor     as.vector.factor
[13] droplevels.factor     format.factor
[15] is.na<-.factor        length<-.factor
[17] levels<-.factor       Math.factor
[19] Ops.factor            plot.factor*
[21] print.factor          relevel.factor*
[23] relist.factor*        rep.factor
[25] summary.factor        Summary.factor
[27] xtfrm.factor
```

별표가 붙은 것들은 볼 수 없는 함수다.

이 출력을 통해 안정적으로 잘 작동하는 클래스 하나를 만들기 위해 얼마나 많은 일을 해야 하는지 알 수 있다. 모든 기본적인 R 연산을 위해 class 메서드를 작성해야 하기 때문이다.

당면한 두 가지 도전을 생각해 보자. 먼저 R은 벡터 안에 객체를 넣기 위해 (class 같은) 속성을 버린다.

```
> play1 <- play()
> play1
[1] B BBB BBB
[1] $5

> play2 <- play()
> play2
[1] 0 B 0
[1] $0

> c(play1, play2)
[1] 5 0
```

벡터 c(play1, play2)는 더 이상 slots라는 클래스 속성을 갖지 않기 때문에 R은 print.slots를 사용하지 않는다.

다음으로 R은 객체를 추출할 때 (class 같은) 객체의 속성을 버리게 된다.

```
> play1[1]
[1] 5
```

c.slots와 [.slots 메서드를 작성하면 이것을 막을 수 있다. 하지만 이런 식으로 모든 제네릭

함수에 대해 메서드를 작성하다보면 끝이 없을 것이다. symbols 속성 벡터에 여러 번 플레이한 정보를 속성 정보로 추가하려면 어떻게 해야 할까? 출력 벡터를 다루기 위해 print.slots를 어떻게 바꿀 수 있을까? 이러한 도전이 여러분에게 열려 있다. 하지만 데이터과학자로서 이렇게 큰 규모의 프로그래밍을 꼭 해야 하는 것은 아니다.

우리의 경우 앞에서 봤듯이 상금 결과들을 한 벡터로 모으면, slots 객체들은 클래스 정보가 사라진 상금값만 갖는 객체들로 돌아간다.

8.6 S3와 디버깅

R 함수들을 이해하려고 할 때 S3 때문에 짜증이 날 수도 있다. 함수의 코드 부분에 UseMethod를 호출할 때 함수가 어떻게 동작하는지 설명하기가 쉽지 않다. 이제 UseMethod가 클래스에 특화된 메서드를 호출할 것이고, 직접 이 메서드를 찾아서 실행할 수 있다는 것까지 배웠다. <함수명.클래스명> 혹은 <함수명.default>와 같은 형태의 이름을 갖는 함수가 될 것이다. methods 함수를 통해 어떤 메서드들이 이 함수 혹은 클래스와 관련되었는지 볼 수 있다.

8.7 S4와 R5

R은 또한 특정 클래스 동작을 위한 두 가지 다른 시스템을 갖고 있다. S4와 R5(혹은 참조 클래스)가 그것이다. 이 시스템은 S3보다 사용하기 훨씬 더 어렵다. 그래서 아마도 결과적으로 사용할 기회가 더 드물다. 하지만 이들은 S3에는 없는 안전장치를 제공한다. 만약 자신만의 제네릭 함수를 작성하고 사용하는 방법이 포함된 이 시스템들에 대해 좀 더 자세히 알고 싶다면, 곧 출간될 해들리 위크햄이 저술한『고급 R 프로그래밍Advanced R Programming』을 추천한다.

8.8 마치며

R에서 값을 정보 저장에만 쓰고, 함수를 특별한 동작에만 쓴다고 생각하면 오산이다. S3 시스템을 사용하면 이 둘을 모두 할 수 있다. S3 시스템은 R에서 객체에 특화된 동작을 만드는 간단한 방법을 제공한다. 다시 말해, R의 객체 지향 프로그래밍object-oriented programming (OOP)이라고 할 수 있다. 이 시스템은 제네릭 함수들로 구현된다. 이 함수들은 입력 객체의 클래스 속성을 살펴보고 출력을 만드는 데 특정 클래스를 위한 메서드를 호출한다. 많은 S3 메서드가 객체의 속성에 저장된 추가 정보를 찾아서 사용한다. 많은 일반적인 R 함수들은 S3 제네릭 함수다.

R의 S3 시스템은 데이터과학보다 컴퓨터과학에 더 도움이 된다. 하지만 S3를 이해하는 것은 데이터과학자로서 R에서 일하다 생길 수 있는 문제를 해결하는 데 도움이 될 것이다.

지금까지 사용자가 원하는 일을 수행하는 R 코드를 작성하는 방법에 대해 정말 살짝 알아봤다. 하지만 이 일을 어떻게 반복할 수 있을까? 데이터과학을 하다보면 어떤 일을 때론 수천 번 혹은 백만 번까지도 반복해야 할 때가 있다. 반복을 통해 시뮬레이션 결과를 알아보고 확률을 추정할 수 있기 때문이다. 9장에서는 R의 for 문과 while 문을 통해 반복을 자동화하는 방법을 알아볼 것이다. 슬롯머신을 여러 번 시뮬레이션하고 슬롯머신의 배당률을 계산하는 데 for 문을 사용할 것이다.

## CHAPTER 9

반복문

반복문은 반복적인 작업을 통해 프로그래밍 시뮬레이션을 유용하게 만든다. 이번 장에서는 R의 반복문 사용법에 대해 알아본다.

실생활 문제를 다루기 위해 score 함수를 사용하자.

우리가 만든 슬롯머신은 사기 혐의로 고소당한 실제 기기를 모델로 했다. 이 기기는 달러당 40센트를 돌려준다고 고소당했지만 제조사 측에서는 달러당 92센트를 돌려준다고 주장했다. score 프로그램을 통해 정확한 배당률을 계산할 수 있다. 이 배당률은 슬롯머신 상금의 기댓값이 될 것이다.

9.1 기댓값

임의 사건의 기댓값은 일종의 가중치가 적용된 평균값이다. 이것은 각 결과가 일어날 확률에 따라 가중치가 적용된 사건의 결과들의 합을 의미한다.

$$E(x) = \sum_{i=1}^{n} (x_i \cdot P(x_i))$$

이 기댓값은 슬롯머신을 무한 횟수만큼 반복할 때 관찰되는 평균적인 상금으로 볼 수 있다. 어떤 간단한 기댓값 계산을 위해 이 수식을 사용하자. 우리는 슬롯머신에 이 수식을 적용해 볼 것이다.

1부에서 만든 die 객체를 기억하는가?

```
> die <- c(1, 2, 3, 4, 5, 6)
```

주사위를 굴릴 때마다 랜덤하게 (1부터 6사이의) 값을 리턴한다. 위 수식을 이용해서 주사위 던지기의 기댓값을 찾을 수 있다.

$$E(\text{die}) = \sum_{i=1}^{n} (\text{die}_i \cdot P(\text{die}_i))$$

die_i는 주사위를 굴릴 때 나올 수 있는 결과다(주사위의 결과는 1, 2, 3, 4, 5, 6 중 하나다). 그리고 $P(\text{die}_i)$는 각 결과가 나올 확률이다. 만약 주사위가 공정하다면 각 결과는 1/6의 확률로 나와야 한다. 따라서 수식은 아래와 같이 간단히 전개된다.

$$E(\text{die}) = \sum_{i=1}^{n} (\text{die}_i \cdot P(\text{die}_i))$$

$$= 1 \cdot \frac{1}{6} + 2 \cdot \frac{1}{6} + 3 \cdot \frac{1}{6} + 4 \cdot \frac{1}{6} + 5 \cdot \frac{1}{6} + 6 \cdot \frac{1}{6}$$

$$= 3.5$$

따라서 정상적인 주사위를 굴렸을 때 기댓값은 3.5다. 주사위의 평균값을 의미한다. 모든 경우의 수가 같은 확률로 발생하기 때문에 평균값과 같게 된다.

하지만 만약 일어날 확률이 다르다면 어떨까? 예를 들어 2장에서는 1, 2, 3, 4, 5는 1/8의 확률로, 6은 3/8의 확률로 나오도록 주사위를 조작했다. 이 경우에도 같은 수식을 사용하여 기댓값을 계산할 수 있다.

$$E(\text{die}) = 1 \cdot \frac{1}{8} + 2 \cdot \frac{1}{8} + 3 \cdot \frac{1}{8} + 4 \cdot \frac{1}{8} + 5 \cdot \frac{1}{8} + 6 \cdot \frac{3}{8}$$

$$= 4.125$$

기댓값이 이전의 평균값과 다르다. 만약 무한대로 주사위를 던지면 정상적인 주사위보다 더 높은 4.125의 결과를 갖게 된다.

이 기댓값을 계산하기 위해 다음 과정을 반복한다.

1. 가능한 경우의 결과 값들을 나열한다.

2. 각 결과 값(여기는 주사위의 숫자)을 정한다.

3. 각 결과가 일어날 확률을 계산한다.

그리고 기댓값은 2번에서 얻어진 값에 3번의 확률을 곱해서 모두 더하면 된다.

이 과정은 더 복잡한 기댓값을 계산할 때도 마찬가지다. 예를 들어 조작된 주사위 한 쌍을 굴릴 때의 기댓값도 마찬가지로 계산할 수 있다. 한 단계씩 해 보자.

먼저 가능한 결과값들을 나열해 보자. 주사위 한 쌍을 굴리면 모두 36가지의 서로 다른 결과가 나올 수 있다. 예를 들어 첫 번째 주사위가 1, 두 번째 주사위도 1이 나와 (1, 1)을 얻을 수 있다. 아니면 첫 번째 주사위가 1, 두 번째가 2가 나와 (1, 2)를 얻을 수 있다. 이 조합들을 나열하는 것은 지루한 일이다. R은 이것을 도와주는 함수를 제공한다.

9.2 expand.grid

expand.grid 함수는 n벡터의 원소들의 모든 조합을 빠르게 만드는 데 사용하는 함수다. 예를 들어 두 주사위의 모든 조합을 리스트로 만들 수 있다. 이를 위해 expand.grid를 die 두 개를 이용해서 실행해 보자.

```
> rolls <- expand.grid(die, die)
```

expand.grid는 첫 번째 die 벡터의 원소들과 두 번째 die 벡터의 원소들을 서로 짝지어 모든 조합을 포함하는 데이터 프레임을 돌려준다. 여기에는 36가지 가능한 조합이 들어 있다.

```
> rolls
   Var1 Var2
1    1    1
2    2    1
3    3    1
...
34   4    6
35   5    6
36   6    6
```

원한다면 둘 이상의 벡터를 사용할 수도 있다. 3개의 주사위를 던져서 나올 수 있는 모든 조합을 얻기 위해서는 expand.grid(die, die, die)를 사용하면 되고, 4개의 주사위를 던져서 나올 수 있는 조합 역시 expand.grid(die, die, die, die)를 통해 얻을 수 있다. expand.grid는 항상 n벡터로부터 n개의 원소로 이루어진 가능한 조합을 포함하는 데이터 프레임을 돌려준다. 각 조합은 각 벡터로부터 정확히 하나의 원소를 포함한다.

일단 나올 수 있는 조합을 만든 다음에 굴렸을 때 얻는 주사위의 합을 결정할 수 있다. 물론 R의 원소 단위 실행을 사용해서 계산할 수 있다.

```
> rolls$value <- rolls$Var1 + rolls$Var2
> head(rolls, 3)
  Var1 Var2 value
1   1    1     2
2   2    1     3
3   3    1     4
```

R은 두 원소를 더하기 전에 각 벡터의 원소들을 서로 짝지을 것이다. 결과적으로 각 원소의 value는 같은 행에 나오는 Var1과 Var2의 원솟값에 해당한다.

다음으로 각 조합이 나오는 확률을 결정해야 한다. 다음의 간단한 확률 이론으로 계산할 수 있다.

n가지의 독립적인 임의 사건이 동시에 일어날 확률은 각 사건이 일어날 확률의 곱과 같다.

다음과 같이 더 간단하게 표현할 수 있다.

$$P(A \& B \& C \& ...) = P(A) \cdot P(B) \cdot P(C) \cdot ...$$

우리가 주사위를 굴려서 (1, 1)이 나올 확률은 첫 주사위가 1이 나올 확률 1/8과 다음 주사위도 1이 나올 1/8을 곱한 것과 같다.

$$P(1 \& 1) = P(1) \cdot P(1)$$
$$= \frac{1}{8} \cdot \frac{1}{8}$$
$$= \frac{1}{64}$$

그리고 (1, 2)가 나올 확률은 다음과 같다.

$$P(1\,\&\,2) = P(1) \cdot P(2)$$

$$= \frac{1}{8} \cdot \frac{1}{8}$$

$$= \frac{1}{64}$$

R에서 이 확률을 계산하는 세 단계를 제안해 보겠다. 첫째, Var1에서 값들이 나올 확률을 찾아볼 수 있다. 이를 위해 아래와 같은 검색 테이블이 필요하다.

```
> prob <- c("1" = 1/8, "2" = 1/8, "3" = 1/8, "4" = 1/8, "5" = 1/8, "6" = 3/8)

> prob
    1     2     3     4     5     6
0.125 0.125 0.125 0.125 0.125 0.375
```

만약 이 테이블에서 rolls$Var1으로 서브세트를 구하면, Var1의 값에 해당하는 확률의 벡터를 얻게 된다.

```
> rolls$Var1
 [1] 1 2 3 4 5 6 1 2 3 4 5 6 1 2 3 4 5 6 1 2 3 4 5 6 1 2 3 4 5 6 1 2 3 4 5 6

> prob[rolls$Var1]
    1     2     3     4     5     6     1     2     3     4     5     6
0.125 0.125 0.125 0.125 0.125 0.375 0.125 0.125 0.125 0.125 0.125 0.375
    1     2     3     4     5     6     1     2     3     4     5     6
0.125 0.125 0.125 0.125 0.125 0.375 0.125 0.125 0.125 0.125 0.125 0.375
    1     2     3     4     5     6     1     2     3     4     5     6
0.125 0.125 0.125 0.125 0.125 0.375 0.125 0.125 0.125 0.125 0.125 0.375

> rolls$prob1 <- prob[rolls$Var1]
> head(rolls, 3)
  Var1 Var2 value prob1
1    1    1     2 0.125
2    2    1     3 0.125
3    3    1     4 0.125
```

둘째, Var2에 해당하는 확률도 얻을 수 있다.

```
> rolls$prob2 <- prob[rolls$Var2]

> head(rolls, 3)
```

```
   Var1 Var2 value prob1 prob2
1    1    1     2 0.125 0.125
2    2    1     3 0.125 0.125
3    3    1     4 0.125 0.125
```

셋째, prob1과 prob2를 곱해서 각 조합에 대한 확률을 계산한다.

```
> rolls$prob <- rolls$prob1 * rolls$prob2

> head(rolls, 3)
   Var1 Var2 value prob1 prob2      prob
1    1    1     2 0.125 0.125 0.015625
2    2    1     3 0.125 0.125 0.015625
3    3    1     4 0.125 0.125 0.015625
```

이제 나올 수 있는 결과도 있고, 각 결과의 확률도 알기 때문에 쉽게 기댓값을 계산할 수 있다. 기댓값은 주사위 한 쌍에 대한 확률과 주사위 합을 곱한 값들의 합을 말한다.

```
> sum(rolls$value * rolls$prob)
[1] 8.25
```

결국 조작된 주사위 한 쌍에 대한 기댓값은 8.25가 된다. 만약 이 주사위 한 쌍을 무한히 던지게 되면 평균적으로 합이 8.25가 된다는 것이다(정상적인 주사위를 던졌을 때 기댓값은 7이다. 이는 왜 크랩스와 같은 주사위 게임에서 7이 중요한 역할을 하는지 대변한다).

이제 몸풀기를 했으니 슬롯머신 상금에 대한 기댓값을 계산해 보자. 방금했던 것과 같은 방법으로 한다.

1. 슬롯머신을 작동했을 때 나올 수 있는 모든 결과를 나열한다. 즉, 세 가지 심벌의 모든 조합을 나열한다.

2. 각 조합을 얻을 확률을 계산한다.

3. 각 조합에 따른 상금을 정한다.

그러면 아래와 같은 데이터 세트를 얻을 수 있다.

```
 Var1 Var2 Var3 prob1 prob2 prob3      prob prize
  DD   DD   DD  0.03  0.03   0.03 0.000027   800
   7   DD   DD  0.03  0.03   0.03 0.000027     0
 BBB   DD   DD  0.06  0.03   0.03 0.000054     0
 … 등등
```

기댓값은 일어날 확률에 상금을 곱해서 모두 더하면 된다.

$$E(\text{prize}) = \sum_{i=1}^{n} (\text{prize}_i \cdot P(\text{prize}_i))$$

연습문제

wheel 벡터로부터 3가지 심벌이 얻어질 모든 조합을 갖는 데이터 프레임을 만들기 위해 expand.
grid를 사용하자.

```
> wheel <- c("DD", "7", "BBB", "BB", "B", "C", "0")
```

expand.grid를 호출할 때 stringsAsFactors = FALSE라는 인수를 추가한다. 그렇지 않으면 이
조합들이 모두 요인 형태로 저장될 것이고 score 함수를 사용하는 데 지장을 초래할 것이다.

모든 조합을 가진 데이터 프레임을 만들기 위해 expand.grid 함수에 wheel을 **세 번** 입력하고 실
행해야 한다. 결과는 343개의 행을 가진 데이터 프레임이 된다. 각 행은 세 가지 심벌의 유일한
조합을 의미한다.

```
> combos <- expand.grid(wheel, wheel, wheel, stringsAsFactors = FALSE)

> combos
     Var1 Var2 Var3
1     DD   DD   DD
2      7   DD   DD
3    BBB   DD   DD
4     BB   DD   DD
5      B   DD   DD
6      C   DD   DD
...
341    B    0    0
342    C    0    0
343    0    0    0
```

이제 각 조합이 나올 확률을 계산하자. 이를 위해 get_symbols의 prob 인수에 담긴 확률을 사
용할 수 있다. 이 확률값은 슬롯머신에서 심벌을 만들 때 각 심벌이 얼마나 자주 선택될지 결정
한다. 이것은 매니토바의 비디오 복권 게임기를 345번 실행한 후에 얻어진다. 0이 선택될 확률
(0.52)이 가장 높고, 체리가 나올 확률(0.01)이 가장 낮다.

```
> get_symbols <- function() {
+   wheel <- c("DD", "7", "BBB", "BB", "B", "C", "0")
+   sample(wheel, size = 3, replace = TRUE,
+     prob = c(0.03, 0.03, 0.06, 0.1, 0.25, 0.01, 0.52))
+ }
```

연습문제

검색 테이블에 이전 확률들을 따로 분리하라. 테이블에 어떤 이름을 사용하면 좋을까?

이름은 검색을 위해 사용할 입력과 대응해야 한다. 이 경우 입력은 Var1, Var2, Var3에 나타나는 문자열들이 될 것이다. 검색 테이블은 아래와 같이 된다.

```
> prob <- c("DD" = 0.03, "7" = 0.03, "BBB" = 0.06,
+   "BB" = 0.1, "B" = 0.25, "C" = 0.01, "0" = 0.52)
```

이제 확률을 찾아보자.

연습문제

Var1에 대한 확률값을 찾아보라. 그리고 이것을 combos에 prob1이라는 이름의 열로 추가하라. Var2(prob2)와 Var3(prob3)에 대해서도 똑같이 하라.

검색 테이블에서 값을 찾기 위한 표기법을 기억해 보자. 사용한 인덱스를 키로 갖는 값을 얻게 된다.

```
> combos$prob1 <- prob[combos$Var1]
> combos$prob2 <- prob[combos$Var2]
> combos$prob3 <- prob[combos$Var3]

> head(combos, 3)
  Var1 Var2 Var3 prob1 prob2 prob3
1   DD   DD   DD  0.03  0.03  0.03
2    7   DD   DD  0.03  0.03  0.03
3  BBB   DD   DD  0.06  0.03  0.03
```

이제 각 조합에 대한 전체 확률은 어떻게 계산할 수 있을까? 세 가지 심벌은 서로 독립적으로 선택된다. 다시 말해, 심벌 확률을 다룰 때도 주사위 확률을 다룰 때와 같이 할 수 있다.

$$P(A \& B \& C \& \ldots) = P(A) \cdot P(B) \cdot P(C) \cdot \ldots$$

연습문제

각 조합에 대한 전체 확률을 계산하라. 이것을 combos에 prob라는 이름의 열로 저장하고, 잘 됐는지 확인하라.

확률을 더해 보면 잘 됐는지 확인할 수 있다. 모두 더해서 1이 나와야 한다. 왜냐하면 이 조합 중 하나는 반드시 나와야 하기 때문이다. 다시 말해, 이들 조합 중 하나가 나올 확률이 1이라는 의미다.

모든 가능한 조합에 대한 확률은 원소별로 연산을 이용해서 한 줄로 끝낼 수 있다.

```
> combos$prob <- combos$prob1 * combos$prob2 * combos$prob3

> head(combos, 3)
  Var1 Var2 Var3 prob1 prob2 prob3    prob
1   DD   DD   DD  0.03  0.03  0.03 2.7e-05
2    7   DD   DD  0.03  0.03  0.03 2.7e-05
3  BBB   DD   DD  0.06  0.03  0.03 5.4e-05
```

확률의 합은 1이다. 우리 계산이 정확하다는 것을 알 수 있다.

```
> sum(combos$prob)
[1] 1
```

기댓값을 계산하기 전에 한 가지 해야 할 일이 있다. combos에 각 조합에 대한 상금을 정해야 한다. 상금은 score로 계산할 수 있다. 예를 들어 다음과 같이 combos의 첫 번째 행에 대한 상금을 얻을 수 있다.

```
> symbols <- c(combos[1, 1], combos[1, 2], combos[1, 3])
[1] "DD" "DD" "DD"

> score(symbols)
[1] 800
```

하지만 경우의 수는 모두 343가지고, 이것을 모두 일일이 계산해야 한다면 정말 따분한 일이다. 이것을 for 문을 이용해서 자동화한다면 더 빨리 해낼 수 있을 것이다.

9.3 for 문

for 문은 코드 덩어리를 입력한 집합의 원소만큼 여러 번 반복한다. for 문은 R에 '저기 있는 모든 값에 대해 이것을 하라'고 말하는 방법을 제공한다. R 문법에서 이것은 다음과 같다.

```
> for (value in that) {
+    this
+ }
```

that 객체는 객체의 집합(숫자 혹은 문자열의 벡터)이어야 한다. for 문은 that에 있는 원소마다 한 번씩 반복해서 괄호 안의 코드를 수행한다. 예를 들어 아래 for 문은 print("one run")을 문자열 벡터에 있는 각 원소마다 한 번씩 수행한다.

```
> for (value in c("My", "first", "for", "loop")) {
+    print("one run")
+ }
[1] "one run"
[1] "one run"
[1] "one run"
[1] "one run"
```

for 문에서 value는 함수에서 인수와 같이 동작한다. for 문은 value라는 이름의 객체를 만들고 루프를 돌릴 때마다 그곳에 새로운 값을 할당한다. 루프 안의 코드는 이 값을 value라는 객체를 통해 사용할 수 있다.

어떤 값이 value에 할당될까? 루프를 수행하는 집합의 원소들을 value 값으로 사용한다. for는 첫 원소부터 시작하여 모든 원소가 value에 할당될 때까지 매번 다른 원솟값을 value에 할당한다. 예를 들어 아래 코드의 경우 for 문은 print(value)를 4번 반복한다. 그리고 매번 c("My", "second", "for", "loop")의 원소를 하나씩 출력한다.

```
> for (value in c("My", "second", "for", "loop")) {
+    print(value)
+ }
[1] "My"
[1] "second"
[1] "for"
[1] "loop"
```

첫 번째 실행에서 for 문은 print(value)에 value 값으로 "My"를 대입한다. 두 번째 실행에서는 "second"를, ... 이런 식으로 집합 안에 있는 모든 원소를 한 번씩 실행할 때까지 계속한다.

만약 루프문을 실행한 후 value 값을 보면, value에는 여전히 집합의 마지막 원소가 할당되어 있을 것이다.

```
> value
[1] "loop"
```

for 문을 위해 value라는 심벌을 사용했다. 하지만 별로 특별한 것은 없다. for 문 다음 나오는 괄호 안의 in 앞에 나오는 심벌과 같은 이름을 루프 안에서 잘 사용하는 한 문제 될 것 없다. 다시 말해, 아래와 같이 해도 아무 문제 없다.

```
> for (word in c("My", "second", "for", "loop")) {
+   print(word)
+ }
+ for (string in c("My", "second", "for", "loop")) {
+   print(string)
+ }
+ for (i in c("My", "second", "for", "loop")) {
+   print(i)
+ }
```

CAUTION_ 심벌을 신중하게 결정하자

R은 루프문을 호출한 환경에서 반복 수행된다. 만약 루프가 이 환경에 이미 존재하는 객체 이름을 사용한다면 그 사실은 별로 좋은 소식이 아니다. 이 루프에서 만든 객체는 존재하는 객체를 덮어 쓰게 된다. 이것은 또한 심벌값에도 영향을 준다.

NOTE_ for 문은 집합으로 동작한다

일반적으로 다른 언어에서 for 문은 R에서처럼 집합이 아니라 순차적으로 변화하는 정숫값을 가지고 동작하도록 되어 있다. 루프에 시작하는 값과 끝나는 값 그리고 루프 사이에 값을 얼마나 증가시킬지 정해 준다. for 문은 루프값이 마지막 값이 될 때까지 수행한다.

R에서는 정수의 집합을 이용해서 이와 같은 효과를 얻을 수 있다. 하지만 R에서는 정수들의 나열이 아닌 어떤 집합의 원소들에 대해 for 문을 실행한다는 사실을 놓치지 말자.

for 문은 한 집합의 각 원소와 코드를 연결할 수 있기 때문에 프로그래밍하는 데 매우 유용하다. 예를 들어 combos에서 각 열마다 한 번씩 score를 실행하기 위해 for 문을 사용할 수 있다. 하지만 R의 for 문은 사용하기 전에 미리 알아야 할 단점이 있다. for 문은 출력을 돌려주지 않는다.

for 문에서 일어난 일은 for 문 안에 머무른다. 만약 for 문의 출력을 사용하고 싶다면 출력할 내용을 따로 저장하도록 for 문을 작성해야 한다.

이전 예제에서 출력이 있었다고 생각한다면 뭔가 착각한 것이다. 예제에서는 print 함수를 호출해서 콘솔에 출력하도록 했기 때문에 그렇게 생각할 수도 있다. for 문에서 print 호출을 지우면 어떤 것도 돌려주지 않는다.

```
> for (value in c("My", "third", "for", "loop")) {
+   value
+ }
    ← 어떤 것도 돌려주지 않는다.
```

for 문에서 출력을 저장하기 위해서는 수행할 때마다 출력을 따로 저장하도록 루프를 작성해야 한다. 루프문을 시작하기 전에 빈 벡터나 리스트를 생성해야 한다. 그리고 이 벡터 혹은 리스트를 채우기 위해 for 문을 사용한다. for 문이 끝났을 때 모든 결과를 갖고 있는 벡터나 리스트를 사용할 수 있다.

다음을 실행해 보자. 다음 코드는 길이가 4인 빈 벡터를 생성한다.

```
> chars <- vector(length = 4)
```

다음 루프에서 이 벡터를 문자열로 채운다.

```
> words <- c("My", "fourth", "for", "loop")

> for (i in 1:4) {
+   chars[i] <- words[i]
+ }

> chars
[1] "My"      "fourth" "for"      "loop"
```

이 방법은 보통 for 문을 수행할 집합을 바꾸도록 한다. 객체들의 집합을 사용하는 대신, 객체와 저장할 벡터에 동시에 인덱스를 사용할 수 있는 정수들의 집합을 사용한다. 이 방법은 R에서 가장 흔하다. 일반적으로 코드를 수행할 뿐 아니라 그 결과를 벡터나 리스트에 저장하기 위해 for 문을 사용한다.

combos에서 각 행에 대한 상금을 계산하는 데 for 문을 사용하자. 시작하기 위해 combos에 for 문의 결과를 저장하기 위한 새로운 열을 만든다.

```
> combos$prize <- NA
```

```
> head(combos, 3)
    Var1 Var2 Var3 prob1 prob2 prob3    prob prize
1    DD   DD   DD  0.03  0.03  0.03 2.7e-05    NA
2     7   DD   DD  0.03  0.03  0.03 2.7e-05    NA
3   BBB   DD   DD  0.06  0.03  0.03 5.4e-05    NA
```

이 코드는 prize라는 이름의 새로운 열을 만들고 NA로 채운다. R은 열의 모든 값을 NA로 채우기 위해 순환 규칙을 사용한다.

다음 코드로 combos의 각 행에 대해 score 함수를 실행할 수 있다.

```
> for (i in 1:nrow(combos)) {
+     symbols <- c(combos[i, 1], combos[i, 2], combos[i, 3])
+     combos$prize[i] <- score(symbols)
+ }
```

for 문을 수행한 후, combos$prize는 각 행에 대한 정확한 상금을 저장한다. 이 연습문제 역시 score 함수를 테스트한다. 모든 가능한 슬롯 조합에 대해 score 함수가 정확히 작동하는 것을 보여 준다.

```
> head(combos, 3)
    Var1 Var2 Var3 prob1 prob2 prob3    prob prize
1    DD   DD   DD  0.03  0.03  0.03 2.7e-05   800
2     7   DD   DD  0.03  0.03  0.03 2.7e-05     0
3   BBB   DD   DD  0.06  0.03  0.03 5.4e-05     0
```

이제 상금의 기댓값을 계산할 준비를 모두 마쳤다. 기댓값은 combos$prize에 combos$prob를 곱한 값들의 합이다. 이는 또한 슬롯머신의 배당률을 의미한다.

```
> sum(combos$prize * combos$prob)
[1] 0.538014
```

이런! 기대할 수 있는 상금은 약 0.54다. 이것은 슬롯머신을 여러 번 실행했을 경우 달러당 54센트 돌려준다는 것을 의미한다. 이것이 매니토바 슬롯머신 제조사가 거짓말을 했다는 증거일까?

그렇지 않다. 왜냐하면 우리는 score 함수에서 다이아몬드가 와일드카드라는 중요한 사실을 아직 고려하지 않았기 때문이다. 다이아몬드(DD)의 경우 상금이 증가한다면 어떠한 심벌로도 바꿀 수 있다. 물론 체리(C)가 하나도 없다면 다이아몬드(DD)는 체리가 될 수 없다(DD는 무조건 자동으로 2불을 받는다면 참 쉬울 텐데 말이다).

DD에서 가장 좋은 점은 효과가 누적된다는 사실이다. 예를 들어 B, DD, B의 조합을 생각해 보자. DD를 B로 치환해서 10불의 상금을 얻을 수 있을 뿐 아니라, DD가 하나 있으므로 상금을 두 배로 만들어 20불이 되게 한다.

코드에 이러한 성질을 추가하는 것은 지금까지 했던 것보다 조금 더 어렵지만, 모두 같은 원리다. 물론 여러분의 슬롯머신은 와일드카드를 고려하지 않고 지금의 코드를 유지할 수도 있다. 하지만 이 경우 54센트밖에 돌려받지 못한다. 혹은 와일드카드를 고려해서 코드를 다시 작성할 수도 있다. 그렇게 하면 제조사의 주장보다 1% 더 높은 93%의 배당률을 얻게 될 것이다. 앞에서 사용했던 방법으로 배당률을 다시 계산해 보자.

도전과제

DD를 고려하는 다양한 방법이 있다. R 프로그래머로서 자신의 기술을 테스트해 보고 싶다면 다이아몬드를 정확히 다루는 score 함수를 직접 작성해 보라.

아직 이 과제가 너무 어렵다면 아래 score 함수 코드를 연구하라. 내가 발견한 명쾌하면서 간결한 방법이다. 이 코드의 각 단계와 그 결과를 이해할 수 있는지 보자.

여기 다이아몬드를 제대로 다루는 score 함수가 있다.

```
> score <- function(symbols) {
+
+   diamonds <- sum(symbols == "DD")
+   cherries <- sum(symbols == "C")
+
+   # 조건에 따라 어떤 경우에 해당하는지 확인한다.
+   # 다이아몬드는 와일드카드이기 때문에, 다이아몬드가 아닌 것들만
+   # 모양이 모두 같은 경우 혹은 모두 바 모양인 경우에 고려한다.
+   slots <- symbols[symbols != "DD"]
```

```
+   same <- length(unique(slots)) == 1
+   bars <- slots %in% c("B", "BB", "BBB")
+
+   # 상금을 할당한다.
+   if (diamonds == 3) {
+     prize <- 100
+   } else if (same) {
+     payouts <- c("7" = 80, "BBB" = 40, "BB" = 25,
+       "B" = 10, "C" = 10, "0" = 0)
+     prize <- unname(payouts[slots[1]])
+   } else if (all(bars)) {
+     prize <- 5
+   } else if (cherries > 0) {
+     # 체리가 하나 이상 있으면,
+     # 다이아몬드를 체리로 계산한다.
+     prize <- c(0, 2, 5)[cherries + diamonds + 1]
+   } else {
+     prize <- 0
+   }
+
+   # 다이아몬드 하나마다 두 배를 한다.
+   prize * 2^diamonds
+ }
```

연습문제

새로운 score 함수로 슬롯머신의 기댓값을 구해 보자. 이미 존재하는 combos 데이터 프레임을 사용해도 좋다. 그러나 combos$prize를 다시 계산하기 위한 for 문을 한 번 더 실행해야 한다.

기댓값을 다시 구하기 위해 combos$prize를 업데이트한다.

```
> for (i in 1:nrow(combos)) {
+   symbols <- c(combos[i, 1], combos[i, 2], combos[i, 3])
+   combos$prize[i] <- score(symbols)
+ }
```

그리고 기댓값을 다시 계산한다.

```
> sum(combos$prize * combos$prob)
[1] 0.934356
```

이 결과는 제조사의 주장을 입증해 준다. 오히려 제조사가 언급한 것보다 더 후하게 돌려준다.

9.4 while 문

for 문과 함께 빼놓을 수 없는 두 가지 루프문이 있다. 바로 while 문과 repeat 문이다. while 문은 어떤 조건이 TRUE인 동안 반복해서 작업을 진행한다. while 문을 만들기 위해서는 아래와 같이 while 다음에 조건을 적고 반복 실행할 코드를 적는다.

```
> while (조건) {
+   코드
+ }
```

while은 각 루프를 시작할 때마다 논리 테스트인 조건을 매번 다시 체크한다. 만약 조건이 TRUE라면 중괄호 {} 안에 있는 코드를 실행한다. 만약 FALSE라면 이 루프를 종료한다.

왜 조건이 TRUE에서 FALSE로 바뀌는 걸까? 아마도 루프 안의 코드가 조건에 영향을 미치기 때문일 것이다. 만약 코드가 이 조건에 아무 관련이 없다면 while 문은 여러분이 임의로 멈추지 않는 한 계속 돌아갈 것이다. 따라서 조심해야 한다. Esc키를 누르거나, RStudio의 경우 콘솔 창 위쪽에 보이는 정지 표시를 클릭함으로써 이것을 멈출 수 있다. 이 아이콘은 반복문이 시작되면 나타난다.

for 문과 마찬가지로, while 문도 결과를 따로 돌려주지 않는다. 따라서 이 반복문에서 무엇을 돌려주고, 이 결과를 어떤 객체에 저장할 것인지 생각해야 한다.

반복 횟수가 일정하지 않은 경우 while 문을 사용할 수 있다. 아래와 같이 파산할 때까지 슬롯머신을 얼마나 오래 할 수 있을지 계산하는 데 while 문을 쓸 수 있다. 하지만 실제로 R에서는 for 문을 더 자주 사용한다.

```
> plays_till_broke <- function(start_with) {
+   cash <- start_with
+   n <- 0
+   while (cash > 0) {
+     cash <- cash - 1 + play()
+     n <- n + 1
+   }
+   n
+ }

> plays_till_broke(100)
[1] 260
```

9.5 repeat 문

repeat 문은 while 문보다 더 단순하다. 특별히 Esc키를 누르거나 break 명령을 사용해서 멈추라고 하지 않는 한 주어진 코드를 계속해서 반복한다.

슬롯머신으로 돈을 모두 잃는 데 얼마나 걸리는지 계산하는 plays_till_broke 함수를 repeat 문으로 다시 작성해 보자.

```
> plays_till_broke <- function(start_with) {
+   cash <- start_with
+   n <- 0
+   repeat {
+     cash <- cash - 1 + play()
+     n <- n + 1
+     if (cash <= 0) {
+        break
+     }
+   }
+   n
+ }

> plays_till_broke(100)
[1] 237
```

9.6 마치며

R에서는 for, while, repeat 문으로 반복적인 작업을 수행할 수 있다. for 문을 작성하기 위해서는 수행할 코드와 반복할 객체가 필요하다. for 문은 반복할 벡터의 각 원소마다 한 번씩 코드를 실행한다. 만약 매 루프마다 결과를 저장하고 싶다면 루프 밖에 존재하는 객체에 결과를 할당할 수 있다.

반복은 데이터과학에서 매우 중요한 역할을 한다. 분산과 확률을 추정하는 데, 그리고 시뮬레이션을 하는 데 기초가 된다. 반복문이 R에서 반복을 만드는 유일한 길은 아니라 하더라도(예를 들어 replicate 함수도 생각해 볼 수 있다) 가장 많이 쓰이는 방법이다.

불행히도 R의 반복문은 보통 다른 언어의 반복문보다 느리다. 결국 R의 반복문은 좋지 않은 평가를 받는다. 이런 평가가 전부는 아니더라도 중요한 문제를 보여 준다. 속도는 데이터분석에 있어서 중요하다. 속도 개선을 통해 한정된 시간과 리소스로 더 큰 데이터에 더 많은 일을 할 수 있다. 10장에서는 for 문의 속도를 개선하는 방법과 일반적으로 R에서 코드의 속도를 높이는 방법에 대해 배운다. 바로 R의 장점을 잘 살릴 수 있는 코드 벡터화에 대해 배우게 된다.

## CHAPTER 10

속도 향상

데이터과학에서 속도는 매우 중요하다. 코드가 빨라지면 더 큰 데이터를 다룰 수 있고 더 어마어마한 일을 시도해 볼 수 있다. 이번 장은 R에서 속도가 빠른 코드를 작성하는 특별한 방법에 대해 다룬다. 그리고 그 방법을 사용해서 우리가 만든 슬롯머신을 천만 번 시뮬레이션해 볼 것이다.

10.1 코드 벡터화

코드를 작성하는 다양한 방법이 있지만, 빠른 R 코드는 보통 논리 테스트, 서브세팅, 원소 단위 실행 중 하나를 사용한다. 이들 모두는 R이 제일 잘할 수 있는 것이다. 이러한 특징을 잘 사용한 코드는 확실히 좋은 성능을 보인다. 이것이 바로 '**벡터화**'다. 입력으로 벡터를 받고 벡터의 각 값을 동시에 다루게 된다.

벡터화된 코드가 어떤 특징을 갖는지 알아보기 위해 절댓값 함수에 대한 다음 두 가지 예제를 비교해 보자. 각각은 숫자형 벡터를 입력으로 받아서 그것을 절댓값을 갖는 벡터로 변환한다. 첫 번째 예제는 벡터화되지 않은 것이다. abs_loop 함수는 for 문을 사용해서 한 번에 하나의 원소를 다룬다.

```
> abs_loop <- function(vec){
+   for (i in 1:length(vec)) {
+     if (vec[i] < 0) {
```

```
+         vec[i] <- -vec[i]
+     }
+   }
+   vec
+ }
```

두 번째 예제에서 abs_set 함수는 abs_loop 함수의 벡터화된 버전이다. 여기서는 논리 서브세팅을 이용해서 벡터 안의 모든 음수값을 동시에 변경한다.

```
> abs_set <- function(vec){
+   negs <- vec < 0
+   vec[negs] <- vec[negs] * -1
+   vec
+ }
```

abs_set 함수는 abs_loop 함수에 비해 무척 빠르다. 왜냐하면 abs_set 함수는 R이 정말 빠르게 잘할 수 있는 방법들을 사용했기 때문이다.

abs_set 함수가 얼마나 빨라졌는지 확인하기 위해 system.time 함수를 사용할 수 있다. system.time 함수는 R 코드를 실행하여 코드를 실행하는 데 시간이 얼마나 걸렸는지 측정해서 보여 준다.

abs_loop 함수와 abs_set 함수를 비교하기 위해 먼저 양수와 음수의 긴 벡터를 만들자. long 객체는 천만 개의 값을 갖게 된다.

```
> long <- rep(c(-1, 1), 5000000) ❶
```

❶ rep 함수는 어떤 값이나 벡터를 여러 번 반복한다. rep 함수를 사용하려면 값을 담은 벡터를 적고, 그 벡터를 반복할 횟수를 적는다. R은 그만큼 긴 벡터를 결과로 돌려준다.

이제 system.time 함수를 사용하여 각 함수가 long의 값을 구하는 데 시간이 얼마나 걸리는지 측정할 수 있다.

```
> system.time(abs_loop(long)) ❶
 사용자   시스템 elapsed
15.982   0.032   16.018

> system.time(abs_set(long))
 사용자  시스템 elapsed
0.529   0.063    0.592
```

❶ system.time 함수와 현재 시간을 알려 주는 Sys.time 함수를 혼동하지 말자.

system.time 함수 결과의 첫 두 열은 이 호출을 수행하기 위해 사용자 측과 시스템 측에서 각각 소요한 시간을 초 단위로 나타낸다. 컴퓨터의 운영체제에 따라 차이가 날 수 있다.

마지막 열은 R이 작업을 수행하는 데 얼마나 많은 시간이 걸렸는지 보여 준다. 결과적으로 abs_set 함수는 abs_loop 함수에 비해 천만 개의 값을 적용했을 때 30배 정도 더 빨랐다. 벡터화된 코드를 사용하면 이와 유사한 속도 개선을 기대할 수 있다.

연습문제

이미 존재하는 많은 R 함수는 벡터화되어 있고, 빠르게 작동하도록 최적화되어 있다. 가능하면 이런 함수들을 사용해서 코드의 속도를 더 빠르게 할 수 있다. 예를 들어 절댓값을 얻기 위해 이미 잘 만들어진 abs 함수가 있다.

long 객체의 절댓값을 계산하는 데 abs_loop 함수와 abs_set 함수보다 abs 함수가 얼마나 빠른지 체크해 보라.

---

system.time 함수로 abs의 속도를 측정하자. 천만 개의 절댓값을 계산하는 데 0.05초밖에 걸리지 않는다. 0.592 / 0.054 = 10.96. 결국 abs_set에 비해 10.96배, abs_loop에 비해 거의 300배 빠르다.

```
> system.time(abs(long))
 사용자   시스템 elapsed
 0.037   0.018    0.054
```

10.2 벡터화된 코드 작성법

거의 모든 R 함수는 이미 벡터화되어 있기 때문에 이 함수들을 사용하면 벡터화된 코드를 작성하는 것은 쉽고 빠르다. 벡터화된 코드를 만들기 위해서는 아래 두 가지를 기억한다.

1. 프로그램의 순차적인 단계를 위해서는 벡터화된 함수를 사용한다.

2. 병렬적인 경우의 수를 다룰 때는 논리 서브세팅을 사용한다. 각 원소는 조건에 따라 해당하는 한 가지 경우에 대해 다뤄진다.

abs_loop와 abs_set 함수는 이러한 규칙을 잘 보여 준다. 두 함수 모두 [그림 10-1]에서와 같이 두 가지 경우의 수를 다루고 한 가지 순차적 단계를 수행한다. 만약 숫자가 양수라면 함수는 그것을 그대로 둔다. 만약 음수라면 -1을 곱한다.

그림 10-1 abs_loop 함수는 음수인지 양수인지 거르기 위해 for 문을 사용한다.

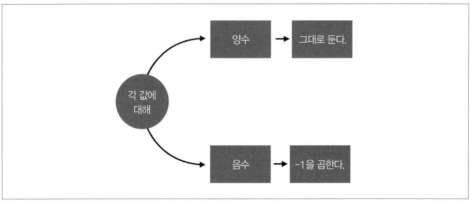

논리 테스트를 통해 벡터의 원소들은 모두 한 가지 경우의 수로 분류된다. R은 원소 단위로 테스트를 수행하고 이 경우에 속하는 모든 원소에 대해 TRUE를 리턴한다. 예를 들어 vec < 0은 vec의 모든 값이 음수인 경우에 속하는지 파악한다. 논리 서브세팅으로 음수값들을 추출하기 위해 동일한 논리 테스트를 사용할 수 있다.

```
> vec <- c(1, -2, 3, -4, 5, -6, 7, -8, 9, -10)
> vec < 0
[1] FALSE  TRUE FALSE  TRUE FALSE  TRUE FALSE  TRUE FALSE  TRUE

> vec[vec < 0]
[1] -2  -4  -6  -8 -10
```

이제 [그림 10-1]에서 보듯이 음수에 -1을 곱하기 위한 순차적 단계가 필요하다. R의 사칙 연산자는 이미 벡터화되어 있기 때문에 결과에 *만 사용하면 벡터화가 완성된다. * -1은 vec[vec < 0]의 각 숫자에 -1을 동시에 곱한다.

```
> vec[vec < 0] * -1
[1] 2  4  6  8 10
```

마지막으로 vec 객체에 새로운 값으로 이전 값을 덮어쓰기 위해 이미 벡터화되어 있는 R의 할당 연산자를 사용할 수 있다. <-는 벡터화되어 있기 때문에 새로운 원소들은 이전 원소들과 차례대

로 짝을 이루게 되고 원소 단위로 값 할당이 이루어진다. 결과적으로 각 음수는 [그림 10-2]와 같이 양수로 치환된다.

그림 10-2 제자리에서 다수의 값을 변경할 때는 논리 서브세팅을 사용한다. R의 사칙 연산자와 할당 연산자는 모두 벡터화되어 있기 때문에 한 번에 여러 개의 값을 변경할 수 있다.

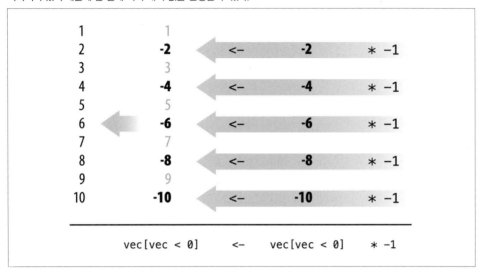

연습문제

다음 함수는 슬롯머신 심벌을 새로운 심벌로 변환한다. 이것을 벡터화할 수 있을까? 벡터화하면 얼마나 더 빨라질까?

```
> change_symbols <- function(vec){
+   for (i in 1:length(vec)){
+     if (vec[i] == "DD") {
+       vec[i] <- "joker"
+     } else if (vec[i] == "C") {
+       vec[i] <- "ace"
+     } else if (vec[i] == "7") {
+       vec[i] <- "king"
+     }else if (vec[i] == "B") {
+       vec[i] <- "queen"
+     } else if (vec[i] == "BB") {
+       vec[i] <- "jack"
+     } else if (vec[i] == "BBB") {
+       vec[i] <- "ten"
```

```
+     } else {
+        vec[i] <- "nine"
+     }
+   }
+   vec
+ }

> vec <- c("DD", "C", "7", "B", "BB", "BBB", "0")

> change_symbols(vec)
[1] "joker"   "ace"    "king"  "queen"  "jack"    "ten"   "nine"

> many <- rep(vec, 1000000)

> system.time(change_symbols(many))
 사용자   시스템 elapsed
30.057  0.031   30.079
```

change_symbols는 [그림 10-3]에서 도식화한 것처럼 값을 7가지 서로 다른 경우로 분류하는데 for 문을 사용한다.

change_symbols를 벡터화하기 위해 각 경우를 구분하는 논리 테스트를 만든다.

```
> vec[vec == "DD"]
[1] "DD"

> vec[vec == "C"]
[1] "C"

> vec[vec == "7"]
[1] "7"

> vec[vec == "B"]
[1] "B"

> vec[vec == "BB"]
[1] "BB"

> vec[vec == "BBB"]
[1] "BBB"

> vec[vec == "0"]
[1] "0"
```

그림 10-3 change_symbols는 각 7가지 경우에 따라 다른 작업을 한다.

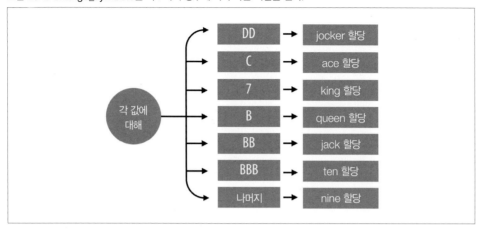

그리고 각 경우에 맞게 심벌을 변경하는 코드를 작성하자.

```
> vec[vec == "DD"] <- "joker"
> vec[vec == "C"] <- "ace"
> vec[vec == "7"] <- "king"
> vec[vec == "B"] <- "queen"
> vec[vec == "BB"] <- "jack"
> vec[vec == "BBB"] <- "ten"
> vec[vec == "0"] <- "nine"
```

이를 함수에 반영하면 무려 14배 빠른 change_symbols의 벡터화된 버전을 갖게 된다.

```
> change_vec <- function (vec) {
+   vec[vec == "DD"] <- "joker"
+   vec[vec == "C"] <- "ace"
+   vec[vec == "7"] <- "king"
+   vec[vec == "B"] <- "queen"
+   vec[vec == "BB"] <- "jack"
+   vec[vec == "BBB"] <- "ten"
+   vec[vec == "0"] <- "nine"
+
+   vec
+ }

> system.time(change_vec(many))
사용자   시스템 elapsed
1.994  0.059    2.051
```

혹은 이보다 더 좋은 방법은 검색 테이블을 사용하는 것이다. 검색 테이블은 벡터화된 선택 연산자를 사용하기 때문에 이미 벡터화된 기법이다.

```
> change_vec2 <- function(vec){
+    tb <- c("DD" = "joker", "C" = "ace", "7" = "king", "B" = "queen",
+      "BB" = "jack", "BBB" = "ten", "0" = "nine")
+    unname(tb[vec])
+ }

> system.time(change_vec2(many))
사용자   시스템 elapsed
0.687   0.059    0.746
```

검색 테이블은 원래 함수보다 40배 정도 빠르다.

abs_loop와 change_symbols는 벡터화된 코드의 특징을 잘 보여 준다. 프로그래머들은 종종 change_symbols의 첫 번째 경우에서처럼 불필요한 for 문을 사용해서 느리고 벡터화되지 않은 코드를 작성하곤 한다. 이는 R에 대한 일반적인 오해에서 비롯된다고 생각한다. R에서 for 문은 다른 언어에서와 같은 방식으로 동작하지 않는다. 이 말은 결국 다른 언어와는 다르게 코드를 작성해야 한다는 것을 의미한다.

C나 포트란과 같은 언어에서는 코드를 실행하기 전에 코드를 컴파일해야 한다. 이 컴파일 과정은 컴퓨터 메모리를 사용하도록 코드에서 for 문을 최적화한다. 이를 통해 for 문이 매우 빨라진다. 결과적으로 C나 포트란에서 많은 프로그래머는 for 문을 자주 사용한다.

하지만 R에서는 코드를 컴파일하지 않는다. 이 과정을 건너뛰는 것이다. 이 때문에 R 프로그래밍은 보다 사용자 친화적이다. 하지만 안타깝게도 C나 포트란에서처럼 반복문의 속도가 빨라지는 것을 기대할 수는 없다. 결국 반복문은 우리가 공부한 논리 테스트, 서브세팅, 원소 단위 실행과 같은 연산자보다 느리다. 만약 for 문 대신에 더 빠른 연산자를 사용할 수 있다면 그렇게 해야 한다. 어떤 언어를 사용하든 가장 빠른 실행을 위해서는 그 언어의 특징을 잘 사용해야 한다.

NOTE_ if와 for

for 문이 벡터화가 가능한지 알아보는 좋은 방법은 if와 for가 함께 사용되었는지 알아보는 것이다. if는 한 번에 하나의 값만 적용하기 때문에 for 문과 함께 자주 사용된다. for 문은 벡터 전체에 if가 적용되도록 도와주기 때문이다. 이 조합은 보통 논리 서브세팅으로 대체 가능하고 이것이 같은 일을 훨씬 빠르게 하는 방법이다.

그렇다고 R에서 for 문을 절대 사용하지 말라는 의미는 아니다. 여전히 R에서 for 문이 필요한 부분이 많이 남아 있다. for 문은 벡터화하기 힘든 기본적인 작업을 수행한다. 또한 for 문은 코드를 파악하기 쉬울 뿐 아니라 다음에 소개할 몇 가지 사항만 주의한다면 충분히 빠르게 만들 수 있다.

10.3 R에서 for 문의 속도를 개선하는 방법

for 문을 최적화하기 위한 다음 두 가지 방법을 따른다면 for 문의 속도를 급격히 올릴 수 있다. 먼저 for 문 바깥쪽에서 할 수 있는 일은 바깥쪽에서 한다. for 문 안쪽의 코드는 여러 번 실행된다. 한 번만 실행하면 되는 코드는 반복을 피해 for 문 바깥에 위치시킨다.

둘째, 반복문에서 값을 저장하는 데 사용하는 객체는 **모든** 결과를 저장할 만큼 커야 한다. 예를 들어 아래 두 반복문 모두 백만 개의 값을 저장한다. 첫 반복문은 처음부터 길이가 **백만**인 output 객체에 값을 저장한다.

```
> system.time({
+   output <- rep(NA, 1000000)
+   for (i in 1:1000000) {
+     output[i] <- i + 1
+   }
+ })
사용자  시스템 elapsed
1.709   0.015   1.724
```

두 번째는 길이가 1에서 시작하는 output 객체에 값을 저장한다. 루프를 돌 때마다 백만 개까지 객체의 길이가 늘어난다. 첫 번째 코드와 별반 다르지 않다. 하지만 이 루프는 첫 번째보다 훨씬 긴 약 **37분**이 소요된다.

```
> system.time(
+   output <- NA
+   for (i in 1:1000000) {
+     output[i] <- i + 1
+   }
+ )
   사용자     시스템   elapsed
1689.537   560.951  2249.927
```

이 두 루프는 정확히 같은 일을 한다. 하지만 왜 이런 차이가 발생할까? 두 번째 반복문에서는 루프를 돌 때마다 output의 길이를 1씩 증가시켜야 한다. 이를 위해 R은 더 큰 객체를 저장할 수 있는 메모리의 위치를 찾아야 한다. 따라서 R은 다음 루프로 넘어가기 전에 output 벡터를 복사하고 이전 버전은 삭제해야 한다. 마지막 루프에서 R은 output을 메모리에 백만 번 썼다 지웠다 한 꼴이 된다.

첫 번째의 경우, output의 크기는 변하지 않는다. 메모리에 하나의 output 객체를 선언하고 그 것을 for 문이 돌아갈 때마다 사용하면 된다.

> **NOTE_** R 제작자들은 기본 R 함수(특히 for 문을 사용하는 함수)를 작성하기 위해 C나 포트란과 같은 저 수준 언어[low-level language][1]를 사용한다. 이 함수들은 R에 포함되기 전에 컴파일과 최적화를 거치는데, 그렇게 되면 함수가 매우 빨라진다.
>
> 함수 선언에 `.Primitive`, `.Internal`, 혹은 `.Call`이 적혀 있다면 이 함수는 다른 언어로부터 코드를 호출 한다고 생각하면 된다. 이 함수를 사용하면 그 언어의 빠른 이점을 모두 얻을 수 있다.

10.4 실전에서 코드 벡터화하기

데이터과학자에게 코드 벡터화가 어떤 식으로 유용하게 사용되는지 알아보기 위해 슬롯머신 프로젝트로 다시 돌아가자. 9장에서 슬롯머신에 대한 정확한 배당률을 계산했다. 하지만 이 배당률은 시뮬레이션을 통해 추정한 결과다. 만약 슬롯머신을 정말 많이 해서, 그 모든 플레이의 평균 상금을 구한다면 진짜 배당률의 좋은 추정치를 구할 수 있을 것이다.

이 추정 방법은 대수의 법칙에 근거하며 많은 통계 시뮬레이션에서 비슷하게 사용된다. 이 시뮬레이션을 위해 for 문을 사용할 수 있다.

```
> winnings <- vector(length = 1000000)
> for (i in 1:1000000) {
+   winnings[i] <- play()
+ }

> mean(winnings)
[1] 0.9366984
```

---

[1] 역자주_ 기계어나 어셈블리 같이 하드웨어를 직접 다룰 수 있는 원시적인 프로그래밍 언어를 말한다.

천만 번 실행 끝에 얻은 배당률은 0.937이다. 이는 참 배당률 0.934와 매우 비슷하다. 지금 다이아몬드를 고려한 바뀐 score 함수를 사용하고 있다.

이 시뮬레이션을 돌려보면 꽤 시간이 걸린다. 사실 342.308초, 즉 5.7분의 시간이 소요된다. 그렇게 만족스럽지 않다. 벡터화된 코드를 사용하면 더 좋아질 것이다.

```
> system.time(for (i in 1:1000000) {
+   winnings[i] <- play()
+ })
   사용자    시스템 elapsed
342.041    0.355 342.308
```

현재 score 함수는 아직 벡터화되지 않았다. 심벌 조합을 입력받아서 상금을 계산하기 위해 if 트리 구조를 사용한다. if 문과 for 문의 조합은 **많은** 슬롯 조합을 받아서 한꺼번에 논리 서브세팅을 사용하도록 벡터화하기 좋다.

예를 들어 get_symbols 함수를 n개의 슬롯 조합을 생성해서 $n \times 3$ 행렬 형태로 돌려주도록 아래와 같이 다시 작성할 수 있다. 이 행렬의 각 행은 점수를 계산할 하나의 슬롯 조합을 의미한다.

```
> get_many_symbols <- function(n) {
+   wheel <- c("DD", "7", "BBB", "BB", "B", "C", "0")
+   vec <- sample(wheel, size = 3 * n, replace = TRUE,
+     prob = c(0.03, 0.03, 0.06, 0.1, 0.25, 0.01, 0.52))
+   matrix(vec, ncol = 3)
+ }

> get_many_symbols(5)
     [,1]  [,2] [,3]
[1,] "B"   "0"  "B"
[2,] "0"   "BB" "7"
[3,] "0"   "0"  "BBB"
[4,] "0"   "0"  "B"
[5,] "BBB" "0"  "0"
```

play 함수 역시 인수 n을 받아서 데이터 프레임에 n개의 상금을 돌려주도록 조정할 수 있다.

```
> play_many <- function(n) {
+   symb_mat <- get_many_symbols(n = n)
+   data.frame(w1 = symb_mat[,1], w2 = symb_mat[,2],
+              w3 = symb_mat[,3], prize = score_many(symb_mat))
+ }
```

이 새로운 함수는 백만 번 혹은 천만 번까지 시뮬레이션을 수월하게 한다. 아래와 같이 배당률을 계산할 수 있다.

```
> plays <- play_many(10000000))
> mean(plays$prize)
```

이제 score_many 함수가 필요하다. 이 함수는 $n \times 3$ 행렬을 받아 n개의 상금을 돌려주는 score 함수의 벡터화된 버전이다. score 함수가 이미 너무 복잡하기 때문에, 이 함수를 작성하기가 쉽지 않다. 이 책을 통해 배운 내용보다 더 많은 경험과 연습이 쌓이기 전까지 스스로 이것을 하기는 쉽지 않을 것이다.

여러분의 능력을 테스트할 마음으로 score_many 함수를 만들어 보기 원한다면 rowSums 함수를 사용하라고 힌트를 주고 싶다. 이 함수는 행렬에서 각 행의 숫자들(혹은 논리형 변수들)의 합을 계산한다.

만약 좀 더 쉬운 방법으로 스스로를 테스트하고 싶다면, 다음에 주어진 score_many 함수의 각 부분이 어떻게 작동하고 벡터화된 함수를 만들기 위해 어떻게 모두 하나로 합쳐지는지 이해할 때까지 공부하길 권한다. 이를 위해 다음과 같은 구체적인 예제를 고려해 보는 것이 도움이 될 것이다.

```
> symbols <- matrix(
+    c("DD", "DD", "DD",
+      "C", "DD", "0",
+      "B", "B", "B",
+      "B", "BB", "BBB",
+      "C", "C", "0",
+      "7", "DD", "DD"), nrow = 6, byrow = TRUE)

> symbols
     [,1]  [,2] [,3]
[1,] "DD"  "DD" "DD"
[2,] "C"   "DD" "0"
[3,] "B"   "B"  "B"
[4,] "B"   "BB" "BBB"
[5,] "C"   "C"  "0"
[6,] "7"   "DD" "DD"
```

이제 이 예제로 score_many 함수를 한 줄씩 실행하면서 결과를 확인해 볼 수 있다.

다시 말하지만 score_many 함수는 score 함수의 벡터화된 버전이다. 20초가 조금 넘는 시간 안
에 이 시뮬레이션을 수행할 수 있다. 이는 for 문을 사용할 때보다 17배 빠른 속도다.

```
> # symbols는 각 심벌을 열로 저장한 행렬이어야 한다.
> score_many <- function(symbols) {
+
+     # 1단계: 체리와 다이아몬드를 가지고 기본 상금을 구한다. --------------------
+     ## 각 조합마다 체리와 다이아몬드의 개수를 센다.
+     cherries <- rowSums(symbols == "C")
+     diamonds <- rowSums(symbols == "DD")
+
+     ## 와일드카드로 사용된 다이아몬드를 체리로 취급한다.
+     prize <- c(0, 2, 5)[cherries + diamonds + 1]
+
+     ## ...하지만 진짜 체리가 없었다면 상금은 취소된다.
+     ### (cherries 객체는 0일 때 FALSE로 강제 변환된다.)
+     prize[!cherries] <- 0
+
+     # 2단계: 심벌이 모두 같은 종류일 때, 상금을 조정한다.
+     same <- symbols[ , 1] == symbols[ , 2] &
+       symbols[ , 2] == symbols[, 3]
+     payoffs <- c("DD" = 100, "7" = 80, "BBB" = 40,
+       "BB" = 25, "B" = 10, "C" = 10, "0" = 0)
+     prize[same] <- payoffs[symbols[same, 1]]
+
+     # 3단계: 심벌이 모두 바 모양일 때, 상금을 조정한다. ----------------------
```

```
+   bars <- symbols == "B" | symbols == "BB" | symbols == "BBB"
+   all_bars <- bars[ , 1] & bars[ , 2] & bars[ , 3] & !same
+   prize[all_bars] <- 5
+
+   # 4단계: 와일드카드를 고려한다. -------------------------------------
+
+   ## 와일드카드가 2개인 경우
+   two_wilds <- diamonds == 2
+
+   ### 와일드카드가 아닌 심벌을 확인한다.
+   one <- two_wilds & symbols[ , 1] != symbols[ , 2] &
+     symbols[ , 2] == symbols[ , 3]
+   two <- two_wilds & symbols[ , 1] != symbols[ , 2] &
+     symbols[ , 1] == symbols[ , 3]
+   three <- two_wilds & symbols[ , 1] == symbols[ , 2] &
+     symbols[ , 2] != symbols[ , 3]
+
+   ### 모두 같은 모양을 갖는 것으로 취급한다.
+   prize[one] <- payoffs[symbols[one, 1]]
+   prize[two] <- payoffs[symbols[two, 2]]
+   prize[three] <- payoffs[symbols[three, 3]]
+
+   ## 와일드카드가 1개인 경우
+   one_wild <- diamonds == 1
+
+   ### 모두 바 모양인 것으로 취급한다(경우에 따라).
+   wild_bars <- one_wild & (rowSums(bars) == 2)
+   prize[wild_bars] <- 5
+
+   ### 모두 같은 모양을 갖는 것으로 취급한다(경우에 따라).
+   one <- one_wild & symbols[ , 1] == symbols[ , 2]
+   two <- one_wild & symbols[ , 2] == symbols[ , 3]
+   three <- one_wild & symbols[ , 3] == symbols[ , 1]
+   prize[one] <- payoffs[symbols[one, 1]]
+   prize[two] <- payoffs[symbols[two, 2]]
+   prize[three] <- payoffs[symbols[three, 3]]
+
+   # 5단계: 다이아몬드의 개수만큼 두 배를 취한다. ------------------------
+   unname(prize * 2^diamonds)
+ }

> system.time(play_many(10000000))
  사용자   시스템 elapsed
20.942   1.433   22.367
```

10.4.1 반복문과 코드 벡터화

많은 언어에서 for 문은 상당히 빠르다. 결과적으로 프로그래머들은 코딩할 때 가능하면 for 문을 사용하도록 배운다. 따라서 이 프로그래머들은 일반적으로 R의 for 문을 최적화하려는 간단한 노력도 없이 R에서 프로그래밍을 시작할 때 for 문을 그대로 사용한다. 이들은 R에서 코드가 생각만큼 빠르지 않다고 R에 대해 환멸을 느끼기 시작한다. 여러분 역시 마찬가지라면 for 문을 얼마나 자주 사용했는지 그리고 언제 사용했는지 생각해 보라. 만약 모든 작업에 for 문이 들어 있다면 'R 언어를 C 언어 억양으로 발음했다'고 할 수 있다. 치료 방법은 코드를 벡터화하는 것이다.

물론 R에는 for 문이 필요 없다는 이야기가 아니다. for 문은 매우 유용한 부분이다. 벡터화된 코드로 할 수 없는 많은 일을 가능하게 한다. 또한 벡터화된 코드만을 너무 신봉할 필요도 없다. 가끔은 그냥 for 문으로 하면 되는 것을 벡터화한다고 코드를 다시 짜는 데 너무 많은 시간을 들이기도 한다. 예를 들어 슬롯머신 시뮬레이션을 5.7분 동안 돌리는 것이 빠를까 아니면 score 함수를 다시 짜는 것이 더 빠를까?

10.5 마치며

데이터과학에서 코드의 속도를 높이는 것은 중요하다. 그만큼 더 많은 것을 할 수 있기 때문이다. 제한된 연산력을 가지고 더 큰 데이터를 다룰 수 있고 제한된 시간 안에 더 많은 연산을 수행할 수 있다. R에서 가장 빠른 코드는 R이 가장 잘할 수 있는 것들, 즉 논리 테스트, 서브세팅, 원소 단위 실행을 사용할 때 가능하다. 이런 코드를 벡터화된 코드라고 부른다. 왜냐하면 이러한 연산자들에 기반한 코드는 벡터를 입력으로 하고 벡터의 각 원소를 동시에 다루기 때문이다. R에서 작성된 대부분 코드는 이미 벡터화되어 있다.

만약 이런 기능을 사용하지만 코드가 벡터화된 것 같지 않다면, 프로그램에서 순차적인 단계와 병렬적 경우의 수를 잘 분석해 보라. 이 단계들을 다루기 위해 벡터화된 함수를 사용하고, 경우의 수를 다루기 위해 논리 서브세팅을 사용했는지 다시금 확인해 보라. 물론 벡터화할 수 없는 일도 있다는 것을 염두에 두자.

10.6 프로젝트 3을 마무리하며

이렇게 해서 첫 R 프로그램을 만들어 봤다. 자부심을 가져도 좋다. play 함수는 단순한 hello world 예제가 아니라 실제 복잡한 작업을 위한 실제 프로그램이다.

R에서 새로운 프로그램을 작성하는 것은 항상 새로운 도전이다. 왜냐하면 그만큼 창의력, 문제 해결 능력, 그리고 비슷한 유형의 프로그램을 작성할 수 있는 경험이 필요한 일이기 때문이다. 이번 장에서는 아무리 복잡한 프로그램이더라도 단순한 세부 과정으로 나누고, 구체적인 예제로 작업하고, 자연어로 가능한 방법들을 서술한다면 잘 다룰 수 있다는 것을 배웠다.

이 프로젝트를 끝으로 1장부터 시작한 프로젝트 교육을 마쳤다. 이제 R로 데이터를 다루고 분석할 수 있다. 구체적으로 다음과 같은 일들을 할 수 있다.

- 종이나 머릿속이 아닌 컴퓨터에 데이터를 불러와서 저장할 수 있다.
- 특별한 기억력 없이도 값들을 정확하게 기억하고 바꿀 수 있다.
- 여러분을 대신해서 지루하고 복잡한 일을 컴퓨터에 시킬 수 있다.

데이터과학자라면 만나게 되는 '어떻게 오류 없이 데이터를 저장하고 수정할 수 있을까?'라는 중요한 첫 번째 문제는 위와 같은 기술로 해결할 수 있다. 하지만 데이터과학자에게 이런 문제만 있는 것은 아니다. 두 번째 문제는 데이터에 담긴 정보를 이해하려고 할 때 나타난다. 원시형 데이터만으로 핵심을 간파한다거나 어떤 패턴을 발견하는 것은 거의 불가능하다. 세 번째 문제는 지금 데이터 세트에는 없지만 현실에는 있는 것들에 대한 이유를 주어진 데이터 세트에서 찾아야 할 때 나타난다. 여러분의 데이터는 데이터 세트 바깥에 있는 것들에 대해서 정확히 무엇을 암시하고 있는가? 얼마나 확신할 수 있나?

나는 이런 문제들을 [그림 10-4]에서 보는 바와 같은 데이터과학의 논리적, 전술적, 전략적 문제라고 표현한다. 데이터를 연구하다 보면 반드시 직면하게 될 것이다.

- **논리적 문제**
  에러 없이 어떻게 데이터를 저장하고 수정할 수 있을까?

- **전술적 문제**
  어떻게 데이터에 담긴 정보를 발견할 수 있을까?

- **전략적 문제**
  어떻게 데이터로부터 이 세상에 대한 일반적인 명제를 이끌어 낼 수 있을까?

그림 10-4 데이터과학의 3가지 핵심 기술: 컴퓨터 프로그래밍, 데이터 이해, 과학적 추론

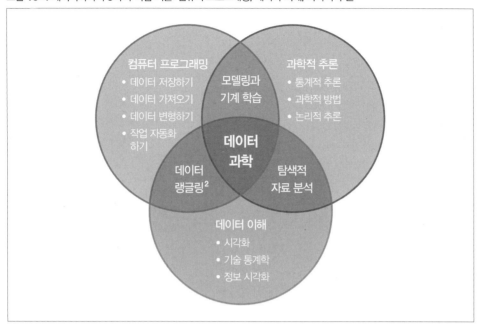

유능한 데이터과학자라면 다양한 환경에서 이런 문제들을 해결할 수 있어야 한다. R에서 프로그래밍을 배우면서, 전략적이고 전술적인 문제들을 풀기 위한 필수 요소인 논리적 문제를 마스터했다.

만약 R로 데이터를 추론하는 방법, 데이터 세트를 변형하고 시각화하는 방법 등을 배우고 싶다면 이 책의 자매편인 『R로 배우는 데이터과학』이라는 책을 추천한다. 이 책은 데이터 세트를 변형하고 시각화하고 모델링하는 간단한 작업 흐름뿐만 아니라 R Markdown과 Shiny 패키지로 결과를 보고하는 방법까지 가르쳐 준다. 또한 더 중요하게도, 이 책에서는 데이터로 일반 명제를 이끌어내는 방법까지 다룬다. 이 책은 실제 과학을 다룬다.

---

2 역자주_ 원시 데이터를 기존 데이터분석에 사용되는 포맷으로 치환하는 과정을 말한다. 다시 말해, 원시 데이터의 일차 가공을 통해 데이터분석을 좀 더 용이하게 하는 기술이다.

R과 RStudio 설치하기

R을 시작하려면 먼저 R을 설치해야 한다. 여기서는 R과 RStudio를 내려받는 방법을 알려 준다. RStudio는 R을 사용하기 쉽게 해 주는 소프트웨어다. R을 내려받는 것부터 첫 R 세션을 만드는 것까지 해 보자.

R과 RStudio 모두 무료며 쉽게 내려받을 수 있다.

A.1 R 설치하기

R은 The Comprehensive R Archive Network라는 웹 페이지(http://cran.r-project.org)를 통해 전 세계 모든 개발자에 의해 계속 개발되고 있다. 이 웹 페이지 상단에 R을 내려받을 수 있는 세 가지 링크를 제공한다. 여러분의 운영체제(윈도우, 맥, 리눅스)에 따라 링크를 선택하면 된다.

A.1.1 윈도우

윈도우에서 R을 설치하기 위해 'Download R for Windows' 링크를 클릭하자. 그리고 base 링크를 클릭한다. 그 다음에 새 창 상단에 나오는 첫 번째 링크를 클릭하라. 이 링크는 '윈도우용 R 3.0.3 다운로드Download R 3.0.3 for Windows'라는 식으로 되어 있을 것이다. 물론 3.0.3은 R의 최신 버전에 따라 달라질 것이다. 이 링크는 윈도우를 위한 가장 최신 버전을 설치하기 위한 프로그램을 내려받을 것이다. 이 프로그램을 실행하면 나오는 설치 마법사를 따라 설치를 진행한다. 이 마법사는 Program Files 폴더에 R을 설치하고 시작 메뉴에 바로 가기 링크를 만든다. 컴퓨터에 새로운 소프트웨어를 설치하기 위해서는 그에 맞는 관리자 권한이 필요하다.

A.1.2 맥 OS

맥에서 R을 설치하려면 '맥용 R 다운로드^{Download R for Mac}' 링크를 클릭한다. 그리고 R-3.0.3 패키지 링크를 클릭하라(R의 최신 버전에 따라 패키지 링크가 달라질 수 있다). 그러면 매우 간단한 설치 과정을 통해 맥용 인스톨러를 내려받을 수 있다. 이 인스톨러를 통해 설치 관련 설정을 원하는 대로 조절할 수 있지만, 기본 설정을 사용하는 것이 대다수 사용자에게 적당하다. 기본 설정을 변경할 이유가 딱히 없다. 새 프로그램 설치를 위해 암호를 입력해야 할 수도 있다.

바이너리 대 소스

R은 미리 컴파일된 바이너리 파일을 통해 설치할 수도 있고, 운영체제에 따라 소스를 다시 빌드할 수도 있다. 윈도우와 맥의 경우, 바이너리 파일로 설치하는 편이 쉽다. 이 바이너리 자체가 인스톨러라고 할 수 있다. 물론 R을 다시 빌드할 수도 있지만, 이 과정은 훨씬 복잡하고 대부분의 사용자에게는 장점이 없다. 하지만 리눅스 시스템의 경우는 이와 반대다. 어떤 시스템의 경우, 미리 컴파일된 바이너리를 구할 수도 있다. 하지만 리눅스에서는 소스 파일로부터 R을 빌드하는 것이 더 일반적이다. CRAN 웹사이트(http://cran.rproject.org)에서는 윈도우, 맥, 리눅스 플랫폼에서 소스를 빌드하는 방법에 대한 자세한 정보를 제공한다.

A.1.3 리눅스

R은 많은 리눅스 시스템에 기본적으로 설치되어 있다. 하지만 이것은 이전 버전인 경우가 많아, R의 최신 버전을 원할 수도 있다. CRAN 웹사이트(http://cran.r-project.org)는 '리눅스용 R 다운로드^{Download R for Linux}' 링크를 통해 데비안, 레드햇, 수세, 우분투에서 소스 빌드를 하는 데 필요한 파일을 제공한다. 이 링크를 클릭해서 설치할 리눅스 버전에 맞는 디렉터리를 따라

들어가자. 정확한 설치 과정은 리눅스 시스템마다 조금씩 다르다. CRAN은 시스템에 따른 설치 방법을 설명하는 문서 혹은 README 파일을 소스 코드와 함께 제공한다.

32비트 대 64비트

R은 32비트 버전과 64비트 버전을 모두 제공한다. 이 가운데 어떤 것을 사용해야 할까? 대부분 문제가 되지 않는다. 두 가지 버전 모두 32비트 정수를 사용한다. 이것은 같은 정확도로 계산한다는 것을 의미한다. 각 버전은 메모리를 관리하는 방법에 차이가 있다. 64비트 R은 64비트 메모리 포인터를 사용하고, 32비트 R은 32비트 메모리 포인터를 사용한다. 이는 64비트 R이 더 큰 공간을 사용한다는 것을 의미한다.

항상 그런 것은 아니지만 대체적으로 32비트 빌드가 64빌드보다 빠르다. 다른 한편으로 64비트는 메모리 관리 문제 없이 더 큰 파일이나 데이터 세트를 다룰 수 있다. 두 버전 모두 벡터의 최대 허용 사이즈는 거의 20억 정도로 비슷하다. 만약 운영체제가 64비트 프로그램을 지원하지 않거나 RAM이 4GB 미만이면 32비트를 설치한다. 64비트 시스템의 경우 윈도우와 맥에서는 자동으로 두 가지 버전을 모두 설치한다.

A.2 R 사용하기

R은 마이크로소프트의 워드나 인터넷 익스플로러처럼 열어서 사용하면 되는 그런 프로그램이 아니다. C, C++, UNIX 등과 같은 컴퓨터 언어다. R 언어로 명령을 작성하고 그것을 컴퓨터에 해석하도록 요청하는 식으로 R을 사용할 수 있다. 예전에는 1980년대 영화에 등장하는 해커들처럼 UNIX 터미널 창에서 R 코드를 실행했다. 지금 대부분 사람은 RStudio라고 불리는 애플리케이션을 사용한다. 나도 이 방법을 추천한다.

NOTE_ R과 UNIX

여전히 UNIX나 BASH 창에 다음과 같은 명령을 입력해서 R을 실행할 수 있다.

    R

이것은 R 인터프리터를 여는 명령이다. 여기서 작업을 하다가 끝낼 때는 **q()**라고 입력해서 창을 닫을 수 있다.

A.3 RStudio

RStudio는 마이크로소프트 워드와 같은 애플리케이션이다. RStudio는 R 언어를 사용하는 데 유용하다. R을 더 쉽게 사용할 수 있기 때문에 이 책에서도 RStudio를 사용한다. 또한 RStudio 인터페이스는 윈도우, 맥, 리눅스에 상관없이 모두 같다. 따라서 개인적인 개발 환경에 관계없이 이 책을 참고하는 데 도움이 된다.

RStudio(http://www.rstudio.com/ide) 역시 무료로 내려받을 수 있다. 'RStudio 다운로드Download RStudio' 버튼을 클릭하고, 그 다음에 나오는 간단한 지침들을 따르기만 하면 된다. 일단 RStudio를 설치했다면 바탕 화면에 있는 아이콘을 클릭해서 열면 된다.

> **NOTE_ R GUI**
>
> 윈도우와 맥 사용자들은 보통 터미널 창에서 프로그래밍을 하지 않기 때문에, R 코드를 실행하기 위해 터미널과 흡사한 모양의 간단한 프로그램을 제공한다. 윈도우나 맥에서 R 아이콘을 클릭했을 때 열리는 것이 바로 이것이다. 이 프로그램은 기본 터미널 창보다 좀 더 많은 것을 할 수 있기는 하지만 그렇게 많이 다르지는 않다. 사람들은 윈도우나 맥에서 이 프로그램을 R GUIGraphical User Interface라고 부른다.

RStudio를 열었을 때 [그림 A-1]과 같이 3개의 창을 볼 수 있다. 가장 큰 것이 콘솔 창이다. 여기서 R 코드를 실행하고 결과를 확인할 수 있다. 콘솔 창은 바로 UNIX 콘솔이나 윈도우 혹은 맥의 GUI에서 R을 실행하면 볼 수 있다. 그 외에 나머지는 모두 RStudio에만 있는 것이다. 현재 텍스트 에디터, 그래프, 디버거, 파일 관리자 등은 숨겨져 있다. 이 책의 내용을 통해 이들 창에 대해 배운다.

> **NOTE_ RStudio 사용자는 R을 따로 설치할 필요 없죠?**
>
> RStudio를 사용하더라도 R을 내려받아 설치해야 한다. RStudio는 현재 컴퓨터에 설치되어 있는 R을 사용하도록 되어 있다. 자체에 R이 들어 있는 것은 아니다.

그림 A-1 R을 위한 RStudio IDE

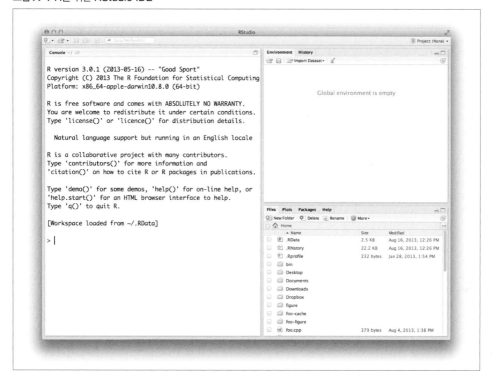

A.4 R 열기

이제 컴퓨터에 R과 RStudio 모두 설치했으니 RStudio를 열어서 R을 사용할 수 있다. 바탕 화면에서 아이콘을 클릭하거나 윈도우 실행 창에서 RStudio를 입력해서 RStudio를 열 수 있다.

R 패키지

R을 설치하더라도 대부분의 유용한 함수들은 자동으로 설치되지 않는다. 이러한 함수들은 패키지를 추가로 설치해야 얻을 수 있다. R 패키지는 C, C++, 혹은 자바스크립트의 라이브러리, 파이썬의 패키지, 루비의 젬과 비슷하다. R 패키지는 유용한 함수, 도움말 파일, 데이터 세트를 함께 뭉쳐 놓은 꾸러미다. 이것을 한 번 불러 놓으면 R에서 이 함수들을 사용할 수 있다. 보통 하나의 R 패키지는 풀고자 하는 어떤 특정 문제와 관련이 있다. R 패키지를 통해, 패키지 개발자 (그중 많은 사람이 실제 데이터과학을 하고 있다)가 참여하는 커다란 커뮤니티가 있다는 것과 많은 일반적인 그리고 새로운 데이터과학 문제들에 대한 미리 작성된 코드들이 있다는 R의 장점을 최대한 활용할 수 있다.

> **NOTE_ 기본 R**
> R 사용자들이 '기본 R base R'이라고 말하는 것을 들어 봤을 것이다. 기본 R이 뭘까? 이것은 R을 시작할 때마다 자동으로 불러오는 R 함수들의 집합을 말한다. 이 함수들은 언어의 토대를 제공하고 이를 위해 따로 패키지를 불러올 필요가 없다.

B.1 패키지 설치

R 패키지를 사용하려면 먼저 컴퓨터에 패키지를 설치하고 현재 R 세션에서 불러와야 한다. 가

장 간단한 설치 방법은 install.packages 함수를 사용하는 것이다. R을 실행한 후 아래와 같은 명령을 실행하면 된다.

```
> install.packages("패키지명")
```

그러면 CRAN 사이트에서 제공하는 패키지 목록 가운데 지정한 패키지를 찾는다. 패키지를 찾으면 컴퓨터 라이브러리 폴더에 내려받는다. 나중에 다시 설치할 필요 없이 R 세션에서 이 패키지를 사용할 수 있다. 누구나 원하면 R 패키지를 만들어서 배포할 수 있다. 하지만 대부분의 R 패키지는 CRAN 웹사이트를 통해 제공된다. CRAN에서는 R 패키지를 배포하기 전에 그것을 테스트한다. 패키지 안에 버그가 없어야 여러분의 운영체제 내의 현재 버전에서 이 패키지가 잘 동작한다고 신뢰할 수 있다.

c 함수를 이용하면 한 번에 여러 패키지를 설치할 수도 있다. 예를 들어 ggplot2, reshape2, dplyr 패키지를 설치하기 위해서는 아래 명령을 실행한다.

```
> install.packages(c("ggplot2", "reshape2", "dplyr"))
```

만약 패키지 설치를 처음 하는 경우에는 설치할 온라인 미러 사이트를 선택해야 한다. 미러 사이트는 지역별로 나열되어 있다. 근처에 있는 미러 사이트를 선택하는 것이 더 빠를 수 있다. 만약 새로운 패키지를 내려받고 싶다면 오스트리아 미러 사이트를 먼저 시도해 보라.[1] 이곳이 메인 CRAN 저장소고 새로운 패키지는 다른 미러 사이트로 가기 전에 이곳에 이틀 정도 먼저 오기도 한다.

B.2 패키지 불러오기

패키지를 설치했다고 해서 바로 그 안의 함수들을 사용할 수 있는 것은 아니다. 그것들을 단지 컴퓨터에 설치했을 뿐이다. 패키지를 사용하려면 아래 명령을 통해 패키지를 R 세션으로 불러와야 한다.

```
> library(패키지명)
```

---

1 역자주_ 국내에는 넥스알(http://cran.nexr.com/), 중앙대학교(http://biostat.cau.ac.kr/CRAN/), UNIST(http://cran.biodisk.org/)에서 운영하는 미러 사이트가 있다.

따옴표가 없다는 점을 주의하자. 원하면 따옴표를 사용해도 되지만, library 명령에서는 없어도 된다(install.packages 명령은 그렇지 않다).

library 함수는 현재 R 세션을 끝내기 전까지는 그 패키지 안에 있는 함수, 도움말, 데이터 세트를 모두 이용할 수 있다. 다음번에 새로운 세션에서 다시 사용하고 싶을 때는 다시 설치할 필요 없이 불러오기만 하면 된다. 패키지 설치는 한 번만 하면 된다. 이 패키지는 R 라이브러리에 존재한다. 현재 R 라이브러리에 어떤 패키지들이 설치되어 있는지 보려면 아래 명령을 실행하면 된다.

```
> library()
```

library ( ) 명령은 또한 R 라이브러리, 즉 R 패키지가 들어 있는 폴더의 실제 경로까지 알려 준다. 설치하지도 않은 많은 패키지가 보일 것이다. 이것은 처음 R을 설치할 때 기본적으로 필요한 패키지를 자동으로 내려받았기 때문이다.

> **NOTE_ CRAN 외의 저장소로부터 패키지 설치하기**
>
> devtools R 패키지는 CRAN 외의 저장소로부터 패키지를 설치할 수 있게 한다. install_github, install_gitorious, install_bitbucket, install_url과 같은 함수를 제공한다. 이들은 install. packages 함수와 아주 비슷한 일을 하지만 R 패키지를 얻기 위해 다른 저장소를 검색한다. install_ github는 특히 많은 R 개발자가 자신의 최신 개발 버전을 GitHub에서 관리하기 때문에 유용하다. 패키지의 개발 버전은 새로운 함수와 패치를 미리 엿볼 수 있지만 CRAN에서 제공하는 것만큼 안정적이거나 버그가 없지는 않다.

왜 R은 패키지를 따로 설치하고 불러오도록 귀찮게 하는 걸까? R의 모든 패키지를 미리 설치한다고 생각해 보자. R은 매우 무겁고 느려질 것이다. 2014년 5월 6일자로 CRAN 웹사이트에는 5,511개의 패키지가 제공되고 있다. 그러므로 꼭 필요한 것만 설치해서 사용하도록 한다. R은 어느 시점에 검색할 함수나 도움말 숫자가 적을수록 빨라지기 때문이다. 또한 관리도 편하다. 패키지마다 따로 업데이트가 가능하다. 패키지 하나 업데이트하자고 R 전체를 업데이트할 필요가 없다.

NOTE_ R 패키지를 배우는 가장 좋은 방법

어떤 R 패키지가 존재하는지 모르면 그 패키지를 사용하기가 어렵다. CRAN 웹사이트로 가서 패키지 링크를 클릭해 보면 사용 가능한 패키지들을 볼 수 있다. 하지만 천 개도 넘는 것을 모두 훑어보는 것은 쉽지 않다. 더욱이 같은 일을 하는 R 패키지들도 많다.

가장 좋은 패키지를 어떻게 알 수 있을까? R 패키지 메일링 리스트(http://stat.ethz.ch/mailman/listinfo/r-packages)를 먼저 보자. 메일링 리스트는 새로운 패키지에 대한 소개를 보내주고 지난 뉴스들을 보관한다. R에 대한 게시물을 모아 놓은 블로그도 귀한 자료가 된다. 개인적으로 R-bloggers(www.r-bloggers.com)를 추천한다. http://support.rstudio.com 페이지의 GETTING STARTED 섹션에 가면, RStudio가 뽑은 가장 많이 사용되는 R 패키지들이 소개된다. 마지막으로 CRAN은 주제별로 가장 유용하고 유명한 패키지들을 분류해 놓았다(http://cran.r-project.org/web/views). 각자의 분야에 맞는 패키지를 공부하기에 아주 훌륭하다.

R과 패키지 업데이트

R 코어 개발팀은 계속해서 버그를 찾아내고 성능을 개선하고 새로운 기술을 R에 적용해서 R 언어를 발전시키고 있다. 결국 R의 새로운 버전은 일 년에 여러 번 릴리즈된다. R의 최신 버전을 확인하는 방법은 CRAN 웹사이트(http://cran.r-project.org)를 주기적으로 방문하는 것이다. 이 사이트를 통해 새로운 릴리즈에 대한 소식을 얻을 수 있고 내려받을 수 있다. 아마 여러분도 지금 새로운 릴리즈를 설치해야 할 수도 있다. R을 처음 설치할 때와 마찬가지로 하면 된다.

물론 최신 버전이 아니라고 해서 걱정할 필요는 없다. 릴리즈마다 조금씩 수정이 이루어지기 때문에 그 차이를 느끼기 힘들다. 하지만 예상하지 못한 버그를 만나기 시작한다면 최신 버전으로 업데이트하는 것이 좋다.

RStudio 역시 끊임없이 개선되고 있다. RStudio(http://www.rstudio.com/ide)에서 손쉽게 업데이트할 수 있다.

C.1 R 패키지

패키지 개발자는 가끔씩 함수를 추가한다든지 버그를 수정한다든지 성능을 개선하기 위해 새로운 버전을 릴리즈한다. update.packages 함수를 통해 현재 패키지가 최신인지 체크할 수 있고 만약 아니라면 최신 버전을 설치할 수 있다. update.packages를 사용하는 방법은 install.packages와 같다. 만약 ggplot2, reshape2, dplyr 패키지가 이미 있다면 사용 전에 업데이트를 체크해 보는 것이 좋다.

```
> update.packages(c("ggplot2", "reshape2", "dplyr"))
```

패키지를 업데이트한 후에는 R 세션을 새롭게 시작하자. 업데이트할 때 불러왔던 패키지가 있다면 R 세션을 닫고 패키지의 업데이트된 버전을 사용하기 위해서 새로운 R 세션을 열어야 한다.

데이터 불러오기와 저장하기

여기서는 일반 텍스트 파일, R 파일, 엑셀 스프레드시트와 같은 다른 종류의 파일로부터 데이터를 어떻게 불러오고 저장하는지 알아본다. 또한 SAS나 MATLAB과 같은 데이터베이스 혹은 다른 일반 프로그램에서 데이터를 불러오기 위해 사용하는 R 패키지를 소개한다.

D.1 기본 데이터 세트

기본 R에서는 datasets 패키지에 들어 있는 많은 데이터 세트를 미리 불러온다. 이 데이터 세트들이 그렇게 흥미롭지는 않지만 외부에서 따로 데이터 세트를 불러올 필요 없이 코드를 테스트할 수 있다. 아래 명령을 통해 R 데이터 세트의 리스트와 데이터에 대한 간단한 설명을 볼 수 있다.

```
> help(package = "datasets")
```

데이터 세트는 이름만 입력하면 바로 사용할 수 있다. 각 데이터 세트는 이미 R 객체로 저장되어 있다. 예를 들면 다음과 같다.

```
> iris
  Sepal.Length Sepal.Width Petal.Length Petal.Width Species
1          5.1         3.5          1.4         0.2  setosa
2          4.9         3.0          1.4         0.2  setosa
3          4.7         3.2          1.3         0.2  setosa
4          4.6         3.1          1.5         0.2  setosa
5          5.0         3.6          1.4         0.2  setosa
6          5.4         3.9          1.7         0.4  setosa
```

하지만 이 기본 데이터 세트는 다양한 파일 형태로부터 불러올 수 있는 자신만의 데이터를 대신할 수는 없다. R에 데이터 파일을 불러오기 전에 **작업 디렉터리**를 결정해야 한다.

D.2 작업 디렉터리

R을 열 때마다 작업할 컴퓨터 디렉터리와 R이 연결된다. 이는 R이 파일을 찾는 위치가 된다. 물론 저장할 때도 마찬가지다. 작업 디렉터리의 위치는 컴퓨터마다 다르다. 현재 작업 디렉터리가 어디인지 알기 위해 아래 명령을 실행하자.

```
> getwd()
[1] "/Users/garrettgrolemund"
```

데이터 파일들을 이 작업 디렉터리의 폴더 안에 넣거나 작업 디렉터리를 원하는 파일이 있는 폴더로 옮길 수 있다. setwd 함수를 통해 원하는 곳 어디든지 작업 디렉터리로 설정할 수 있다. setwd 함수에 새로운 작업 디렉터리의 파일 경로만 넣으면 된다. 개인적으로는 현재 작업하는 프로젝트와 관련한 폴더를 작업 디렉터리로 설정하는 편이다. 이를 통해 모든 데이터, 스크립트, 그래프, 그리고 결과를 같은 위치에 둘 수 있다. 예를 들면 아래와 같다.

```
> setwd("~/Users/garrettgrolemund/Documents/Book_Project")
```

만약 파일 경로가 루트 디렉터리에서 시작하지 않는다면, R은 현재 디렉터리에서 시작한다고 가정한다.

역시 RStudio에서 '세션 → 작업 디렉터리 설정하기 → 디렉터리 선택' 메뉴를 클릭해서 작업 디렉터리를 변경할 수 있다. 윈도우와 맥의 GUI에도 비슷한 옵션이 있다. 만약 (리눅스 환경에서처럼) UNIX 커맨드 창에서 R을 시작한다면 작업 디렉터리는 R을 호출한 바로 그 디렉터리가 된다.

list.files( ) 명령을 통해 어떤 파일들이 현재 작업 디렉터리에 들어 있는지 볼 수 있다. 만약 작업 디렉터리에 열어 보고 싶은 파일이 있다면 파일을 사용할 준비가 되어 있는 것이다. 이 파일을 어떻게 열지는 파일의 종류에 따라 달라진다.

D.3 일반 텍스트 파일

일반 텍스트 파일은 데이터를 저장할 때 가장 흔히 사용하는 방법이다. 매우 간단하면서, 가장 기본적인 텍스트 편집기 외에 다른 프로그램에서도 읽을 수 있다는 장점이 있다. 이런 이유로 공용 데이터는 텍스트 파일 형태를 갖는다. 예를 들어 미국 인구조사국, 미국 연방 사회보장국, 미국 노동통계국에서는 모든 데이터를 일반 텍스트 파일로 저장한다.

아래에 보듯이, 3장에서 나오는 value 열을 추가한 로열 플러시 데이터 세트 역시 일반 텍스트 파일 형태로 볼 수 있다.

```
"card", "suit", "value"
"ace", "spades", 14
"king", "spades", 13
"queen", "spades", 12
"jack", "spades", 11
"ten", "spades", 10
```

일반 텍스트 파일은 일반 문서에 테이블 형태로 데이터를 저장한다. 테이블의 각 행은 하나의 줄에 저장되고 한 행 안에서 각각의 칸을 구분하기 위해 간단한 약속을 사용한다. 보통 콤마를 사용해서 구분하지만, 탭, 파이프 구분 기호(|), 혹은 다른 문자를 사용할 수도 있다. 혼란을 피하기 위해 하나의 파일에서는 하나의 구분 규칙을 사용한다. 각 칸 안에는 원하는 데이터가 문자 혹은 숫자 형태로 들어 있다.

모든 텍스트 파일은 *.txt* 확장자로 저장할 수 있다. 하지만 때로는 구분 기호의 종류를 확실히 알려 주기 위해 특별한 확장자를 사용할 수도 있다. 앞서 언급했던 콤마를 구분 기호로 사용하는 파일을 CSV^{comma-separated value} 파일이라고 하고 *.csv* 확장자를 사용한다.

D.3.1 read.table

일반 텍스트 파일을 불러올 때는 read.table 함수를 사용한다. 함수의 첫 인수는 파일 이름이거나(파일이 작업 디렉터리 안에 있을 경우), 파일 경로여야(작업 디렉터리 안에 없는 경우) 한다. 만약 파일 경로가 루트 디렉터리에서 시작하지 않으면 R은 현재 작업 디렉터리 다음에 이 파일 경로를 붙여서 해당 파일을 찾는다. read.table 함수에 다른 인수를 넣을 수도 있다. 그중 가장 중요한 것은 sep과 header다.

만약 로열 플러시 데이터 세트가 *poker.csv*라는 이름의 파일로 작업 디렉터리에 저장되어 있다면 다음과 같이 불러올 수 있다.

```
> poker <- read.table("poker.csv", sep = ",", header = TRUE)
```

sep

sep 인수는 파일에서 데이터를 구분하기 위해 어떤 기호를 사용했는지 read.table 함수에 알려 주기 위해 사용한다. 구분 기호는 텍스트 편집기에서 파일을 열어 확인할 수 있다. 따로 sep 인수를 입력하지 않으면 기본값으로 read.table 함수는 탭이나 스페이스와 같은 여백을 구분 기호로 사용한다. read.table 함수는 구분 기호를 정확히 사용했는지 아닌지 이야기해 주지 않기 때문에 각별히 주의해서 사용해야 한다.

header

header 인수는 데이터 파일의 첫 번째 줄이 변숫값인지 변수 이름인지 read.table 함수에 알려 주기 위해 사용한다. 만약 첫 번째 줄이 변수 이름이면 header = TRUE로 설정한다.

na.strings

종종 데이터 세트에서 결측 정보를 표시하기 위해 특별한 기호를 사용한다. 만약 이 기호가 무엇인지 미리 알고 있다면, 그 기호가 무엇인지 na.strings 인수로 read.table 함수(그리고 앞선 함수들)에 알려줄 수 있다. read.table은 이 결측 기호를 R에서 결측 기호를 표시할 때 사용하는 NA(5.3절 '결측 정보'를 참고하라)로 변환한다.

예를 들어 poker 데이터 세트에서는 아래와 같이 .으로 결측값을 표시했다.

```
"card","suit","value"
"ace"," spades"," 14"
"king"," spades"," 13"
"queen",".","."
"jack",".","."
"ten",".","."
```

R에서 데이터 세트를 읽을 때 아래 명령어를 통해 결측값을 모두 NA로 변환할 수 있다.

```
> poker <- read.table("poker.csv", sep = ",", header = TRUE, na.string = ".")
```

poker는 아래와 같이 저장된다.

```
 card    suit value
  ace spades    14
 king spades    13
queen   <NA>    NA
 jack   <NA>    NA
  ten   <NA>    NA
```

skip과 nrow

가끔 텍스트 파일에는 데이터 세트를 설명하는 문장이 들어 있을 수 있다. 아니면 데이터 세트로 읽고 싶은 특정 부분이 있을 수 있다. 이때 skip과 nrow 인수를 사용한다. 파일에서 값을 읽어오기 위해 몇 줄을 건너뛸지 skip 인수로 설정할 수 있으며, nrow 인수로 정해진 줄 수만큼만 읽고, 읽기를 마칠 수 있다.

예를 들어 온전한 로열 플러시 파일이 아래와 같다고 상상해 보자.

```
This data was collected by the National Poker Institute.
We accidentally repeated the last row of data.

"card", "suit", "value"
"ace", "spades", 14
"king", "spades", 13
"queen", "spades", 12
"jack", "spades", 11
"ten", "spades", 10
"ten", "spades", 10
```

아래처럼 하면 원하는 6줄(헤더 빼고 5줄)만 읽어올 수 있다.

```
> read.table("poker.csv", sep = ",", header = TRUE, skip = 3, nrow = 5)
   card    suit value
1   ace spades    14
2  king spades    13
3 queen spades    12
4  jack spades    11
5   ten spades    10
```

첫 번째 헤더 열(변수 이름)은 nrow에 포함되지 않는다는 점을 기억하자.

stringsAsFactors

R에서 숫자들을 읽을 때는 우리가 예상한 대로 된다. 하지만 문자열(문자 혹은 단어)을 읽을 때는 이상하게 행동하기 시작한다. R은 모든 문자열을 요인으로 저장한다. 이것이 R의 기본적인 동작이다. 개인적으로 이건 실수라고 생각한다. 때로는 요인도 물론 유용하다. 하지만 경우에 따라서 이것은 정말 잘못된 자료형이 된다. 또한 요인은 특히 데이터를 보여 줘야 할 때, 이상하게 동작한다. R이 데이터를 저장할 때 요인으로 변형한다는 사실을 모른다면 더 놀랄 수 있다. 보통은 요인으로 저장하지 않는 편이 좋을 것이다. 다행히도 이것을 막는 방법은 간단하다.

stringsAsFactors 인수를 FALSE로 설정하면 모든 문자열이 요인이 아닌 문자열 그대로 저장된다. stringsAsFactors를 사용하는 예는 아래와 같다.

```
> read.table("poker.csv", sep = ",", header = TRUE, stringsAsFactors = FALSE)
```

만약 데이터 세트를 여러 개 불러올 생각이라면 이것을 다음과 같이 전역 설정으로 할 수 있다.

```
> options(stringsAsFactors = FALSE)
```

이렇게 하면 R 세션을 종료하거나 전역 설정을 바꾸지 않는 한 모든 문자열은 요인이 아닌 문자열로 읽게 된다.

```
> options(stringsAsFactors = TRUE)
```

D.3.2 read 함수들

[표 D-1]에서와 같이 R은 read.table 사용을 간단하게 하기 위한 함수들을 제공한다.

표 D-1 R의 read 함수들. 기본 인숫값은 필요에 따라 다시 설정할 수 있다.

함수	디폴트값	설명
read.table	sep = "", header = FALSE	일반적인 read 함수
read.csv	sep = ",", header = TRUE	CSV 파일
read.delim	sep = "\t", header = TRUE	탭 구분 기호를 사용한 파일
read.csv2	sep = ";", header = TRUE, dec = ","	유럽식 소수점 포맷을 갖는 CSV 파일
read.delim2	sep = "\t", header = TRUE, dec = ","	유럽식 소수점 포맷을 갖는 탭 구분 파일

첫 번째 read.csv 함수는 read.table 함수에서 sep = ","와 header = TRUE를 자동으로 선택한 것과 같다.

```
> poker <- read.csv("poker.csv")
```

read.delim 함수는 sep을 탭 문자로 자동 설정한다. 탭으로 구분된 파일을 읽는 데 사용된다. 기본적으로 header = TRUE로 설정되어 있다.

read.delim2와 read.csv2 함수는 유럽의 R 사용자들을 위한 것이다. 이들 함수는 R에 데이터가 소수점을 표시하기 위해 마침표가 아닌 콤마를 사용하고 있다는 것을 알려 준다. CSV 파일과는 달리, CSV2 파일은 콤마대신 세미콜론으로 데이터를 구분한다.

> **NOTE_ 데이터 세트 가져오기**
>
> 3.9절의 '데이터 불러오기'에서 이야기한 것처럼 RStudio의 '데이터 세트 가져오기' 아이콘을 이용해서 일반 텍스트 파일을 불러올 수 있다. '데이터 세트 가져오기'는 read.table 함수의 GUI 버전이라고 할 수 있다.

D.3.3 read.fwf

텍스트 파일 중에서 어떤 것은 데이터를 구분하는 패턴을 알아내기가 쉽지 않다. 각 행은 여느 텍스트 파일처럼 매 줄에 위치하지만 각 열은 문서의 맨 왼쪽에서 특정 문자 개수만큼 떨어진 곳에서 시작한다. 각 데이터 끝에 임의의 개수만큼 공백을 추가한 후 그 다음 데이터를 시작한다. 이러한 문서를 **고정 너비 파일**fixed-width files이라고 하며 *fwf*라는 확장자를 사용한다.

다음은 로열 플러시 데이터 세트를 고정 너비 파일로 만든 것이다. 각 행의 suit 데이터는 정확히 맨 왼쪽에서 10번째 문자부터 시작된다. 이것은 첫 번째 데이터의 길이와는 상관없다.

```
card      suit        value
ace       spades      14
king      spades      13
queen     spades      12
jack      spades      11
10        spades      10
```

고정 너비 파일은 사람이 보기에는 좋다(탭 구분 파일보다는 아니다). 하지만 작업하기는 쉽지 않다. 아마 이런 이유 때문인지, 이런 파일을 읽는 함수는 있지만 저장하는 함수는 없다. 불행하게도 미국 정부 기관들은 이 고정 너비 파일을 참 좋아하는 것 같다. 따라서 언젠가 한 번쯤은 이런 파일을 만나게 될 것이다.

read.fwf 함수를 이용해서 이 파일을 읽을 수 있다. read.table 함수와 같은 인수를 사용하며 추가적으로 widths라는 숫자 벡터를 받는 인수를 사용한다. widths의 i번째 원소는 데이터 세트의 i번째 열에 해당하는 너비를 의미한다.

만약 앞에서 말한 고정 너비 로열 플러시 데이터 파일이 *poker.fwf*라는 이름으로 작업 디렉터리에 저장되어 있다면 다음과 같이 읽어올 수 있다.

```
> poker <- read.fwf("poker.fwf", widths = c(10, 7, 6), header = TRUE)
```

D.3.4 HTML 링크

인터넷 상에서 특정 주소를 갖는 많은 데이터 파일을 사용할 수 있다. 만일 인터넷이 연결되어 있다면 read.table이나 read.csv 같은 함수를 이용해서 이런 파일들을 R에서 바로 열어 볼 수 있다. 파일 이름 인수에 원하는 데이터 파일의 웹 주소를 입력하면 된다. 결국 아래와 같은 명령으로 http://.../poker.csv와 같은 주소를 갖는 poker 데이터 파일을 읽을 수 있다.

```
> poker <- read.csv("http://.../poker.csv")
```

단지 이 주소가 파일로 연결되는 웹페이지가 아니라 해당 파일과 직접 연결되어 있는지 확인해야 한다. 일반적으로 이 파일의 웹 주소를 방문하면 해당 파일을 내려받거나 브라우저에 원본 데이터를 출력해서 보여 준다.

https://로 시작하는 웹사이트의 경우에는 보안 설정이 되어 있기 때문에 R에서 바로 데이터를 불러올 수 없다.

D.3.5 텍스트 파일 저장하기

R에 있는 데이터는 R에서 지원하는 어떤 파일 포맷으로도 저장할 수 있다. 텍스트 파일로 저장하려면 write 함수를 사용한다. [표 D-2]는 3가지 기본 write 함수를 보여 준다. *.csv* 파일로 저장할 경우에는 write.csv 함수를 사용한다. 그리고 탭 구분 문서 혹은 다른 새로운 구분 기호를 사용한 문서로 저장할 경우에는 write.table 함수를 사용한다.

표 D-2 write 함수를 이용해서 데이터를 텍스트 파일로 저장한다.

파일 포맷	함수와 문법
.csv	write.csv(r_object, file = filepath, row.names = FALSE)
.csv (유럽식 소수점 표기)	write.csv2(r_object, file = filepath, row.names = FALSE)
탭 구분 문서	write.table(r_object, file = filepath, sep = "\t", row.names = FALSE)

각 함수에서 첫 번째 인수는 저장할 데이터 세트를 담고 있는 R 객체다. file 인수에는 저장할 파일 이름(확장자 포함)을 적는다. 기본적으로 이 파일은 작업 디렉터리에 저장된다. 물론 file 인수에 경로를 적어 줄 수도 있다. 만약 파일 경로가 루트 디렉터리에서 시작하지 않는다면 현재 작업 디렉터리가 위치한 파일 경로 끝에 이것을 이어 붙인다.

예를 들어 아래 명령을 통해 작업 디렉터리 안에 *data*라는 하위 디렉터리에 poker 데이터 프레임을 저장할 수 있다.

```
> write.csv(poker, "data/poker.csv", row.names = FALSE)
```

write.csv나 write.table 함수가 새로운 디렉터리를 생성하지는 못한다는 점을 기억하자. 파일을 저장하기 전에 파일 경로상에 있는 폴더가 모두 존재해야 한다.

row.names 인수는 데이터 프레임의 행 이름을 텍스트 파일에 열로 저장하지 않도록 한다. R은 자동으로 데이터 프레임의 각 행에 숫자로 이름을 붙인다는 것을 명심하자. 예를 들어 poker 데이터 프레임에서 각 행마다 앞에 다음과 같이 숫자가 붙어 있는 것을 볼 수 있다.

```
> poker
    card   suit value
1    ace spades    14
2   king spades    13
3  queen spades    12
4   jack spades    11
5     10 spades    10
```

이 행 번호는 도움이 되긴 하지만 저장할 때마다 번호가 계속해서 누적될 수 있다. 이 파일을 읽을 때마다 행 앞에 숫자가 붙을 것이고, 파일을 저장하면 이 숫자가 파일에 저장될 것이기 때문이다. 이를 피하려면 write 함수를 사용할 때마다 row.names = FALSE를 설정한다.

D.3.6 압축 파일

텍스트 파일을 압축하려면 파일 이름이나 파일 경로를 bzfile, gzfile, 혹은 xzfile 함수로 감싼다.

```
> write.csv(poker, file = bzfile("data/poker.csv.bz2"), row.names = FALSE)
```

[표 D-3]에서 보듯이 이 함수들은 각자 다른 종류의 압축 포맷을 사용한다.

표 D-3 파일 압축을 위한 세 함수

함수	압축 유형
bzfile	bzip2
gzfile	gnu zip(gzip)
xzfile	xz 압축

어떤 압축을 사용하고 있는지 파일 확장자에 적어 주는 것도 좋은 생각이다. read 함수는 이렇게 압축된 텍스트 파일을 열 수 있다. 예를 들면 아래와 같이 *poker.csv.bz2*라의 이름의 압축 파일을 읽을 수 있다.

```
> read.csv("poker.csv.bz2")
```

혹은 다음과 같이 파일이 저장되어 있는 경로를 지정해도 된다.

```
> read.csv("data/poker.csv.bz2")
```

D.4 R 파일

R은 두 가지 포맷, *.RDS*와 *.RData*를 이용해서 데이터를 저장한다. RDS 파일은 하나의 객체를 저장할 수 있고, RData 파일은 여러 개의 객체를 저장할 수 있다.

RDS 파일을 읽기 위해서는 readRDS 함수를 사용한다. 예를 들어 로열 플러시 데이터가 *poker.RDS* 파일에 저장되어 있다면 아래와 같이 열 수 있다.

```
> poker <- readRDS("poker.RDS")
```

RData 파일은 더 간단하다. load 함수에 이 파일을 넣어 주면 된다.

```
> load("file.RData")
```

load 함수의 결과를 객체에 따로 저장할 필요는 없다. RData 파일에 들어 있는 R 객체가 원래 이름으로 현재 R 세션에 들어오기 때문이다. RData 파일에는 여러 개의 객체가 들어 있을 수 있기 때문에 한 번에 여러 객체를 읽어 올 수도 있다. load 함수는 몇 개의 객체를 읽어 올지, 이름은 뭔지 묻지 않는다. 따라서 일단 불러오기 전까지는 RData 파일에 대해 알 수 있는 것이 별로 없다.

최악의 경우 RData 파일을 불러올 때 RStudio 환경 창을 계속해서 지켜봐야 할 수도 있다. load 함수는 R 세션에서 만들었거나 불러온 객체를 모두 보여 주기 때문이다. 다른 유용한 방법은 (load("poker.RData"))처럼 load 명령 주변을 괄호로 감싸는 것이다. 그러면 파일에서 불러온 객체들의 이름을 출력해 준다.

readRDS와 load 함수는 read나 write 함수와 같이 파일 경로를 첫 번째 인수로 받는다. 파일이 작업 디렉터리에 들어 있을 경우에는 파일 이름만 입력해도 된다.

D.4.1 R 파일 저장하기

R 객체를 RData 파일이나 RDS 파일로 저장할 수 있다. RData 파일은 한 번에 여러 개의 객체를 저장할 수 있는 장점이 있지만, 재활용 코드를 만들기 쉬운 RDS 파일이 더 좋은 선택이 될 수 있다.

데이터를 RData 객체로 저장할 때는 save 함수를 사용하고, RDS 객체로 저장할 때는 saveRDS 함수를 사용한다. 첫 번째 인수에 저장하고자 하는 객체의 이름을 넣는다. file 인수에는 이 데이터를 저장할 파일 이름 혹은 파일 경로를 적는다.

예를 들어 a, b, c 이렇게 세 가지 R 객체가 있다고 하자. 이것들을 동시에 RData 파일로 저장할 수 있다. 그리고 다른 R 세션에서 이것을 다시 불러올 수 있다.

```
> a <- 1
> b <- 2
> c <- 3
> save(a, b, c, file = "stuff.RData")

> load("stuff.RData")    # 다른 R 세션에서 불러올 수 있다.
```

하지만 객체 이름을 기억하기 힘들거나 다른 사람이 이 파일을 사용해야 한다고 했을 때 이 파일 안에 어떤 객체들이 저장되어 있는지 알기가 힘들다. 심지어 그것을 불러온 이후에도 세션에 객체가 많고 복잡하다면 알기 힘들다. RDS 파일의 경우 좀 더 분명하다. 왜냐하면 파일당 하나의 객체를 담고 있고, 그것을 불러오는 사람이 직접 객체의 이름을 지정할 수 있기 때문이다. 최소한 load 함수가 R 객체를 덮어 쓰는 일은 방지할 수 있다.

```
> saveRDS(a, file = "stuff.RDS")
> a <- readRDS("stuff.RDS")
```

R 파일로 저장하는 것이 일반 텍스트 파일로 저장하는 것에 비해 몇 가지 장점이 있다. R은 자동으로 파일을 압축하고, 객체와 관련된 R 메타 데이터도 함께 저장한다. 만약 요인, 날짜와 시간, 또는 클래스 속성을 갖는 데이터라면 정말 도움이 된다. 텍스트 파일로 모두 변환한 데이터를 R에 맞게 다시 파싱할 필요가 전혀 없다.

반면 R 파일은 다른 프로그램에서 읽을 수 없다. 따라서 공유하는 데 적합하지 않을 수 있다. 이 파일을 열기 위한 적합한 R이 없다면, 장기 보관할 때 문제가 될 수 있다.

D.5 엑셀 스프레드시트

MS 엑셀은 비즈니스 업계에서 이미 산업 표준이 된 대표 스프레드시트 프로그램이다. 적어도 한 번쯤은 R에서 엑셀 스프레드시트를 불러들여 작업해야 할 때가 있을 것이다. R에서는 여러 가지 방법으로 스프레드시트를 읽을 수 있고 R 데이터를 스프레드시트로 저장할 수 있다.

D.5.1 엑셀에서 내보내기

엑셀에서 R로 데이터를 가져오는 가장 좋은 방법은 엑셀에서 스프레드시트를 .csv 파일 혹은 .txt 파일로 내보내는 것이다. 텍스트 파일은 R뿐만 아니라 다른 데이터분석 소프트웨어에서도 사용 가능하다. 텍스트 파일이야 말로 데이터 저장을 위한 만국공통어라고 할 수 있다.

데이터를 이렇게 내보내는 것은 또 다른 어려움을 해결해 준다. 엑셀은 바로 R로 전환하기 어려운 특정 포맷과 메타 데이터를 사용한다. 예를 들어 단일 엑셀 파일은 여러 개의 스프레드시트로 구성되고 각각은 열 데이터와 매크로를 갖고 있다. 엑셀을 *.csv*나 *.txt*로 내보낼 때 가장 적합한 방법으로 이 엑셀 포맷의 데이터를 텍스트 형태로 변환한다. R에서는 이러한 변환을 효과적으로 만들어 내기가 쉽지 않다.

엑셀에서 데이터를 내보내기 위해 엑셀 스프레드시트를 열고 마이크로소프트 오피스 메뉴 버튼에서 '다른 이름으로 저장'을 클릭한다. 그리고 파일 형식^{Save as Type} 박스에서 CSV를 선택하고 파일을 저장한다. R에서 read.csv 함수를 이용해서 이 파일을 열 수 있다.

D.5.2 복사와 붙여넣기

또한 엑셀 스프레드시트의 일부분을 복사해서 R에 붙여넣을 수 있다. 이를 위해 스프레드시트를 열고 원하는 영역의 셀을 선택한다. 그리고 '편집 → 복사' 메뉴를 선택하거나 키보드 단축키를 이용해서 클립보드에 이 셀들을 복사한다.

대부분의 운영체제에서는 클립보드에 저장된 데이터를 아래와 같이 R로 읽어 들일 수 있다.

```
> read.table("clipboard")
```

맥에서는 아래 명령을 사용해야 한다.

```
> read.table(pipe("pbpaste"))
```

셀에 공백이 포함되어 있는 경우에는 read.table 함수가 제대로 동작하지 않는다. 이 경우 다른 read 함수를 사용하거나 엑셀에서 데이터 내보내기를 통해 R로 읽어 와야 한다.

D.5.3 XLConnect

이외에도 엑셀 파일을 R로 직접 읽어오기 위한 많은 패키지가 존재한다. 하지만 많은 경우 운영체제에 따라 제대로 작동하지 않는다. 어떤 것은 오래된 *.xlsx* 파일 포맷을 지원한다. 모든 파일 시스템에서 작동하면서도 좋은 리뷰를 받은 패키지 하나를 소개한다. 바로 XLConnect 패키지다. 이것을 사용하기 위해 패키지를 설치하고 불러오자.

```
> install.packages("XLConnect")
> library(XLConnect)
```

XLConnect는 플랫폼에 영향을 받지 않는 자바로 이루어져 있다. 따라서 처음 RStudio에서 XLConnect를 열 때, 만약 자바 런타임 환경이 갖춰지지 않은 경우 이것을 내려받을 것인지 묻는다.

D.5.4 스프레드시트 읽기

XLConnect를 이용하면 한 단계 혹은 두 단계 과정을 거쳐 엑셀 스프레드시트를 읽을 수 있다. 두 단계 과정부터 설명한다. 먼저 loadWorkbook 함수를 사용해서 엑셀 워크북을 불러온다. loadWorkbook 함수는 .xls와 .xlsx 파일을 모두 불러올 수 있다. loadWorkbook 함수는 엑셀 워크북의 파일 경로를 인수로 받는다(만약 작업 디렉터리에 들어 있다면 워크북의 이름을 인수로 받는다).

```
> wb <- loadWorkbook("file.xlsx")
```

다음으로 몇 가지 인수를 필요로 하는 readWorksheet 함수로 스프레드시트를 읽는다. 첫 번째 인수는 loadWorkbook 함수에서 받아온 워크북 객체다. 다음 sheet 인수에는 R로 읽어올 스프레드시트 이름을 넣는다. 이것은 엑셀에서 스프레드시트의 왼쪽 아래에 나오는 이름을 말한다. sheet 인수에 읽을 시트에 해당하는 번호를 입력할 수도 있다(1은 첫 번째 시트, 2는 두 번째 시트).

readWorksheet 함수는 읽어올 영역을 지정하기 위해 startRow, startCol, endRow, endCol 등 4개의 인수를 사용한다. startRow와 startCol은 읽어올 영역의 왼쪽 상단 모서리 셀의 위치를, endRow와 endCol은 오른쪽 하단 모서리 셀의 위치를 지정한다. readWorksheet 함수는 이렇게 설정된 직사각형 영역에 들어 있는 데이터를 읽어온다. readWorksheet 함수는 이 영역에 헤더가 포함되어 있다고 가정한다. 만일 헤더가 포함되어 있지 않다면 header = FALSE를 추가한다.

wb 객체에서 첫 번째 워크시트를 읽기 위해서는 다음과 같이 한다.

```
> sheet1 <- readWorksheet(wb, sheet = 1, startRow = 0, startCol = 0,
+    endRow = 100, endCol = 3)
```

R은 결과를 데이터 프레임으로 저장한다. readWorksheet의 인수들은 첫 번째를 제외하면 모두 벡터화되어 있다. 따라서 한 번에 여러 개의 시트를(혹은 한 워크시트에 여러 개의 셀 영역을)

읽을 수 있다. 이 경우 readWorksheet 함수는 데이터 프레임의 리스트를 돌려준다.

readWorksheetFromFile 함수로 이 두 과정을 합칠 수도 있다. 이 함수는 loadWorkbook의 file 인수와 readWorksheet의 인수를 결합한다. 이것을 이용해서 엑셀 파일로부터 하나 혹은 여러 개의 시트를 바로 읽어 올 수 있다.

```
> sheet1 <- readWorksheetFromFile("file.xlsx", sheet = 1, startRow = 0,
+    startCol = 0, endRow = 100, endCol = 3)
```

D.5.5 스프레드시트 작성

엑셀 스프레드시트를 작성하기 위해서는 4가지 단계가 필요하다. 첫째, loadWorkbook 함수로 워크북 객체를 만들어야 한다. 해당 엑셀 파일이 존재하지 않아야 한다. 그리고 읽어올 때 사용했던 명령에 create = TRUE를 추가하면 된다. XLConnect는 빈 워크북을 생성한다. 이것을 저장할 때 XLConnect 패키지는 loadWorkbook 함수에 설정해 놓은 파일 경로에 이것을 저장한다.

```
> wb <- loadWorkbook("file.xlsx", create = TRUE)
```

그리고 createSheet 함수로 워크북 객체 안에 워크시트를 만들어야 한다. 아래와 같이 이 시트가 위치할 워크북과 사용할 시트 이름을 적어 준다.

```
> createSheet(wb, "Sheet 1")
```

writeWorksheet 함수로 이 시트에 데이터 프레임이나 행렬을 저장할 수 있다. 이 함수의 첫 번째 인수 object는 작성할 워크북이다. 두 번째 인수 data는 작성할 데이터다. 세 번째 인수 sheet는 작성할 시트 이름이다. 그리고 두 인수 startRow와 startCol은 이 새 데이터를 어느 위치의 셀에 넣을 것인지 알려 준다. 이 인수는 기본적으로 1의 값을 갖는다. 마지막으로 열 이름을 데이터와 함께 작성할지 설정하기 위해 header 인수를 사용할 수 있다.

```
> writeWorksheet(wb, data = poker, sheet = "Sheet 1")
```

일단 워크북에 시트와 데이터를 추가했으면 saveWorkbook 함수로 이것을 저장할 수 있다. loadWorkbook 함수로 워크북을 생성할 때 입력했던 파일 이름 혹은 파일 경로에 워크북을 저장한다. 만약 이것이 이미 존재하는 엑셀 파일일 경우 R은 그것을 덮어 쓸 것이다. 만약 이것이 새로운 파일이라면 R은 그것을 생성할 것이다.

writeWorksheetToFile 함수를 이용하면 이런 과정을 아래와 같이 하나로 합칠 수 있다.

```
> writeWorksheetToFile("file.xlsx", data = poker, sheet = "Sheet 1",
+    startRow = 1, startCol = 1)
```

XLConnect 패키지는 엑셀 스프레드시트로 더 복잡한 일도 할 수 있게 한다. 가령 스프레드시트의 특정 영역에 데이터 작성, 수식을 이용한 작업, 셀에 스타일 적용 등을 할 수 있다. XLConnect에 대한 자세한 설명은 XLConnect의 비니에트에서 읽어 볼 수 있다. 아래 명령은 XLConnect 패키지를 불러온 후에 실행한다.

```
> vignette("XLConnect")
```

D.6 다른 프로그램에서 파일 불러오기

다른 프로그램에서 사용되는 파일 포맷으로 작업하고 싶다면, 내가 엑셀 파일에 대해 했던 조언을 따르면 된다. 원래 프로그램에서 그 파일을 열어서 보통 CSV와 같은 텍스트 파일로 데이터 내보내기를 한다. 이것이 파일에서 데이터를 추출하는 가장 믿을 만한 방법이다. 그리고 이것이 데이터를 어떻게 바꿀지 가장 많은 옵션을 제공해 줄 수 있다.

하지만 가끔 프로그램은 없고 파일만 있는 경우가 있을 것이다. 결국 원래 프로그램에서 그 파일을 열어 볼 수도 없고 데이터를 텍스트 파일로 저장할 수도 없다. 이런 경우 그 파일을 열기 위해 [표 D-4]에서 소개하는 함수를 사용할 수 있다. 이 함수들은 대부분 foreign 패키지에 들어 있다. 각 함수를 통해 문제없이 다른 파일 포맷을 읽을 수 있다.

표 D-4 다른 데이터분석 프로그램의 파일 형식을 읽기 위한 많은 함수가 있다.

파일 포맷	함수	라이브러리
ERSI ArcGIS	read.shapefile	shapefiles
Matlab	readMat	R.matlab
minitab	read.mtp	foreign
SAS(영구 데이터 세트)	read.ssd	foreign
SAS(XPORT 포맷)	read.xport	foreign
SPSS	read.spss	foreign
Stata	read.dta	foreign
Systat	read.systat	foreign

D.6.1 데이터베이스에 연결하기

R을 데이터베이스와 연결해서 데이터를 읽어올 수 있다. 연결하는 방법은 사용하는 데이터베이스 관리 시스템에 따라 다르다. 데이터베이스를 통해 일하는 것은 전형적인 R 사용자가 갖춰야하는 기술을 넘어서는 다른 경험을 필요로 한다. 하지만 여기에 관심이 있다면 관련 R 패키지를 내려받고 문서들을 읽어보라.

RODBC 패키지를 사용하면 ODBC 연결을 통해 데이터베이스에 접속할 수 있다.

개별적인 드라이버를 통해 데이터베이스에 접속하려면 DBI 패키지를 사용한다. 이 패키지를 사용하면, 비록 다른 데이터베이스와 작업하더라도 공통적인 문법을 사용할 수 있다. DBI와 함께 사용할 특정 데이터베이스용 패키지를 내려받아야 할 것이다. 이 패키지는 데이터베이스 프로그램의 원래 드라이버에 대한 API를 제공한다. MySQL을 위해 RMySQL, SQLite을 위해 RSQLite, 오라클을 위해 ROracle, PostgreSQL을 위해 RPostgreSQL, 자바 데이터베이스 연결Java Database Connectivity (JDBC) API에 기초한 드라이버들을 사용하는 다른 데이터베이스들을 위해 RJDBC를 사용한다. 일단 적합한 드라이버 패키지를 불러온 후에는 DBI에서 제공하는 명령을 사용해서 데이터베이스에 접근할 수 있다.

R 코드 디버깅

> **NOTE_** 여기서는 6장의 주제였던 환경에 대해 자주 언급하고, 7장과 8장의 예제들을 사용할 것이다. 이 부록을 잘 이해하려면 먼저 해당 장을 꼼꼼히 읽어봐야 한다.

R에서 제공하는 간단한 디버깅 툴들이 있다. 이 툴들을 활용해서 에러를 발생시키거나 예상치 못한 결과를 만드는 코드를 더 잘 이해할 수 있다. 주로 자신의 코드가 대상이 되지만, R에서 제공하는 함수나 패키지에서 제공하는 함수를 분석할 수도 있다.

디버깅은 사실 코드를 짜는 것만큼이나 창의력과 통찰력을 필요로 한다. 언제 버그를 발견하고 그것을 고칠 수 있을지 확신할 수 없다. 하지만 R 디버깅 툴들의 도움을 받아 이 시간을 단축할 수는 있다. 여기에는 traceback, browser, debug, debugonce, trace, recover 함수가 포함된다.

이 툴들은 보통 두 단계의 과정을 따른다. 먼저 에러가 **어디에서** 발생하는지 알려 준다. 그리고 **왜** 일어나는지 알려 준다. traceback 함수를 이용해서 첫 단계를 해결할 수 있다.

E.1 traceback

traceback 함수는 에러의 정확한 위치를 잡아낸다. 많은 R 함수는 다른 R 함수를 호출하고 그것은 또 다시 다른 함수를 호출하곤 한다. 에러 발생 시 이들 함수 중 어떤 것이 잘못되었는지 파악하기란 쉽지 않다. 예를 들어 보자. 다음 함수는 서로 다른 함수를 호출하고 마지막 함수가 에러를 발생시킨다(이름을 보면 이유를 알 수 있을 것이다).

```
> first <- function() second()
> second <- function() third()
> third <- function() fourth()
> fourth <- function() fifth()
> fifth <- function() bug()
```

first를 실행하면 second를 호출할 것이고, second는 third를, third는 fourth를, fourth는 fifth를, 그리고 마지막으로 fifth는 아직 존재하지도 않는 bug 함수를 호출할 것이다. 명령 창에서 어떤 일이 벌어지는지 살펴보자.

```
> first()
다음에 오류가 있습니다 fifth() : 함수 "bug"를 찾을 수 없습니다
```

fifth 함수를 실행할 때 에러가 발생했음을 알 수 있다. 그리고 그 에러가 왜 발생했는지 알려 준다(bug라는 이름의 함수가 존재하지 않는다). 여기에서 R이 왜 fifth 함수를 호출했는지 우리는 이미 알고 있지만, 에러가 발생했을 때 사전 지식 없이 어떻게 해서 이 함수가 호출된 건지 명확하지 않을 수 있다.

명령 창에서 **traceback()** 명령을 실행하면 에러가 발생하기 전에 호출된 함수의 경로를 볼 수 있다. traceback 함수는 호출 스택을 돌려준다. 호출한 순서대로 함수들을 표시한다. 맨 아래 있는 함수는 명령 창에서 호출한 함수다. 맨 위에 있는 함수는 에러가 발생한 함수다.

```
> traceback()
5: fifth() at #1
4: fourth() at #1
3: third() at #1
2: second() at #1
1: first()
```

traceback 함수는 항상 가장 최근에 만난 에러를 다룬다. 만약 이전에 발생한 에러에 대한 정보를 보고 싶다면, 그 에러를 다시 발생시킨 후 traceback 함수를 실행해야 한다.

이것이 어떻게 도움이 될까?

첫째, traceback은 에러의 원인이 될 만한 것들을 보여 준다. 이들 함수 중 하나가 에러의 원인이 되고 각 함수는 자기 아래에 있는 것보다 더 의심스럽다. 물론 fifth 함수에서 버그가 발생하

기는 했지만, 그 이전 함수에서 이상이 발생했을 가능성도 있다.

둘째, traceback은 이 일이 일어난 경로를 되짚어 준다. 에러가 발생했을 때, 문제가 되는 부분의 바로 직전 마지막으로 호출된 함수를 살펴보자.

셋째, traceback 함수를 통해 무한 반복 에러를 찾아낼 수 있다. 예를 들어 fifth 함수가 second 함수를 호출하도록 바꾼다면 함수들은 일종의 루프를 만들게 된다. second 함수는 third 함수를, third는 forth를, forth는 fifth를, fifth는 다시 second를 호출하고, 이 루프가 다시 시작된다. 생각보다 실제 이런 일이 자주 일어난다.

```
> fifth <- function() second()
```

first 함수를 호출하면 함수들을 실행하기 시작한다. 시간이 지난 후, 자기 자신이 계속해서 반복되면 에러를 발생한다. traceback 함수는 R이 그 동안 무엇을 했는지 보여 준다.

```
> first()
에러: 너무 깊이 중첩된 연산이 발생한다: 무한 반복/옵션(표현식=)?

> traceback()
5000: fourth() at #1
4999: third() at #1
4998: second() at #1
4997: fifth() at #1
4996: fourth() at #1
4995: third() at #1
4994: second() at #1
4993: fifth() at #1
...
```

위와 같이 5,000줄의 결과를 볼 수 있다. RStudio를 사용한다면 무한 반복 에러의 traceback을 볼 수 없을 것이다(참고로 나는 맥 GUI를 사용했다). RStudio는 무한 반복 에러의 traceback이 만드는 커다란 호출 스택이 R의 메모리 버퍼에 있는 이전 콘솔 기록들을 모두 지워버리지 못하도록 제한한다. RStudio의 경우 이런 에러는 에러 메시지를 통해 인지해야 한다. 하지만 UNIX 셸이나 윈도우 혹은 맥 GUI에서는 traceback 결과를 볼 수 있다.

RStudio에서는 traceback을 이용하기가 쉽다. 직접 입력하지 않아도 된다. 에러가 발생하면 회색 박스 안에 그것을 출력해 준다. [그림 E-1]에서 보듯이, 첫 번째 'Show Traceback' 메뉴가 traceback 결과를 보여 준다.

그림 E-1 RStudio의 Show Traceback 옵션

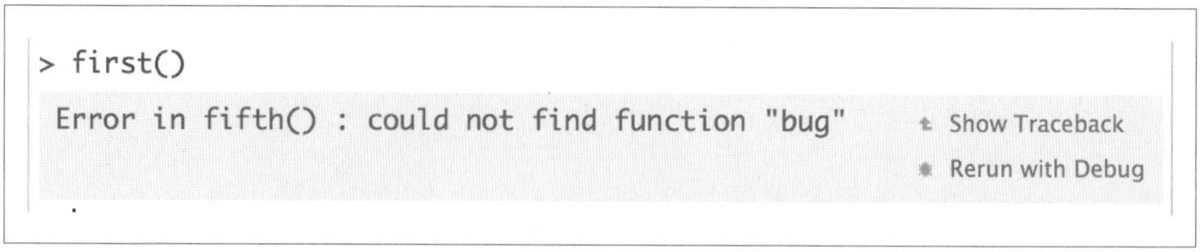

> first()
Error in fifth() : could not find function "bug"
Show Traceback
Rerun with Debug

이 메뉴를 클릭하면 [그림 E-2]처럼 회색 박스가 아래로 열리면서 traceback 함수를 호출했을 때 나오는 호출 스택을 보여 준다. 이 메뉴는 새로운 명령을 작성하더라도 창에 계속 남아 있는다. 다시 말해, 가장 최근 에러가 아닌 모든 에러에 대해 호출 스택을 확인할 수 있다.

그림 E-2 RStudio의 Traceback 출력

~/Dropbox/DAWR - master - RStudio
Console ~/Dropbox/DAWR/
> first <- function() second()
> second <- function() third()
> third <- function() fourth()
> fourth <- function() fifth()
> fifth <- function() bug()
>
> first()
Error in fifth() : could not find function "bug"
Hide Traceback
Rerun with Debug
5 fifth()
4 fourth()
3 third()
2 second()
1 first()
>
Environment
History
Git
Import Dataset
Clear
Global Environment
Name
Type
Length
Size
Value
fifth
function 1
1000 B function ()
first
function 1
1000 B function ()
Files
Plots
Packages
Help
Viewer
Export

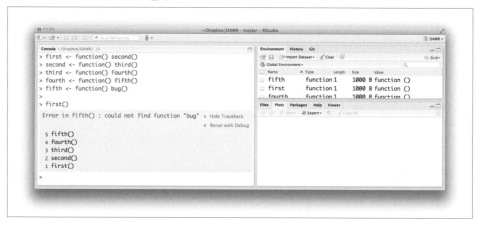

traceback 함수를 통해 어떤 함수에 버그가 있는지 알아냈다고 하자. 그럼 이제 무엇을 해야 할까? 이제 이 함수에서 무엇을 하다가(무언가 했다면) 에러가 발생했는지 알아내야 한다. browser 함수를 이용해서 그 함수가 어떻게 동작하는지 조사할 수 있다.

E.2 browser

browser 함수를 이용하면 함수를 실행하는 중간에 멈추고 원하는 대로 실행을 조절할 수 있다. 물론 명령 창에 새로운 명령을 입력할 수도 있다. 이 명령들을 위한 동작 환경은 일반적으로 전

역 환경이 아니라 잠깐 멈춘 그 함수의 런타임 환경이다. 결국 이 함수가 현재 사용 중인 객체들을 볼 수 있고 함수가 사용하고 있는 스코핑 규칙을 가지고 값들을 찾아보거나, 현재 함수가 동작하고 있는 같은 조건하에서 코드를 돌려 볼 수 있다. 이런 일들을 통해 함수 안에 존재하는 버그를 잡아낼 수 있다.

browser 함수를 사용하려면 함수 안에 browser() 호출을 추가하고 그 함수를 다시 저장해야 한다. 예를 들어 7장에 나오는 score 함수의 중간에서 멈추고 싶다면 아래와 같이 score 함수 안에 browser()를 추가하고 코드를 다시 실행한다.

```r
> score <- function (symbols) {
+   # 어떤 경우에 해당하는지 조건을 확인
+   same <- symbols[1] == symbols[2] && symbols[2] == symbols[3]
+   bars <- symbols %in% c("B", "BB", "BBB")
+
+   # 상금 계산
+   if (same) {
+     payouts <- c("DD" = 100, "7" = 80, "BBB" = 40, "BB" = 25,
+       "B" = 10, "C" = 10, "0" = 0)
+     prize <- unname(payouts[symbols[1]])
+   } else if (all(bars)) {
+     prize <- 5
+   } else {
+     cherries <- sum(symbols == "C")
+     prize <- c(0, 2, 5)[cherries + 1]
+   }
+
+   browser()
+
+   # 다이아몬드일 때 상금 조정
+   diamonds <- sum(symbols == "DD")
+   prize * 2 ^ diamonds
+ }
```

이제 score 함수를 실행하면 browser()를 호출한다. 7장의 play 함수를 이용해서 이것을 확인할 수 있다. 아니면 아래 코드를 이용해서 browser가 호출되는 것을 확인한다.

```r
> get_symbols <- function() {
+   wheel <- c("DD", "7", "BBB", "BB", "B", "C", "0")
+   sample(wheel, size = 3, replace = TRUE,
+     prob = c(0.03, 0.03, 0.06, 0.1, 0.25, 0.01, 0.52))
+ }
```

```
> play <- function() {
+   symbols <- get_symbols()
+   structure(score(symbols), symbols = symbols, class = "slots")
+ }
```

play 함수를 실행하면 play 함수는 get_symbols 함수를 호출하고 나서 score 함수를 호출한다. score 함수를 수행하던 도중에 browser 함수를 만나면 이것을 실행하게 된다. R이 이것을 호출하면 [그림 E-3]에서와 같이 몇 가지 일이 벌어진다. 첫째, R은 score 함수 실행을 멈춘다. 둘째, 명령 창의 프롬프트는 browser[1]>으로 바뀌고 사용자가 뭔가 할 수 있게 해 준다. 다시 말해, 새로운 명령 창에 뭔가를 입력할 수 있다. 셋째, 콘솔 창 위에 다음Next, 계속Continue, 멈춤Stop이라는 세 가지 버튼이 나타난다. 넷째, RStudio는 스크립트 창에 score 함수의 소스 코드를 보여 주며, browser( )가 있는 줄이 하이라이트된다. 다섯째, 환경 창이 달라진다. 전역 환경에 저장된 객체들을 보여 주는 대신에 score 함수의 런타임 환경에 저장된 객체들을 보여 준다 (6장의 환경시스템에 관한 설명을 참고하기 바란다). 여섯째, RStudio는 새로운 Traceback 창을 열어서 browser가 실행된 호출 스택을 보여 준다. 현재 실행 중인 score 함수가 하이라이트된다.

그림 E-3 브라우저 모드로 들어가면 유저 인터페이스가 모드에 맞게 변경된다.

우린 지금 **브라우저 모드**browser mode라고 불리는 새로운 R 모드에 있다. 이 브라우저 모드는 버그를 찾아내는 데 도움을 준다. 그리고 RStudio에서는 이 모드를 위한 전용 출력과 유저 인터페이스를 제공한다.

브라우저 모드에서 실행되는 명령은 browser 함수를 호출한 함수의 런타임 환경에서 진행된다. 이는 새로 열리는 Traceback 창에서 하이라이트된 함수를 말한다. 현재 이 함수가 바로 score 함수다. 따라서 브라우저 모드로 있는 동안 동작 환경은 score 함수의 런타임 환경이다. 이 사실을 통해 우린 두 가지 일을 할 수 있다.

첫째, score 함수가 사용 중인 객체들을 조사할 수 있다. 변화된 환경 창은 score 함수의 지역 환경에 저장된 객체들을 보여 준다. 새로운 브라우저 프롬프트에 이 객체들의 이름을 입력하면 해당 객체를 확인할 수 있다. 보통은 볼 수 없었던, 런타임 환경의 객체들을 볼 수 있게 된다. 만약 이 값이 완전히 잘못 되었다면 어딘가 버그가 있다는 것을 알 수 있다.

```
Browse[1]> symbols
[1] "B" "B" "0"

Browse[1]> same
[1] FALSE
```

둘째, 나머지 코드를 실행해서 score 함수가 보여 주려고 했던 것과 같은 결과를 볼 수 있다. 예를 들어 score 함수의 나머지 코드를 실행해 보고 그들 중에 오류가 있는지 확인할 수 있다. 이 코드를 명령 프롬프트에 입력해서 실행해 볼 수도 있고, [그림 E-4]에 나오는 것처럼 프롬프트 위에 있는 세 개의 버튼을 이용할 수도 있다.

그림 E-4 콘솔 창 위에 있는 세 개의 버튼을 이용해서 브라우저 모드를 다룰 수 있다.

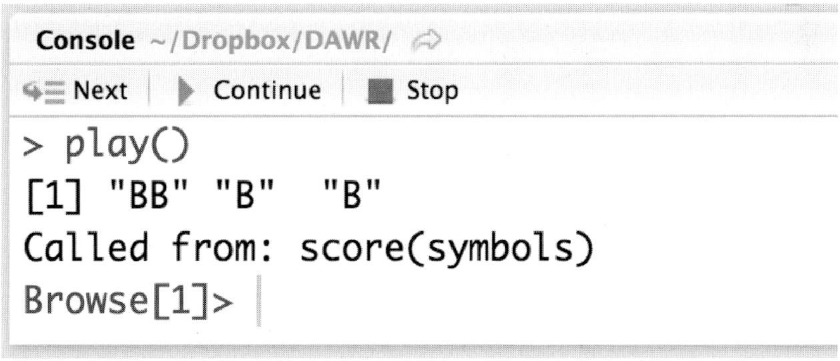

```
> play()
[1] "BB" "B"   "B"
Called from: score(symbols)
Browse[1]>
```

'다음Next' 버튼은 score 함수에서 바로 아랫줄을 실행한다. 스크립트 창에서 하이라이트 표시는 score 함수에서 새로운 위치를 표시하기 위해 한 줄 아래로 내려갈 것이다. 만약 바로 아랫줄이

for 문이나 if 문과 같이 코드 묶음의 시작일 경우 R은 이 코드 전체를 실행하게 되고 이 코드 묶음 전체를 하이라이트 표시할 것이다.

'계속Continuous' 버튼은 score의 나머지 코드를 모두 실행하고 브라우저 모드를 빠져나온다.

'멈춤Stop' 버튼은 score의 나머지 코드를 실행하지 않고 그냥 브라우저 모드를 빠져나온다.

브라우저 프롬프트에 n, c, 또는 Q를 입력하면 앞에서 설명한 것과 같은 작업을 할 수 있다. 이 것은 약간 짜증날 수도 있다. 만약 n, c, Q와 같은 이름의 객체가 있다면 어떻게 해야 할까? 객체 이름(n, c, 혹은 Q)을 입력하더라도 R은 브라우저 모드에서 다음 줄을 실행하든지(n) 나머지 코드를 실행하든지(c) 아니면 브라우저 모드를 빠져 나오는(Q) 동작을 할 것이다. 대신에 get("n"), get("c"), get("Q")라고 입력하면 원하는 객체를 확인할 수 있다. cont는 브라우저 모드에서 c와 동일한 명령이다. where 명령은 호출 스택을 출력한다. 그리고 get 함수를 이용해서 원하는 객체를 볼 수 있다.

브라우저 모드는 함수의 관점에서 무엇인가를 볼 수 있게 해 주지만, 오류의 원인이 어디에 있는지 알 수는 없다. 하지만 브라우저 모드를 통해 의심스러운 부분을 검증하고 함수의 동작을 자세히 살펴볼 수 있다. 버그를 발견하고 고치기 위해 가장 필요한 부분이다. 브라우저 모드는 R의 기본적인 디버깅 툴이라고 볼 수 있다. 다음에 소개하는 함수들은 바로 이 브라우저 모드로 들어가는 다양한 방법을 제공한다.

일단 버그를 수정한 후에는 browser() 명령을 지우고 함수를 다시 저장해야 한다. 브라우저 호출을 그곳에 그대로 두면 R은 score 함수를 실행할 때마다 그 부분에서 멈추게 된다.

E.3 중단점

RStudio의 중단점('브레이크 포인트'라고도 한다)은 함수에 browser 문을 입력하는 효과를 내는 방법이다. 이것을 위해 미리 정의한 함수가 들어 있는 스크립트 파일을 연다. browser 명령을 추가하고 싶은 위치의 줄번호 왼쪽을 클릭하자. 중단점을 의미하는 속이 빈 빨간색 점이 보일 것이다. 스크립트 창 위쪽에 있는 소스Source 버튼을 클릭해서 스크립트를 실행하자. 이 함수에 중단점이 있다는 것을 보여 주기 위해 빈 점이 빨간색으로 채워진다(그림 E-5 참조).

그림 E-5 중단점은 browser 문과 같은 효과를 낸다.

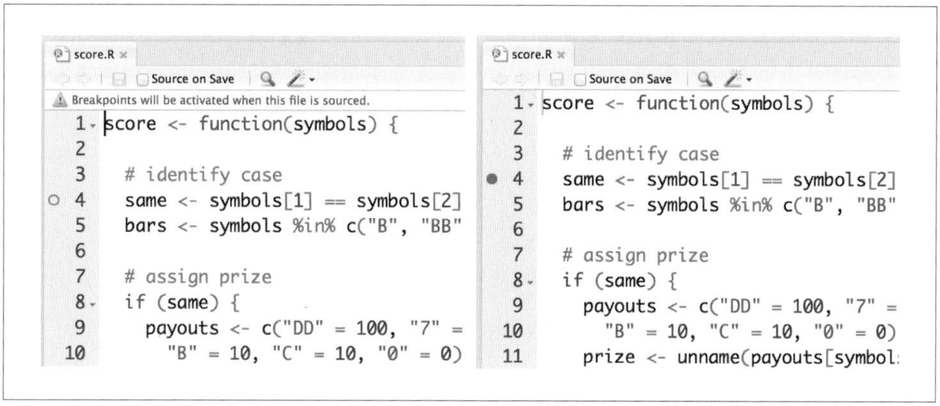

R은 중단점을 browser 명령과 같이 생각하며, 이 부분을 만나면 브라우저 모드로 들어간다. 이 빨간색 점을 클릭하면 중단점을 지울 수 있다. 점이 없어지면 중단점도 사라진다.

중단점과 browser 함수는 여러분이 직접 작성한 함수를 디버깅하는 훌륭한 방법이다. 하지만 R에서 이미 만들어 놓은 함수를 디버깅하려면 어떻게 해야 할까? 바로 debug 함수를 이용하면 된다.

E.4 debug

debug 함수를 이용하면 기존에 존재하는 함수의 도입부에 browser 호출을 추가할 수 있다. 이를 위해 debug에 함수 이름을 인수로 넣어준다. 예를 들면 아래와 같이 sample 함수를 위해 debug 함수를 호출할 수 있다.

```
> debug(sample)
```

나중에 R은 마치 이 함수의 맨 첫 줄에 browser( ) 명령이 있는 것처럼 동작한다. 이 함수를 만날 때마다 바로 브라우저 모드로 들어가 이 함수를 한 번에 한 줄씩 실행해 볼 수 있게 해 준다. undebug 함수를 이용해서 이 명령을 취소하지 않는 이상 이런 동작을 계속한다.

```
> undebug(sample)
```

isdebugged 함수를 이용하면 현재 이 함수가 디버깅 모드에 있는지 아닌지 확인할 수 있다. 만약 이 함수에 대해 debug 함수를 실행했다가 아직 undebug를 실행하지 않았다면 TRUE를 리턴할 것이다.

```
> isdebugged(sample)
[1] FALSE
```

만약 이것이 너무 귀찮다면, 내가 주로 하는 것처럼 debug 함수 대신에 debugonce 함수를 사용한다. R은 바로 다음번에 이 함수를 동작할 때는 브라우저 모드로 들어가지만 그 후에는 자동으로 undebug 함수를 시행한다. 만약 다시 이 함수에서 브라우저 모드로 들어가고 싶다면 이 함수에 대해 debugonce를 다시 실행하면 된다.

RStudio에서는 에러가 발생할 때마다 debugonce를 다시 실행할 수 있다. [그림 E-1]의 회색 박스에서 'Show Traceback' 아래에 나오는 'Rerun with debug' 옵션을 클릭하면 마치 debugonce를 한 번 실행한 것처럼 해당 명령을 다시 실행한다. R은 바로 브라우저 모드로 들어가게 되고 해당 코드를 자세히 살펴볼 수 있게 된다. 브라우저 모드는 이번 한 번만 일어나게 된다. undebug 호출을 걱정할 필요가 없다.

E.5 trace

trace 함수를 사용하면 함수의 맨 첫 줄이 아닌 다른 곳에 browser 호출을 추가할 수 있다. trace 함수는 문자열로 함수의 이름을 받고 함수 안에 들어갈 표현을 입력으로 받는다. at 인수는 이 표현을 몇 번째 줄에 넣을지 알려 준다. sample 함수의 네 번째 줄에 browser 호출을 추가하기 위해 아래와 같이 입력하자.

```
> trace("sample", browser, at = 4)
```

꼭 browser가 아니더라도 어떤 함수 안에 다른 R 함수를 삽입하기 위해 trace를 사용할 수 있다. 하지만 이렇게 하는 분명한 이유가 있어야 할 것이다. 새로운 코드를 삽입하지 않더라도 함수에 trace를 실행할 수 있다. 매번 R이 함수를 실행할 때마다 명령 창에 trace:<함수 이름>을 출력할 것이다(8장에서 R은 명령 창에 뭔가를 출력하기 위해 print 함수를 자주 사용한다고 언급했다).

```
> trace(print)

> first
trace: print(function () second())
function() second()

> head(deck)
trace: print
    face    suit value
1  king spades    13
2 queen spades    12
3  jack spades    11
4   ten spades    10
5  nine spades     9
6 eight spades     8
```

untrace 함수를 이용해서 원래 상태로 돌려놓을 수 있다.

```
> untrace(sample)
> untrace(print)
```

E.6 recover

recover 함수는 debugging을 위한 마지막 옵션이다. 이것은 browser의 브라우저 모드에 traceback의 호출 스택을 결합한 것이다. browser와 같이 함수 중간에 직접 입력해서 recover 를 이용할 수 있다. fifth 함수로 recover 함수를 확인해 보자.

```
> fifth <- function() recover()
```

R에서 recover를 실행할 때 동작을 멈추고 호출 스택을 보여 주긴 하지만 이것이 다는 아니다. R은 호출 스택에 나타난 함수들 가운데 **원하는** 것을 브라우저 모드에서 열 수 있는 옵션을 제공한다. 짜증나게도 이 호출 스택은 traceback에서와는 다르게 뒤집혀서 표시된다. 가장 최근 함수가 맨 아래에 오고 제일 처음 호출된 함수가 맨 위에 온다.

```
> first()
```

프레임 번호를 입력하라. 나가려면 0을 입력한다.

```
1: first()
2: #1: second()
3: #1: third()
4: #1: fourth()
5: #1: fifth()
```

브라우저 모드로 들어가기 위해 원하는 함수에 해당하는 번호를 입력하자. 만약 해당하는 함수가 없다면 0을 입력한다.

```
3
선택: 3
Called from: fourth()
Browse[1]>
```

그러고 나서 일반적인 브라우저 모드에서와 같이 진행하면 된다. recover 함수는 호출 스택 위아래로 변수들을 조사할 수 있으며 버그를 잡는 강력한 툴이다. 하지만 R 함수 중간에 recover를 추가하는 것은 참 번거로운 일이다. 따라서 많은 R 사용자는 에러가 발생했을 때 전역 설정으로 recover 기능을 사용한다.

아래 코드를 실행하면 에러가 발생할 때마다 자동으로 recover( )를 호출한다.

```
> options(error = recover)
```

이런 설정은 R 세션을 닫을 때까지 유지된다. 아니면 아래와 같이 실행하여 설정을 원래대로 되돌릴 수 있다.

```
> options(error = NULL)
```

INDEX

INDEX

INDEX